Ralf Tenberg / Alexandra Bach / Daniel Pittich
Didaktik technischer Berufe

Ralf Tenberg / Alexandra Bach / Daniel Pittich

Didaktik technischer Berufe

Band 2 – Praxis & Reflexion

Umschlagabbildung:
Unter Verwendung von Ozz Design/shutterstock.com

Bibliografische Information der Deutschen Nationalbibliothek:
Die Deutsche Nationalbibliothek verzeichnet diese Publikation in der Deutschen
Nationalbibliografie; detaillierte bibliografische Daten sind im Internet über
<http://dnb.d-nb.de> abrufbar.

Dieses Werk einschließlich aller seiner Teile ist urheberrechtlich geschützt.
Jede Verwertung außerhalb der engen Grenzen des Urheberrechtsgesetzes
ist unzulässig und strafbar.
© Franz Steiner Verlag, Stuttgart 2020
Covergestaltung: deblik, Berlin
Druck: Hubert & Co., Göttingen
Gedruckt auf säurefreiem, alterungsbeständigem Papier.
Printed in Germany.
ISBN 978-3-515-12434-8 (Print)
ISBN 978-3-515-12442-3 (E-Book)

Inhaltsverzeichnis

Einführung 7

1 **Unterrichtsplanung im Lernfeldkonzept** 9
   1.1 Begriffsbestimmung Lehrplan 10
   1.2 Curriculare Lehrpläne 13
   1.3 Paradigmenwechsel von curricularen zu lernfeldorientierten Lehrplänen .. 13
   1.4 Lernfeldorientierte Lehrpläne 21
      1.4.1 Zusammenhang zwischen Lernfeldern und beruflichen Handlungsfeldern 21
      1.4.2 Struktur und Aufbau lernfeldorientierter Lehrpläne 26
      1.4.3 Vergleich der lernfeldorientierten Lehrpläne mit den curricularen Lehrplänen 33
      1.4.4 Diskussion zur grundlegenden Konzeption des Lernfeldkonzeptes .. 34
      1.4.5 Umsetzung von schulnahen Curricula 36
      1.4.6 Chancen und Grenzen schulinterner Curricula 37
      1.4.7 Der „heimliche Lehrplan" 38
      1.4.8 Zwischenfazit 40
   1.5 Konzeptionelle Rahmungen der KMK-Handreichungen 41
      1.5.1 Berufliche Handlungskompetenz 41
      1.5.2 Handlungsorientierung 41
      1.5.3 Orientierung an Praxis- und Geschäftsprozessen in Lehr-Lern-Prozessen 43
      1.5.4 Fazit, offene Fragen und Begegnung im technikdidaktischen Ansatz 44
   1.6 Kompetenzorientierte Lernziele 46
      1.6.1 Fachlich-methodische Kompetenzen 48
      1.6.2 Sozial-kommunikative Kompetenzen 52
      1.6.3 Fazit und Zusammenfassung 53

1.7 Perspektivplanung bzw. didaktische Jahresplanung im Lernfeldkonzept ... 54
    1.7.1 Planungsstufe 1 – Lernzielbildung durch Kompetenzexplikation ... 56
    1.7.2 Planungsstufe 2 – Zeitliche Akzentuierung der Kompetenzdimensionen ... 57
    1.7.3 Planungsstufe 3 – Lernsituationen ... 57
1.8 Didaktisch-methodische Orientierungskonzepte ... 65
    1.8.1 Zielorientierung ... 67
    1.8.2 Fachlichkeit ... 68
    1.8.3 Kontextualisierung ... 69
    1.8.4 Problemlösung ... 70
    1.8.5 Aktivierung ... 72
    1.8.6 Motivierung ... 76
    1.8.7 Kollektivierung ... 79

2 Unterrichtskonzeption ... 82
2.1 Unterrichtskonzepte ... 83
    2.1.1 Handlungsorientierter Unterricht ... 84
    2.1.2 Projektunterricht ... 86
    2.1.3 Cognitive Apprenticeship ... 88
    2.1.4 Anchored Instruction ... 89
2.2 Grundstruktur unterrichtsbezogener Konzeptionselemente ... 92
    2.2.1 Systematiken des Lehrens und Lernens ... 93
    2.2.2 Lernprodukte ... 101
    2.2.3 Medien und Materialien ... 106
    2.2.4 Lehr-Lern-Interaktion ... 118
    2.2.5 Reflexions- und Kontrollelemente ... 128
2.3 Methodische Ausgestaltung ... 134
    2.3.1 Methodische Rahmung zum Erwerb überfachlicher Berufskompetenzen ... 135
    2.3.2 Methoden zur Anreicherung des technischen Lehrens ... 144

3 Unterrichtsevaluation ... 160
3.1 Begriff und Bedeutung ... 161
3.2 Evaluationsmethoden ... 165
3.3 Varianten von Evaluation ... 167
3.4 Durchführung, Auswertung und Rückführung ... 172

4 Literatur ... 175

Einführung

Wie in Kapitel 2.2 des Bandes I bereits festgestellt wurde, sind die aktuellen Didaktiken – und so auch die beruflichen Didaktiken bzw. beruflichen Fachdidaktiken – nur teilweise empirisch fundiert. Beide Bände des vorliegenden technikdidaktischen Lehrwerks verstehen sich – zum aktuellen Stand – als ein überwiegend erfahrungsreflektiertes Konzept mit wissenschaftlichem Hintergrund. Grundansatz und Anspruch ist es jedoch, für das Segment „Technikdidaktik" auch die wissenschaftliche Fundierung sukzessive zu steigern und verfügbare Forschungsergebnisse weitestgehend zu integrieren. Jene Befunde, die im Folgenden in die planerischen und gestalterischen Überlegungen eingeflochten wurden, stammen überwiegend aus der Pädagogischen Psychologie, mitunter der empirischen Lehr-Lernforschung sowie der Berufs- und Wirtschaftspädagogik. Sie sollen dabei nicht nur dieses Konzept mit Wissenschaftlichkeit bereichern, sondern auch zeigen, wie Lehrer*innen ihre Praxis anhand wissenschaftlicher Befunde ausgestalten, reflektieren und optimieren können. Lehrkräften wird es nicht gelingen, durch eine direkte Adaption punktueller Erkenntnisse ihre pädagogische Praxis nachhaltig zu verbessern. Dieses Ziel erfordert in jedem Fall eine kontinuierliche, kritisch-konstruktive und reflexive Auseinandersetzung mit wissenschaftlichen Daten, Schlussfolgerungen und Theorien sowie deren Integration und Erprobung in der eigenen beruflichen Praxis. Anders ausgedrückt: Die Lehrer*innen sind – über alle Phasen hinweg – angehalten, ein eigenständiges didaktisches Verständnis sowie einen entsprechend didaktischen Ansatz zu entwickeln bzw. weiterzuentwickeln, der 1) adaptiv zu den Ordnungsmitteln und Rahmenvorgaben, 2) praktisch handhabbar und umsetzbar sowie 3) am Stand des Wissens in Theorie und Praxis ausgerichtet ist.

Die vorliegende Didaktik ist auf einen offenen, schüler*innenaktiven Unterricht ausgerichtet, in dem Lernhandlungsräume verfügbar gemacht und die Schüler*innen bei deren Erschließung unterstützt werden. Je offener ein Unterricht geplant wird, desto mehr Aufwand erfordert dies, insbesondere wenn er hohe Qualitätsansprüche erreichen will. Je größer ein didaktisch adressierter Lern- und Entwicklungsraum wird, desto breiter werden die inhaltlichen Bezugsräume und desto mehr muss in die „Hilfezur-Selbsthilfe" der Lernenden investiert werden, um einen Rahmen zu schaffen, der für die Lernenden einerseits förderlich und andererseits nicht völlig „entgrenzt" ist[1]. In diesem und den nachfolgenden Kapiteln wird ein solcher Ansatz systematisch konkretisiert. Er folgt der in Band I dieser Technikdidaktik begründeten Systematik, welche Unterricht als zyklischen Prozess aus Planung, Konzeption, Durchführung und Evaluation versteht.

---

[1] Hartinger, Kleickmann und Hawelka (2006) wiesen in einer empirischen Studie (1091 Schüler*innen, 45 Klassen, 2 Jahrgangsstufen) über den Einfluss von Lehrvorstellungen von Lehrer*innen nach, dass „das konstruktivistisch-offene Lernverständnis nicht zu einer geringeren Strukturierung des Unterrichts führt". Die Befunde belegen zudem, „dass die Forderung nach einer ‚strukturierten Offenheit' nicht nur ein theoretisches methodisches Postulat darstellt, sondern dass es in der Unterrichtspraxis bei den Lehrer*innen mit konstruktivistischem Lehrverständnis schon Alltagspraxis ist".

1 Unterrichtsplanung im Lernfeldkonzept

Die Einführung der Lernfeldlehrpläne Ende der 1990er-Jahre war die bislang umfassendste und radikalste Novellierung schulischer Lehrpläne in Deutschland. Dies lässt sich didaktisch-konzeptionell im Vergleich mit dem vorausgehenden Lehrplankonzept und anhand der immer noch „durchwachsenen" Implementierung in die berufsschulische Praxis rekonstruieren. Im Folgenden werden zunächst einige diesbezüglich relevante Fakten und Zusammenhänge dargestellt und erörtert. Anschließend erfolgt eine Auseinandersetzung mit der Transformation von Kompetenzen in Lernziele. Schließlich wird die konkrete praktische Unterrichtsplanung betrachtet, mit einer ausführlichen Gegenüberstellung didaktisch-methodischer Orientierungskonzepte.

Kompetenz (Kapitel 1.1 bis 1.5)		
Die Leser*innen sind in der Lage, ausgehend von den Bezugshintergründen des Lehrplanbegriffs die berufsbezogenen Entwicklungsschritte sowie den Aufbau von inhaltsorientierten, curricularen und lernfeldorientierten Lehrplänen zu erörtern und die Kernaspekte und zentralen Herausforderungen der unterrichtlichen Handhabung der lernfeldorientierten Lehrpläne zu reflektieren. Sie sind zudem in der Lage, die konzeptionellen Bezugskonzepte der KMK Rahmenlehrpläne zu benennen und theoretisch einzuordnen.		
Die Leser*innen ...	**Professionswissen**	**Reflexionswissen**
... erläutern Hintergründe und Genese der lernfeldorientierten Lehrpläne und die damit einhergehenden Herausforderungen für den beruflichen Unterricht.	Lehrpläne • Grundidee, Intentionen, Definitionen • Aufbau inhaltsorientierter, curricularer und lernfeldorientierter Lehrpläne • Schulnahes Curriculum • „Heimlicher Lehrplan" Lernfeldorientierte Lehrpläne • Lern- und Handlungsfeld • Offene Fragen und Herausforderungen	Curriculumtheorie, Spezifika beruflicher Curricula, Ebenen curricularer Auseinandersetzung
... differenzieren die Bezugskonzepte der KMK-Rahmenlehrpläne, ordnen diese und stellen sie einem technikdidaktischen Basiskonzept gegenüber.	Bezugskonzepte • Berufliche Handlungskompetenz • Handlungsorientierung • Prozessorientierung	Theoretische Hintergründe, Herausforderungen, Offene Fragen sowie Verschränkungen der Bezugskonzepte

1.1 Begriffsbestimmung Lehrplan[1]

Der Begriff „Lehrplan" wird definiert als „Auswahl und Anordnung von Lehrgütern für einen bestimmten, meist umfassenderen Lehrzweck oder als Kodifikation des Lehrgefüges; das Lehrgefüge ist der strukturierte Zusammenhang des unterrichtlichen Geschehens, in dem als einen Teil der Erziehungswirklichkeit Lehre und Überlieferung an eine nachwachsende Generation vor sich geht. Die Funktion des Lehrplans ist es, die bildungspolitischen Intentionen des Gesetzgebers schulartenspezifisch und fachspezifisch zu konkretisieren"[2].

Lehrpläne werden generell vom Staat bzw. den ihm unterstehenden Kulturbehörden erstellt und sind somit gesellschaftliche bzw. politische Konstrukte. Durch ihre Verbindlichkeit stellen sie die zentrale Einflussnahme des Staates auf den Unterricht dar. Lehrpläne sind nach Schularten, Fächern und Jahrgangsstufen geordnet und äu-

---

[1] Im Folgenden teilweise wörtlich übernommen aus Tenberg, 2006.
[2] Posch, Larcher und Altrichter, 1996, S. 184.

ßern sich generell zum Erziehungs- und Bildungsauftrag, zu fachlichen und inhaltlichen Aspekten, aber auch zu übergreifenden organisatorischen Vorgaben.

Dubs stellt sechs idealisierte Funktionen von Lehrplänen fest:
1. Festlegung allgemeiner Zielvorstellungen und Konkretisierung von Inhalten.
2. Übertragung von Innovation und gesichertem wissenschaftlichem Fortschritt in die Schulen.
3. Koordination zwischen Schulstufen (interner Aspekt) und einzelnen Schulen (externer Aspekt).
4. Nivellierung des Anspruchsniveaus und Gewährleistung einer Vergleichbarkeit der Abschlüsse.
5. Konkretisierung von externen Prüfungsvoraussetzungen (z. B. für die Kammerprüfungen).
6. Orientierungshilfe für alle am schulischen Lehr-Lern-Prozess beteiligten Individuen[3].

Dass diese Idealvorstellung von Lehrplänen bislang noch nicht erreicht wurde, belegt die anhaltende Diskussion und Entwicklung dieses zentralen bildungspolitischen Gegenstands.

Aus berufsschulischer Perspektive ist die „Evolution" der Lehrpläne seit den 1950er-Jahren in drei Epochen unterteilbar: (1) Die inhaltlich orientierten Lehrpläne bis etwa Mitte der 1960er-Jahre, spätestens ab den 1970er-Jahren die (2) curricularen Lehrpläne und seit Mitte der 1990er-Jahre die (3) lernfeldorientierten Lehrpläne.

Zu (1): Lehrpläne waren in der Nachkriegszeit zunächst weitgehend Sammlungen von Inhalten. Dies akzentuieren z. B. die Grundansätze von Wolfgang KLAFKI durch eine intensive Auseinandersetzung mit den Lerninhalten, da die Lehrpläne den Lehrkräften kaum Anhaltspunkte dafür gaben, nach welchen Gesichtspunkten daraus Unterricht zu generieren wäre. Lehrplantransformation bestand hier in der „Deutung der Inhalte" hinsichtlich ihres Bildungsgehalts.

Zu (2): Mitte der 1960er-Jahre wurden in Deutschland angloamerikanische Ansätze einer „Curriculumtheorie"[4] adaptiert, ausgehend von einer Kritik der inhaltlich orientierten Lehrpläne, denn man wollte nicht länger den Lehrpersonen allein die Deutungshoheit der Lehrpläne überlassen. Zudem wurden sie als Produkte einer zentralistischen staatlichen Bildungsplanung infrage gestellt und sollten mittels einer sozialwissenschaftlich angereicherten Unterrichtsplanung verbessert werden[5]. Der von den USA nach Deutschland zurückgekehrte Saul B. ROBINSOHN begründete „aus zentralen gesellschaftlichen Veränderungen die Notwendigkeit, Lehrpläne auf der Grundlage eindeutig bestimmbarer Fähigkeiten und Kenntnisse für künftige Qualifikationen zu entwickeln"[6]. Im „curricularen Lehrplan" sollten Ziele, Inhalte, Methoden und Erfolgs-

---

3 Dubs, 2001, S. 64.
4 Der Begriff „Curriculum" bezeichnete von der Antike bis zum Mittelalter den Plan der systematischen Unterweisung, z. B. den Plan, nach dem in Klöstern der Nachwuchs erzogen wurde.
5 Robinsohn, 1981.
6 Gudjons, 2001, S. 247.

überprüfungen (Kontrollen) auf wissenschaftlicher Grundlage in einen schlüssigen und verbindlichen Zusammenhang gebracht werden (Abbildung 1).

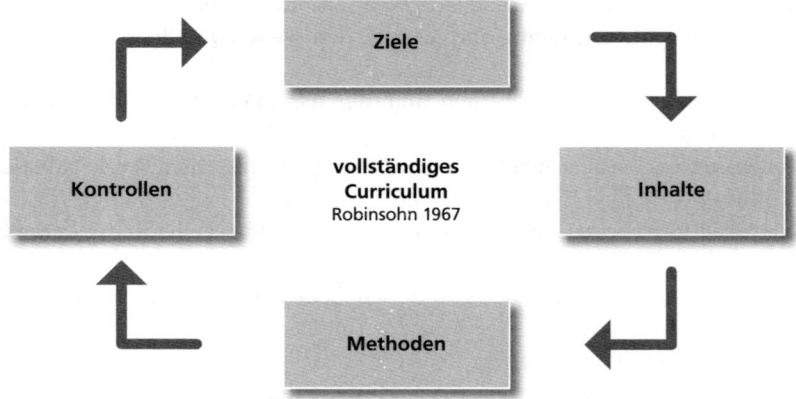

Abbildung 1: Bestandteile eines „vollständigen Curriculums" und deren Zusammenhang nach ROBINSOHN (1981).

Zentrale Kriterien für die Entwicklung solcher Curricula waren:
– Ein expliziter gesellschaftlicher Konsens als Basis für alle Lehrpläne, zum Ausschluss nicht-demokratischer Lehrplantransformationen.
– Die Offenlegung und rationale Begründung der Kriterien, nach welchen Lehrplanentscheidungen getroffen wurden.
– Klar definierte Qualifikationen, welchen Inhalte eindeutig zugeordnet werden können.
– Exakte Zielangaben in Form von beobachtbarem oder kontrollierbarem Verhalten[7].

Für die Curriculumentwicklung entstand ein umfassender Apparat an Vorgaben, Leitlinien, Planungskonzepten etc. Die Philosophie derartiger Vorgaben übertrug sich dementsprechend in die Umsetzung der Curricula. Robert MAGER vertrat in seiner Didaktik einen Ansatz der „Lernzieloperationalisierung", also einer funktionalen Explikation der curricular gesetzten Lernziele. In diesem Sinne musste für die Unterrichtsplanung jedes gesetzte Lernziel in Form von beobachtbaren Verhaltensweisen der Schüler*innen beschrieben werden, welche diese nach Ablauf des Unterrichts zeigen sollten[8]. Zudem mussten Bedingungen[9] genannt werden, unter denen das Verhalten der Schüler*innen stattfinden sollte, sowie ein Bewertungsmaßstab angegeben werden, nach dem entschieden werden konnte, ob die Schüler*innen das Lernziel erreicht hatten.

Auf diese Weise wurden jedoch Ziel und Indikator vertauscht. Ein Verhalten kann kein bildungsrelevantes Lernziel ergeben, da Menschen nicht ein einmal geäußertes

---

[7] Gudjons, 2001, S. 247.
[8] Mit Begriffen wie „nennen, erklären, aufschreiben, können".
[9] Zeit, Hilfsmittel etc.

Verhalten wiederholen sollten, sondern in der Lage sein sollten, das Gelernte in immer neuen Situationen angemessen umzusetzen. Also ist nicht das Verhalten lernrelevant, sondern das, was die Menschen zu diesem Verhalten befähigt. Entsprechend sollte nicht das einmalige Verhalten das Lernziel sein, sondern ein regelmäßiges zukünftiges Verhalten, sodass letztlich nicht eine Verhaltensänderung, sondern vielmehr eine Veränderung der dahinterstehenden Kognitionen und auch Emotionen Ziel des Lernens ist[10]. GUDJONS resümierte, dass sich die curricularen Lehrpläne bald als „Trojanisches Pferd" erwiesen, aus deren Bauch Unheil „hervorkroch": „Es waren nämlich geschlossene Systeme, die Lehrer und Schüler dazu zwangen, völlig verplante Lernprozesse nachzuvollziehen, Inhalts- und Zielentscheidungen kritiklos zu akzeptieren und auf vorgeschriebenen methodischen Lernwegen auf vorab festgelegte operationalisierte Lernziele zuzusteuern"[11]. Die Folge war, dass schon sehr früh (Ende der 1970er-Jahre) sogenannte „offene" Curricula diskutiert und von einer Gegenbewegung gefordert wurden.

Zu (3): Trotzdem wurden die Lehrpläne beruflicher Schulen bis in die 1990er-Jahre vom Curriculumansatz geprägt. In den allgemeinbildenden Schulen wurden nach und nach offene Curricula umgesetzt. So etablierte sich in den Gymnasien ein Kompetenzansatz mit der Einführung aktueller didaktischer Orientierungen wie z. B. der Handlungsorientierung[12]. Die Lehrpläne bezogen sich zwar weiterhin auf einzelne Fächer (trotz der Überlegungen, auch diese aufzuheben bzw. aufzuweichen), unterteilten den „Lehrstoff" aber nicht mehr nach detaillierten Lernzielen, sondern nach größeren Lernbereichen und diesbezüglich intendierten Fachkompetenzen[13]. In der beruflichen Bildung führte eine ähnliche Entwicklung zum sogenannten „Lernfeldkonzept".

1.2 Curriculare Lehrpläne

Obwohl die curricularen Lehrpläne seit langem überholt sind, erscheint deren Aufarbeitung in der vorliegenden Technikdidaktik bedeutsam; zum einen, weil dies zum historischen Verständnis des Lernfeldkonzepts erforderlich ist, zum anderen, weil sie

---

10 Klauer, 2007.
11 Klauer, 2007, S. 249.
12 Z. B. aus dem Physik-Lehrplan der 11. Klasse Gymnasium Rheinland-Pfalz: „Die Handlungskompetenz wird durch handlungsorientierten Unterricht gefördert, der von den Schülerinnen und Schülern die aktive Auseinandersetzung und den handelnden Umgang mit Lerngegenständen fordert. Handeln ist hier zu verstehen als ein
 – zielgerichteter Prozess, der sich u. a. durch die Vorwegnahme möglicher Handlungsformen und deren Erzeugnisse auszeichnet (geistiges Probehandeln, Simulation)
 – konstruktiver Prozess, der die Umwandlung der Ausgangssituation in eine erwünschte Zielsituation anstrebt
 – hierarchischer Prozess, in dem sich eine Abfolge von untergeordneten Operationen vollzieht
 – kontrollierter Prozess, der eine angemessene Auswahl von Handlungsmöglichkeiten entwickelt und durch Vergleich mit den Zielvorstellungen eine Entscheidung trifft.
Handlungsorientierter Unterricht ist nur dann sinnvoll, wenn nach dessen Durchführung der gesamte Vorgang gemeinsam reflektiert (Handlungsplan, Ablauf, Ergebnis, Präsentation) und systematisiert wird".
13 Z. B. im Lernbereich „elektrisches Feld": Fachkompetenzen: 1.1 Kenntnis der Existenz von positiven und negativen Ladungen, 1.2 Kenntnis der elektrischen Influenz und Polarisation.

durchaus wertvolle didaktische Informationen aufweisen, die mit ihrem „Verschwinden" verloren gehen könnten.

Curriculare Lehrpläne an beruflichen bzw. berufsbildenden Schulen bezogen sich generell auf allgemeine und sogenannte berufliche Fächer (z. B. Fachtheorie, Fachrechnen, Fachzeichnen, praktische Fachkunde etc.). Sie basierten auf den von der KMK vorgegebenen Rahmenlehrplänen, welche von den Kultusministerien der Bundesländer (bzw. deren hierfür gegründeten Institutionen) ausformuliert und ausgestaltet wurden. Sie waren damit grundsätzlich landesspezifisch, orientierten sich jedoch (vor allem im fachlichen Bereich) am seitens der KMK vorgegebenen Rahmen, welcher eine gewisse Einheitlichkeit der Berufsausbildung im dualen System sichern sollte.

Ein Lehrplan bezog sich immer auf genau ein Fach über die vier Jahrgangsstufen[14]. Der erste Teil beinhaltete die Leit- und Richtziele[15]. Diese übergeordneten Ziele des berufsschulischen Unterrichts waren zumeist fachübergreifend und „präambelartig". Sie beinhalteten neben einer Reihe zentraler Werte beruflicher Bildung auch grundlegende didaktische Prinzipien des jeweiligen Fachs.

Der zweite Teil beinhaltete die Lernziele und -inhalte sowie Hinweise zum Unterricht. Die Anordnung entsprach einer zeitlichen Abfolge der Lernziele nach Schuljahren und Unterrichtssequenzen. Diese Sequenzierung drückte sich in eingangs erscheinenden Stundentafeln (Tabelle 1) sowie in klaren Zeitangaben zu allen Lernzielen aus (Tabelle 2).

Vier Dimensionen waren für curriculare Lehrpläne zentral[16]:
- Eine Zieldimension (Lehrzweck, Bildungs- und Lernziele),
- eine Inhaltsdimension (Lehrgüter, Lehrinhalt, Stoffgebiet),
- eine Ordnungsdimension (zeitliche Aufteilung und Anordnung, Reihenfolge, Methoden, Umfang) und
- eine Auswahldimension (nach Altersstufen, Klassen, Schularten, -stufen und -zweigen sowie nach fachlichen, gesellschaftlichen, psychologischen und philosophischen Gesichtspunkten).

Den didaktischen Ausgangspunkt bildeten dabei ohne Frage die Lernziele, welche jedoch unmittelbar im Zusammenhang mit spezifischen Lerninhalten standen, mit der Folge einer hohen Präzisierung und Konkretisierung des so umrissenen Lernraums. Für den Unterricht galt es dann trotzdem, diese inhaltlich angereicherten Lernziele situations- und individuenspezifisch in Anlehnung an die vorgegebenen Ordnungsstrukturen aufzubereiten[17].

Lernziele wurden auf drei grundlegende Entwicklungsbereiche des Menschen bezogen:

---

14 Im Fall der beruflichen Fächer lässt sich erahnen, dass diese für jeden Beruf jeweils „inhaltlich durchdekliniert" werden mussten.
15 Euler und Hahn, 2014, S. 130.
16 Müller, 2002, S. 88 f.
17 Meyer definiert Lernziele als die „sprachlich artikulierte Vorstellung über die durch Unterricht (oder andere Lehrveranstaltungen) zu bewirkende gewünschte Verhaltensänderung eines Lernenden".

Tabelle 1: Stundentafel des bayerischen Lehrplans für die Berufsschule, Fachklassen Baustoffprüfer, 10. mit 12. Jahrgangsstufe, 1983. Fachliche Unterrichtsfächer Fachtheorie, Fachrechnen, Fachzeichnen, praktische Fachkunde

3. Dem Lehrplan liegt folgende Stundentafel zugrunde			
Unterrichtsfach	10. Jahrgangsstufe	11. Jahrgangsstufe	12. Jahrgangsstufe
Fachtheorie	15	15	15
Fachrechnen	4	4	4
Fachzeichnen	2	2	2
Praktische Fachkunde	5	5	5
	26 Wochenstunden	26 Wochenstunden	26 Wochenstunden
Religionslehre	3	3	3
Deutsch	3	3	3
Sozialkunde	3	3	3
Sport	2	2	2
	37 Wochenstunden	37 Wochenstunden	37 Wochenstunden

Tabelle 2: Auszug aus dem bayerischen Lehrplan für die Berufsschule, Fachklassen Baustoffprüfer, 10. mit 12. Jahrgangsstufe, 1983, Fachtheorie, Lernziele 1.4

	Lernziele	Lerninhalte	Hinweise	Zeit
1.4	Masse, Dichte, Kraft			
1.4.1	Kenntnis der Gesetzmäßigkeiten zwischen Masse, Dichte und Volumen Fähigkeit, dazu fachliche Berechnungen durchzuführen	Aufgaben aus der Praxis: Ermittlung der Masse, Dichte und des Volumens von Baustoffen, z. B. Rohdichte eines Betonteils	Nur SI-Einheiten verwenden Siehe Praktische Fachkunde, 10. Jahrgangsstufe, Lernbereich 1.2	3 Std.
1.4.2	Überblick über die Wirkungen von Kräften Fähigkeit, Kräfte zeichnerisch darzustellen	Bewegungs-, Lage- und Formänderungen, Größe, Richtung und Wirkungslinie einer Kraft Kraftpfeil, Kräftemaßstab, Einzellast, Flächenlast	Demonstrationsversuche zur Wirkung einer Kraft Kraftmessungen mit der Federwaage Die Lastannahmen (Eigengewicht, Verkehrslast) nach DIN 1055 und DIN 1072 sind nur exemplarisch und in vereinfachter Darstellung zu unterrichten	1 Std.

„Kognitive Lernziele" beziehen sich „auf die Entwicklung von Kenntnissen und intellektuellen Fähigkeiten, also vom Erinnern von Wissen über dessen systematische Einbettung und Reflexion, dessen Anwendung und Transfer bis hin zum Problemlösen"[18]. Psychomotorische Lernziele beziehen sich auf „physische Entwicklung. Das kann allgemein technische oder handwerkliche Fähigkeiten und Fertigkeiten umfassen, ebenso wie gestalterische oder sportliche". Affektive Lernziele beziehen sich „auf die Entwicklung von Einstellungen, Werthaltungen und Überzeugungen. Diese affektiven Komponenten können sich auf Beruf und Betrieb beziehen, auf Familie und Freunde, oder auch auf Staat und Gesellschaft".

In den „curricularen Lehrplänen" (CuLP) wurden diese Lernzieltypen vier Lernzielklassen zugeordnet. Dabei teilte man kognitive Lernziele in die Klassen „Wissen" und „Erkennen" auf. Die Klasse „Können" entsprach dem psychomotorischen Bereich, die Klasse „Werten" dem affektiven.

Quer zu dieser (horizontalen) Klassenbildung wurde (vertikal) noch in Anforderungsstufen unterschieden. So standen z. B. im Lernziel 1.4.1 (Tabelle 2) die Entwicklungsperspektiven (a) Kenntnis und (b) Fähigkeit untereinander. Diese bezogen sich nicht nur auf unterschiedliche Zielklassen, sondern stellten zudem unterschiedliche Anforderungen fest. (a) war dem Bereich „Wissen" zuzuordnen, (b) dem Bereich „Können", (a) besaß einen relativ hohen Anspruch, (b) einen eher geringeren.

Diese Übersicht über die Lernzielbeschreibungen wurde auch als Taxonomietabelle bezeichnet und befand sich am Beginn curricularer Lehrpläne (Tabelle 3). Sie gab einen Überblick über die verschiedenen Zielklassen sowie die zugeordneten Anforderungsstufen und sollte den planenden Lehrkräften helfen, die einzelnen Anforderungsstufen klar einzuschätzen und gegeneinander abzuwägen.

Die Lernzieltaxonomie deutet rückblickend auf eine Problematik des curricularen Ansatzes hin, die nie überzeugend gelöst wurde. Der erste und prominenteste Ansatz, die Qualität von Lernzielen in einem Ordnungssystem handhabbar zu machen, geht auf BLOOM[19] zurück. In seiner kognitiv akzentuierten „Taxonomy of Learning Objectives" steht auf unterster Stufe die Kenntnis, gefolgt vom Verstehen, dem Anwenden, der Analyse, der Synthese und schließlich der Beurteilung. Diesem Ansatz folgten bis heute weitere von seinen Schülern: ANDERSON, KRATHWOHL und MARZANO[20]. Dabei wurden die Taxonomien erheblich ausdifferenziert, wobei sie empirisch nie überzeugend abgesichert wurden[21]. Hinzu kommt, dass eine Wissenstaxonomie, die in Richtung Abstraktion ausgerichtet ist (höchste Stufen: Analyse, Synthese und Bewertung), besser in einen akademischen Bildungsraum passt als in einen beruflichen. Aber auch in eine aktuelle Theorie komplexer Kompetenzen kann die hier zugrunde gelegte Vorstellung zunehmender Wissensqualitäten kaum mehr passen, da nicht davon ausgegangen werden kann, dass die Handlungsfähigkeit eines Menschen direkt mit dem Abstraktions-

---

[18] Wilbers, 2014, S. 195.
[19] Bloom, 1956.
[20] Ott, 2011, S. 168.
[21] Euler und Hahn, 2014, S. 150 f.

Tabelle 3: Taxonomietabelle aus dem bayerischen Lehrplan für die Berufsschule Fachklassen Baustoffprüfer, 10. mit 12. Jahrgangsstufe, 1983

Zielklassen	WISSEN Informationen	KÖNNEN Operationen	ERKENNEN Probleme	WERTEN Einstellungen
Anforderungsstufen ↓	**Einblick:** (in Ausschnitte eines Wissensgebiets)	**Fähigkeiten:** bezeichnet dasjenige Können, das zum Vollzug von Operationen notwendig ist	**Bewusstsein:** Die Problemlage wird in ihren wichtigen Aspekten erfasst	Offenheit
	Überblick: (über den Zusammenhang wichtiger Teile)			Interesse
	Kenntnis: verlangt stärkere Differenzierung der Inhalte und Betonung der Zusammenhänge	**Fertigkeit:** verlangt eingeschliffenes, müheloses Können	**Einsicht:** Eine Lösung des Problems wird erfasst, bzw. ausgearbeitet	Neigung
				Achtung
				Freude
	Vertrautheit: bedeutet souveränes Verfügen über möglichst viele Teilinformationen und Zusammenhänge	**Beherrschung:** bedeutet souveränes Verfügen über die eingeübten Verfahrensmuster	**Verständnis:** Eine Lösung des Problems wird überprüft und ggf. anerkannt	Bereitschaft
				Entschlossenheit

grad seines Wissens zunehmen kann, gegenteilig intendiert der kompetenzbezogene Paradigmenwechsel eine Abkehr vom Auf- und Ausbau handlungsfernen Wissens.

Die zentrale Kritik der curricularen Lehrpläne wurde vorausgehend schon akzentuiert: Ihnen wurde unterstellt, verplante Lernprozesse zu erzwingen und die Lehrer*innen zu nötigen, vorliegende Inhalts- und Zielentscheidungen ebenso kritiklos zu akzeptieren wie methodische Lehrwege. Bei Betrachtung des Lehrplanauszugs und vor allem aus den zugehörigen Taxonomietabellen wird deutlich, dass in derartigen Lehrplänen ein hoher Grad an Konkretisierung vorlag. Diese strikten und umfassenden Vorgaben konnten aber die angestrebte Konkretisierung nur theoretisch und ausschnittartig erreichen. In der Umsetzung erwies sich diese Ausdifferenzierung als praxisfern und die Orientierung am äußerlich erkennbaren Verhalten vor allem in Verbindung mit der Lernzieltaxonomie als kaum realisierbar.

In der Praxis wurden die curricularen Lehrpläne selten im Sinne von Robert F. MAGER umgesetzt[22]. Die Ausformulierung von Lernzielen mit genauen Verhaltensbeschreibungen in Orientierung an verschiedenen Zielklassen und Anforderungsstufen fand wohl überwiegend zur Vorbereitung von Lehrproben statt, selten jedoch für die alltägliche Unterrichtskonzeption. Anstelle der vielfältigen Lehrplanvorgaben orientierten sich die Lehrer*innen an anderen Kriterien, welche überwiegend mit berufs- bzw. praxis-, individual- und auch prüfungsbezogenen Überlegungen zusammenhingen.

22 Mager, 1973.

SCHELTEN beschreibt Lernziele im Sinne von angestrebten Lernergebnissen, über welche Schüler*innen am Ende eines Lernvorganges verfügen sollen[23]. In Orientierung an einer solch offenen Zielfindung und mit dem entsprechenden didaktischen Gespür konnten die Vorgaben des CuLP zu einem guten Unterricht führen. Alle vorgesehenen Inhalte ließen sich dabei in einer angemessenen zeitlichen Verteilung aufeinander bezogen und aufbauend vermitteln. Sowohl die korrespondierenden Fächer als auch der Unterricht der späteren Jahrgangsstufen verfügten über Bezugsinformationen, an welchen sich die Lehrer*innen in ihrer didaktischen Planung orientieren konnten. Der fachwissenschaftlich-systematische Ausgangspunkt ging direkt in die Unterrichtskonzepte ein und prägte damit den technisch-beruflichen Unterricht primär als naturwissenschaftlich hinterlegten Theorieunterricht in Korrespondenz mit einer eigenständigen technischen Mathematik (Fachrechnen) und praktischen Fächern wie Fachzeichnen (Technisches Zeichnen) oder praktische Fachkunde, in der überwiegend technische Experimente durchgeführt wurden.

1.3 Paradigmenwechsel von curricularen zu lernfeldorientierten Lehrplänen

Beruflicher Unterricht teilte sich im curricularen Lehrplan in allgemeine Fächer (z. B. Deutsch und Ethik) und berufliche Fächer (z. B. Fachtheorie und Fachpraxis) auf. Diese beiden Hauptbereiche des beruflichen Unterrichts bezogen sich jedoch auf sehr unterschiedliche Konzepte von Fächern. Wenngleich die beruflichen Fächer ein in sich schlüssiges Gefüge aus Theorie, Experiment und Praxis bildeten, waren sie keineswegs konsistent. Bei näherer Betrachtung ihrer Ziele und Inhalte wurde deutlich, dass diese „inhaltlich unscharfe, häufig bewusst und künstlich gesetzte Grenzen zu ihren Nachbarfächern" aufwiesen „und dass ihnen weder eine spezifische akademische Bezugsdisziplin, noch eine besondere Lehrer*innenausbildung und auch keine Fachdidaktik"[24] zugeordnet werden konnte. Diesbezügliche Erklärungsansätze gibt es einige, welche sich durchaus als konträr erweisen:

Wird davon ausgegangen, dass sich die entstehende Berufsschule von den Betrieben differenzieren wollte, werden die beruflichen Fächer mit einer Übernahme des Fächerprinzips aus den allgemeinen Schulen in die beruflichen bzw. berufsbildenden Schulen begründet. Wird davon ausgegangen, dass sich die entstehende Berufsschule an den Betrieben orientieren wollte, stellen sich die beruflichen Fächer als eine Übertragung der ingenieurswissenschaftlichen „Taylorisierung" von der Produktion auf die Berufsschule dar. Dieser scheinbare argumentative Widerspruch hebt sich jedoch auf, wenn – im Sinne der reformpädagogischen Argumentation – davon ausgegangen wird, dass schulische Fächer (allgemein oder beruflich) schulorganisatorisch intendiert sind, nicht aber pädagogisch. Alle Planungs- und Koordinationsaspekte, von der Lehrer*innenverteilung bis zur Raumauslastung, sind deutlich einfacher, wenn man sie in kleinen, diskreten Formaten handhabt.

---

[23] Schelten, 2010, S. 207.
[24] Clement, 2003, S. 4.

Mit der Fächerpartikularisierung einhergehend entstanden weitgehend unzusammenhängende Unterrichtsgefüge. Insbesondere fehlte generell eine klassen- oder schulspezifische Integration des Gesamtcurriculums (für alle beruflichen Fächer) im Sinne einer berufspraktischen bzw. kontextuellen Rekonstruktion. Für die Lernenden entstand so ein mosaikartiges, wenig zusammenhängendes Gebilde berufsnaher Theorie- und Praxispartikel. Es blieb ihnen weitgehend selbst überlassen, die unterschiedlichen Unterrichtsstile, Unterrichtsqualitäten und Schwerpunktsetzungen anzunehmen, zu überbrücken und berufsbezogen zu integrieren. Mit dem technisch-betrieblichen Wandel in den 1980er-Jahren wurde eine diesbezügliche Kritik seitens der Großbetriebe wahrnehmbar, zumal sich diese in ihren Ausbildungskonzepten im Zuge des voranschreitenden technisch-produktiven Wandels anspruchsvolleren Ansätzen zuwandten, welche die Integration komplexer theoretisch-praktischer Zusammenhänge intendierten.

Dabei wurden drei zentrale Veränderungen anvisiert:
1) Konzept der beruflichen Handlungskompetenz als integrative Zielperspektive
2) Überwindung des Fächerprinzips
3) Umsetzung eines handlungsorientierten Unterrichts

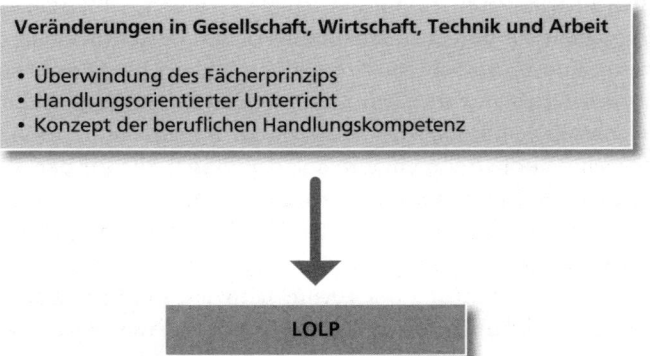

Abbildung 2: Entwicklungslinien und Ausgangspunkte im Rahmen der lernfeldorientierten Lehrpläne

Aspekt 1 wurde bereits in Kapitel 1 des Bandes I besprochen und wird nachfolgend in Kapitel 1.4 oder 2.1.1 unterrichtsnah aufgegriffen. Mit dieser Zielperspektive korrespondieren wiederum die Aspekte 2 und 3, welche sich direkt gegenseitig bedingen. Ein handlungsorientierter Unterricht ist in einer Struktur der beruflichen Fächer schwer vorstellbar.

Zum Konzept des handlungsorientierten Unterrichts:
Mitte der 1990er-Jahre etablierte sich handlungsorientierter Unterricht in deutschen Berufsschulen[25]. Dieser zunächst eng an der betrieblichen Leittextmethode angelehnte Ansatz wurde mit dem betrieblich erhobenen Anspruch der Förderung von Schlüssel-

---

25 Riedl, 2011, S. 185 ff.

qualifikationen begründet. Im Zuge einer zunehmenden Etablierung und Differenzierung des Ansatzes in der Praxis sowie einem wachsenden wissenschaftlichen Interesse und der Implementierung empirischer Ergebnisse entwickelte sich ein eigenständiges Konzept. Handlungsorientierter Unterricht sollte fächerübergreifend organisiert sein und sich mit komplexen beruflichen Problemstellungen befassen, welche von den Schüler*innen theoretisch erschlossen und praktisch umgesetzt werden müssen[26].

In den 1990er-Jahren wurde handlungsorientierter Unterricht empirisch erforscht. Als ein bedeutsames Ergebnis der damaligen Studien ergab sich die Insuffizienz der bestehenden (curricularen) Lehrpläne. Im Abschlussbericht über den Modellversuch „Fächerübergreifender Unterricht in der Berufsschule" wird 1996 konstatiert: „Das berufliche Lernen soll zukünftig nicht mehr in den herkömmlichen Fächern, sondern in inhaltlich zusammengehörenden, thematisch gegliederten Lernfeldern gestaltet werden"[27]. Kurze Zeit später wurden die ersten in Lernfelder gegliederte Lehrpläne entwickelt[28]. Dabei wird in den Handreichungen für die Erarbeitung von Rahmenlehrplänen der Kultusministerkonferenz (KMK) für den berufsbezogenen Unterricht in der Berufsschule folgende Feststellung getroffen: „Eine auf die Veränderungen in der Qualifikationsanforderung ausgerichtete Pädagogik hat sich stärker an den Prozessen beruflicher Tätigkeiten zu orientieren. Damit werden die beruflichen Tätigkeitsfelder eine wesentliche Bezugsebene für den Berufsschulunterricht. Die Rahmenlehrpläne der KMK folgen diesen Anforderungen, indem sie nach Lernfeldern strukturiert sind, die an Tätigkeitsfeldern des Berufs zu entwickeln sind und den spezifischen Bildungsauftrag der Berufsschule einschließen. Infolge des Wandels der Arbeits- und Geschäftsprozesse in den Betrieben nehmen die Rahmenlehrpläne damit auch die für den Wandel ursächlichen Erkenntnisse aus den Fachwissenschaften auf"[29]. Diese Forderungen lassen sich u. a. als direkte Aufforderung zur Umsetzung eines handlungsorientierten Unterrichts sowie der Überwindung des Fächerprinzips deuten. Schon im Vorfeld dieser konkreten Vorgabe, also vor der Einführung des Lernfeldkonzepts und einer berufsschulischen Implementierung des handlungsorientierten Unterrichts, waren jedoch grundlegende Ansätze zur Überwindung des Fächerprinzips feststellbar (Abbildung 3).

Ausgangspunkt der Überwindung des Fächerprinzips an Berufsschulen war der Wechsel von einem rein fächerstrukturierten Unterricht zu einem fächerverbindenden. Dies erfolgte durch begrenzte thematische Verknüpfungen der beruflichen Fächer in Einzelzusammenhängen, indem man zunächst die Stoffverteilungspläne so anlegte, dass Themen, die in mehreren Fächern adressiert wurden, zeitlich parallel lagen. Durch interne Absprachen der unterrichtenden Lehrpersonen konnten so kleine Unterrichtsprojekte umgesetzt werden, welche sich durch mehrere Fächer zogen. Dieser Ansatz war im Sinne der alten Lehrpläne „legal".

---

26 Genauer in Schelten, 2004, S. 176.
27 Staatsinstitut für Schulpädagogik und Bildungsforschung, 1996, S. 199.
28 Am 09.05.1996 findet das „Lernfeldkonzept" in den Handreichungen der KMK erstmalig Erwähnung.
29 Sekretariat der Ständigen Konferenz der Kultusminister der Länder, 2000, S. 4 (http://www.kmk.org/doc/publ/handreich.pdf).

Lernfeldorientierte Lehrpläne

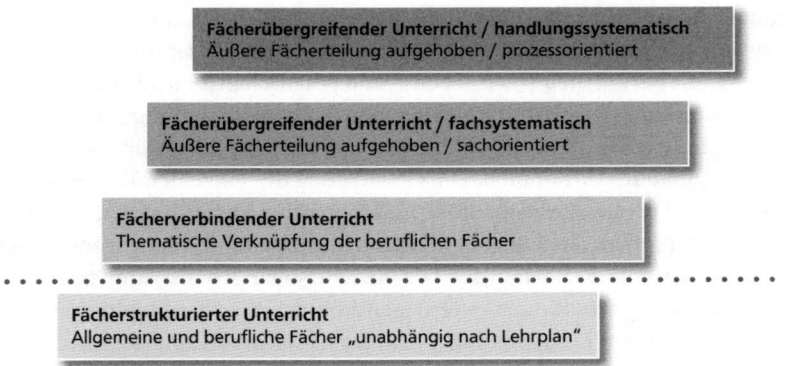

Abbildung 3: Ansätze zur Überwindung des Fächerprinzips im Rahmen eines handlungsorientierten beruflichen Unterrichts

Im fächerübergreifenden Unterricht wurde – bevor die Lernfeldlehrpläne gültig wurden – die Fächerteilung aufgehoben, was letztlich nicht „legal", jedoch im Hinblick auf die anstehenden Novellen (basierend auf dem Beschluss von 1996[30]) legitim war. Dabei sind zwei Ansätze zu unterscheiden: Ein fachsystematischer Ansatz, in welchem die Sachlogik der Inhalte weiterhin die zentrale Leitlinie für den Lehr-Lern-Prozess war, und ein handlungsorientierter Ansatz, in welchem berufliche Arbeits- und Geschäftsprozesse die Leitlinie für den Lehr-Lern-Prozess waren. Diese letzte und konsequenteste Form des fächerübergreifenden Unterrichts wurde zu einer Praxisvision für die darauf auszurichtenden lernfeldorientierten Lehrpläne.

1.4 Lernfeldorientierte Lehrpläne

1.4.1 Zusammenhang zwischen Lernfeldern und beruflichen Handlungsfeldern

Obwohl BADER auch noch 2004 davon ausging, dass das Lernfeldkonzept theoretisch erst ansatzweise bearbeitet sei, veröffentlichte er eine „Handreichung zur Erarbeitung von Rahmenlehrplänen sowie didaktischer Jahresplanung für die Berufsschule"[31]. Er charakterisiert Lernfelder – im Sinne der KMK-Konzeption – als didaktisch reflektierte (berufliche) Handlungsfelder, welche (für den beruflichen Unterricht) in spezifische Lernsituationen übertragen werden können[32].

Demgemäß waren Lernfelder „didaktisch begründete, schulisch aufbereitete Handlungsfelder. Sie fassen komplexe Aufgabenstellungen zusammen, deren unterrichtliche Bearbeitung in handlungsorientierten Lernsituationen erfolgt. Lernfelder sind durch

---

[30] Inkrafttreten der 1. Handreichungen zur Erstellung von KMK-Rahmenlehrplänen für duale Ausbildungsberufe.
[31] Bader, 2004a, S. 11.
[32] Bader, 2004a.

Zielformulierungen im Sinne von Kompetenzbeschreibungen und durch Inhaltsangaben ausgelegt"[33]. „Handlungsfelder" definiert BADER als „zusammengehörige Aufgabenkomplexe mit beruflichen sowie lebens- und gesellschaftsbedeutsamen Handlungssituationen, zu deren Bewältigung befähigt werden soll. Handlungsfelder sind mehrdimensional, indem sie stets berufliche, gesellschaftliche und individuelle Problemstellungen miteinander verknüpfen. Die Gewichtung der einzelnen Dimensionen kann dabei variieren." Für die „Lernsituation" liefert er keine Definition, gegenteilig lässt er dies konzeptionell offen, stellt aber fest, dass man diese in „Bildungsgangkonferenzen durch eine didaktische Reflexion der beruflichen sowie lebens- und gesellschaftsbedeutsamen Handlungssituationen"[34] festlegen könne. Wie in Abbildung 4 dargestellt wird, stützte BADER sein Lernfeldkonzept auf der Trias „Handlungsfeld-Lernfeld-Lernsituation" ab.

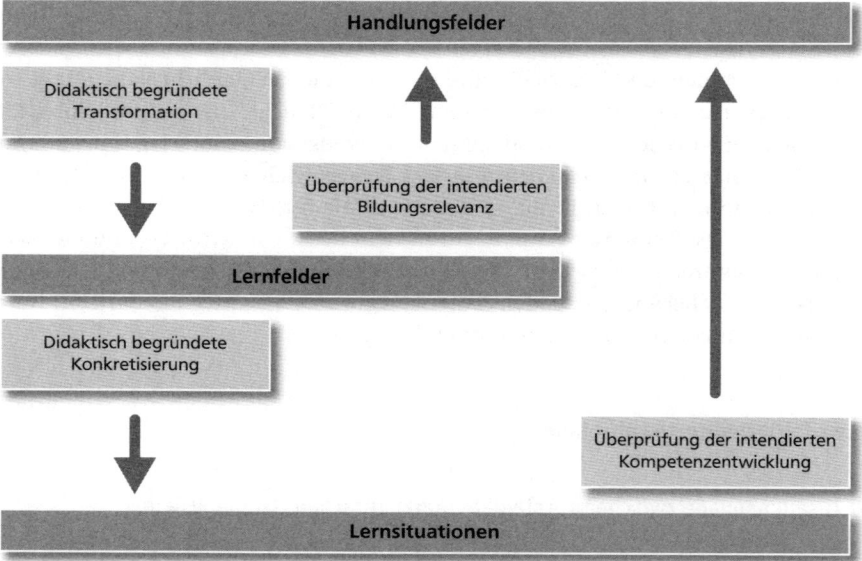

Abbildung 4: Zusammenhang der Handlungsfeld-Lernfeld-Lernsituation nach BADER[35]

Damit integrierte er die beiden didaktischen Transformationen (im Folgenden DT), also die I. DT einer Lehrplangenerierung und die II. DT einer Lehrplanrealisierung. Dabei fällt auf, dass beide Transformationen ohne die Auseinandersetzung mit beruflichen Handlungsfeldern nicht möglich sind. Als bedeutsames Reflexionsfeld für die Bildungsrelevanz (I. DT) und die intendierte Kompetenzentwicklung (II. DT) ist die Auseinandersetzung mit der beruflichen Realität ebenso erforderlich wie für die Generierung

---

33 Bader, 2004a, S. 28.
34 Bader, 2004a, S. 28.
35 Bader, 2004a.

der Lernfelder[36]. Nach BADER entstehen also Lernfelder durch „didaktisch begründete Transformationen von Handlungsfeldern"[37] in paralleler Überprüfung der intendierten Bildungsrelevanz. Die Entwicklung von Lernsituationen soll dann auf Basis vorliegender Lernfelder im Sinne einer didaktisch begründeten Konkretisierung erfolgen.

Dabei soll das – staatlich vorgegebene – Lernfeld einen Handlungsrahmen mit spezifischen Inhalten zur Gestaltung von Lernsituationen und die berufliche Realität (explizit: das jeweilige Handlungsfeld) einen komplexen Reflexionsgegenstand zur Überprüfung der Relevanz der Lernsituationen integrieren. Dass es jedoch für keinen Beruf „das Handlungsfeld" gibt, also ein Handlungsfeld, das so exemplarisch ist, dass man es für einen Lehrplan heranziehen kann, wird hier ignoriert. Es wird stattdessen davon ausgegangen, dass die unmittelbare Unterrichtsplanung sich wiederum erneut, spezifisch und aktuell mit beruflichen Handlungsfeldern auseinandersetzen würde. Dass sich aber differente oder (eventuell sogar) konträre Handlungsfelder und die damit begründeten didaktischen Transformationen gegenseitig kompensieren können, wurde nie nachgewiesen.

BADER segmentiert die Lernfeldumsetzung in vier Teilbereiche: (a) Analysieren von Lernsituationen, (b) Ausgestaltung von Lernsituationen, (c) Organisation und Rahmenbedingungen und (d) Überprüfung des Lernerfolgs[38].

Diese Transformation von Lernfeldern in Lernsituationen ist dabei jedoch nicht als konkrete Unterrichtsgestaltung intendiert, sondern vielmehr als ein Zwischenschritt, welcher dieser vorausgehen sollte. Der lernfeldorientierte Lehrplan (im Folgenden LoLP) impliziert somit eine weitere didaktische Transformation, jene Transformation vom – staatlich vorgegebenen – Lehrplan zu einem „schulnahen Curriculum", welche eine „schulspezifische Ausgestaltung" ermöglicht bzw. besser bedingt. In einer optimistischen Wahrnehmung dieser zusätzlichen DT verfügt der LoLP über einen „mittleren Abstraktionsgrad", der ihn einerseits langfristig stabiler, andererseits aber auch flexibler machen soll. In einer kritischen Wahrnehmung spart sich der Staat hier viel Arbeit, welche an den Schulen hinzukommt. Festzuhalten ist aber in jedem Fall, dass BADER den lernfeldorientierten Lehrplan nie für eine direkte Übertragung in den Unterricht vorgesehen hatte.

Das Lernfeldkonzept wurde an folgenden Prämissen ausgerichtet:
– Eine grundlegende Orientierung an der Vermittlung beruflicher Handlungskompetenzen im Sinne einer komplexen Bildungsperspektive betrieblichen und schulischen Lernens;
– Vorstellungen und Konzepte bzgl. des Erwerbs, der Repräsentation und der Anwendung von Wissen, die mit der Zielperspektive der beruflichen Handlungskompetenz korrespondieren;
– Lehr-Lern-Prozesse, welche von einem Kompetenzaufbau ausgehen und versuchen, diesen möglichst gut zu unterstützen.

---

[36] Tenberg, 2006, S. 68.
[37] Bader, 2004a.
[38] Bader, 2004a, S. 34 ff.

Zur Generierung von Lernfeldern (I. DT) konstatierte BADER, dass es erforderlich sei, reale berufliche Handlungsfelder zu identifizieren und diese hinsichtlich ihrer Bildungsrelevanz zu prüfen. Diese Prüfung sollte sich auf (a) die Erfassung von relevanten Arbeitsprozessen und (b) die Identifikation und Beschreibung der Handlungsfelder innerhalb eines Ausbildungsberufs beziehen. Ist diese Prüfung erfolgreich vollzogen worden, kann in einem nächsten Schritt (c) die Transformation von Handlungsfeldern in Lernfelder sowie (d) deren Zusammenstellung, Anordnung und Ausgestaltung erfolgen.

(a) Diese Vorgabe für Lehrplangremien auf KMK-Ebene macht deutlich, dass – im Gegensatz zum CuLP – hier nicht einfach fachwissenschaftlich geordnete Ziele und Inhalte zusammengestellt werden sollten, sondern zunächst die betriebliche Realität erfasst werden muss. Um diese zu beschreiben, sollte zunächst ein charakteristisches Profil der Arbeits- und Geschäftsprozesse sowie der Tätigkeiten eines Berufs ermittelt werden. Dabei gilt es, die hier vorliegende Gesamtvielfalt regionaler bzw. betrieblicher Spezifika erheblich einzuschränken. Eine solche „Reduktion" ist schwierig und entspricht – bei allem Bemühen um Objektivität – einer situativen und subjektiven Auswahl. Gemäß der Vorgabe sollten dazu die aktuellen Ordnungsmittel des Berufs[39] gesichtet, Unternehmen aufgesucht und Expert*innengespräche initiiert werden[40].

(b) Das eigentliche Erfassen und Beschreiben von Handlungsfeldern sollte auch im direkten Dialog mit einschlägigen Betrieben und Expert*innen der betrieblichen Praxis erfolgen. Ein Handlungsfeld konkretisiert sich nach BADER durch seine spezifische Funktion innerhalb einzelner oder mehrerer Geschäfts- bzw. Arbeitsprozesse, aber auch durch ein darauf bezogenes Qualifikations- bzw. Kompetenzprofil. Dabei gilt es im Sinne BADERS besonders, charakteristische Handlungsfelder (gemäß den charakteristischen Prozessen) im Sinne eines Grundbestands zu identifizieren und auf ein Abstraktionsniveau zu bringen, welches eine Beschreibung des Ausbildungsberufs durch eine angemessene Anzahl an Handlungsfeldern ermögliche[41].

(c) Ob die ausdefinierten Handlungsfelder tatsächlich in den Rahmenlehrplan eingehen, entscheidet sich bei deren Transformation in Lernfelder. Diese soll – gemäß BADER – im Sinne einer Rückkontrolle nach didaktischen Gesichtspunkten erfolgen[42]. Nach Überlegungen bezüglich der Gegenwarts- und Zukunftsbedeutung sowie Exemplarität (KLAFKI) könne im Gesamtüberblick beurteilt werden, welche der erfassten Handlungsfelder tatsächlich erforderlich seien, um die Arbeits- bzw. Geschäftsprozessstruktur zu repräsentieren und ob sich daraus schon eine bestimmte schulische Abfolge erkennen ließe. Im Idealfall würde dann ein Handlungsfeld direkt zum Lernfeld werden.

---

[39] Ausbildungsordnung, Ausbildungsberufsbild, Blätter zur Berufskunde, Informationen von Unternehmen etc.
[40] Bader, 2004a, S. 29 f.
[41] Bader, 2004a, S. 29 f.: Zu große Handlungsfelder sind schwer beschreibbar und handhabbar und lassen sich nur fragmentarisch in Lernfelder umsetzen. Zu kleine Handlungsfelder führen zu einer Zergliederung und nivellieren innere Zusammenhänge.
[42] Bader, 2004a, S. 31 f.

(d) Abschließend sollen die ausgewählten Handlungsfelder in Lernfelder transformiert, arrangiert und ausformuliert werden. Diese Transformation intendiert eine Umsetzung der Konsequenzen des vorausgehenden Auswahlprozesses durch qualitative und quantitative Maßnahmen: z. B. Erweiterung bzw. Ergänzung der Lernfelder, um die Förderung von Human- oder Sozialkompetenz zu ermöglichen, Anhebung oder Senkung des Niveaus im Hinblick auf die zu erwartenden Lernvoraussetzungen der potenziellen Schüler*innen, Identifikation fehlender Lernfelder und deren Bedeutung für den Beruf. Dazu gehören auch Überlegungen, wie die Lernfelder nach didaktischen und organisatorischen Aspekten sinnvoll auf die Schuljahre verteilt werden können[43]. Die eigentliche Ausformulierung soll sich schließlich in der Feststellung der innerhalb eines Lernfeldes zu betonenden Kompetenzschwerpunkte, der zuzuordnenden Inhalte und der zeitlichen Rahmenvorgaben vollziehen.

Diese komplexen Handlungsempfehlungen, die BADER für die Entwicklung und Handhabung von Lernfeldern formulierte, deuten an, dass die Generierung von Lernfeldlehrplänen als eine neuartige und durchaus anspruchsvolle Aufgabe wahrgenommen wurde. Bis dato mussten nur Lernziele und -inhalte in klaren fachlichen Segmenten definiert werden. Die Korrespondenz mit der beruflichen Realität war dabei nicht nebensächlich, jedoch musste sie nicht konsequent in jede Transformation einbezogen werden. Konkrete Tätigkeiten oder Geschäftsprozesse spielten dabei keine Rolle. Genau diese standen aber nun im Fokus der Transformation.

Die von KLAFKI entlehnte „didaktische Analyse" gewinnt in dieser Anwendung eine neue, ungewohnte Gestalt. Sie wird nicht mehr zur Auswahl und Gewichtung von Themen bzw. Inhalten angewandt, sondern zur Transformation von Handlungsfeldern in Lernfelder. Ob dies im ursprünglichen Sinne hier überhaupt sinnvoll bzw. möglich ist, kann keineswegs als sicher angenommen werden[44]. Auch die von BADER konstatierte Auseinandersetzung mit der theoretischen Fundierung der Berufstätigkeiten anhand seines Modells einer Kompetenzentwicklung im Sinne des Durchlaufens eines soziotechnischen Handlungssystems[45] erscheint sehr theoretisch, denn eine Zuordnung beruflicher Tätigkeiten zu den dort konstruierten Ebenen bleibt vage. Für diesbezügliche Betrachtungen würden sich wahrscheinlich eher arbeitspsychologische Zugänge anbieten, wie z. B. das VERA-Verfahren[46], über welches Arbeitstätigkeiten ihrem regulatorischen Anspruchsniveau gemäß voneinander unterschieden werden können. Damit wäre zumindest eine grobe Taxierung der identifizierten Tätigkeiten – und damit der Handlungsfelder – möglich, um deren zeitlichen Umfang sowie deren Positionierung im Gesamtplan zu konkretisieren.

---

[43] Bader, 2004a, S. 32 f.
[44] Generell ist davon auszugehen, dass jedes innerhalb eines Berufs vorzufindende Handlungsfeld von entsprechender Bedeutung für Gegenwart und Zukunft ist. Ansonsten würde es durch die beruflich-betriebliche Realität eliminiert werden. Derartige Gewichtungen sind zwar in jedem Fall vorzufinden, drücken aber eher betriebliche oder regionale Spezifika als objektive Gewichtungen aus.
[45] Das von Bader entwickelte Modell der „Kompetenzentwicklung", dem die Annahme eines Durchlaufens bestimmter soziotechnischer Handlungssysteme zugrunde liegt, erstreckt sich von der Alltagserfahrung über die Werkstatterfahrung bis hin zur Modell- und Theoriebildung (Bader, 2004a, S. 18).
[46] „Verfahren zur Ermittlung von Regulationserfordernissen in der Arbeitstätigkeit" (Volpert, 1983).

Als größte Schwäche des Transformationskonzepts von BADER ist jedoch der völlige Verzicht auf ein Kompetenzkonstrukt festzustellen. Wenn ein Lehrplan die Vermittlung von Kompetenz(en) intendiert, sollte dieses zentrale Konzept theoretisch geklärt sein und im Zentrum der didaktischen Transformationen stehen. Allein die Feststellung, dass in den Lernfeldern Kompetenzen als Ziele stehen sollen, kann hier nicht genügen, denn damit kann letztlich alles als Ziel definiert werden, was in irgendeiner Form als Kompetenz bezeichnet wird. Das didaktisch-methodische „All-inclusive-Paket Lernsituation" wird durch diesen Ansatz zudem völlig überladen, denn in dieser soll alles Transformierte und Intendierte in einem Unterricht verwoben werden, der sehr hohen Ansprüchen gerecht werden soll. Weiter als bis zur Lernsituation hat BADER sein Konzept nie ausformuliert. Daher blieben einige entscheidende Fragen offen:

- Was haben Lernsituationen und Handlungsfelder gemeinsam und was unterscheidet sie?
- Wie lassen sich Lernsituationen so gestalten, dass klare und am Ende überprüfbare Kompetenzen vermittelt werden?
- Welches Ausmaß hat eine Lernsituation und wie viele Kompetenzen sollen in etwa in einer Lernsituation adressiert werden?
- Adressiert das Konzept der Lernsituation auch eine kognitive Auseinandersetzung oder ist hier nur das Handeln wesentlich?
- Welche Inhalte sind jeweils kompetenzrelevant und wie lassen sich diese feststellen?
- Wie können die Lernenden das Gelernte systematisieren und relativieren, wenn in ausschnittartigen Situationen gelernt werden soll?

1.4.2 Struktur und Aufbau lernfeldorientierter Lehrpläne

Schließlich wurden die Lernfeldlehrpläne (LoLP) durch die KMK-Rahmenlehrpläne ab dem Ende der 1990er-Jahre umgesetzt. Um dies konzeptionell zu unterstützen, wurde der BADER-Ansatz (mehr oder weniger konsequent) in „Handreichungen zur Erstellung von KMK-Rahmenlehrplänen" übertragen. Lernfelder sind demgemäß durch Zielformulierungen, Inhalte und Zeitrichtwerte beschriebene thematische Einheiten, die an beruflichen Aufgabenstellungen und Handlungsabläufen orientiert sind. Zielformulierungen sollen die „Qualifikationen und Kompetenzen", die am Ende des schulischen Lernprozesses in einem Lernfeld erwartet werden, beschreiben und den didaktischen Schwerpunkt und die Anspruchsebene (z. B. „Wissen" oder „Beurteilen") des Lernfeldes zum Ausdruck bringen. In den Zielformulierungen soll das zu erwartende Ergebnis der Lernprozesse im Lernfeld im Präsens beschrieben werden[47]. Auch hier zeigt sich die konzeptionell-theoretische Schwäche, indem Qualifikationen und Kompetenzen nebeneinandergestellt werden. Ob diese Beiordnung nun aus Unsicherheit oder einer Fehleinschätzung dieser beiden komplementären Zielkonstrukte beruflicher

---

[47] Nicht zu verwenden sind Formulierungen, die das Ergebnis des Lernprozesses mit „soll ..." beschreiben. Der Rahmenlehrplan ist eine Vorgabe, die sich nicht selbst durch „Soll"-Formulierungen infrage stellt.

Bildung erfolgte, bleibt offen. Fest steht auch, dass hier Anspruchsklassen wie „Wissen" oder „Beurteilen" fehl am Platz sind, denn Handlungsergebnisse zeigen sich nicht kognitiv, sondern operativ. Ebenfalls als Unsicherheit ist der Verzicht auf den Lernzielbegriff einzuschätzen, indem man einfach von „Zielen" spricht.

Die „Inhalte" im LoLP stellen nach den Zielformulierungen ein weiteres Element bei der Ausgestaltung der Lernfelder dar. Sie sind – unter Beachtung der Aufgaben des Lernortes Berufsschule – als „didaktisch begründete Auswahl" zu bestimmen und beschreiben den Mindestumfang, der zur Erfüllung des Ausbildungsziels im Lernfeld erforderlich ist – allerdings ohne Anspruch auf fachsystematische Vollständigkeit. Warum in den Lernfeldern überhaupt ein Raum für Inhalte geschaffen wurde, ist unklar. Der Ansatz von BADER kann dies nicht begründen, denn seine Vorstellung einer Transformation von Handlungsfeldern in Lernfelder sieht keine Auseinandersetzung mit Wissen vor. Es kann jedoch angenommen werden, dass ein völliger Verzicht auf Inhalte, welcher die Lehrpläne noch beliebiger gemacht hätte, kaum vertretbar gewesen wäre, zumal damit die Fundamente der dualen Ausbildung infrage gestellt worden wären. Traditionell war (und ist) es die Aufgabe der Berufsschule, Praxis- und Erfahrungswissen durch Theorie- und Allgemeinwissen zu ergänzen. Um aber die Offenheit des neuen Konzepts möglichst wenig zu reduzieren, wurden die Inhalte minimalistisch und sehr unverbindlich angehängt.

Lernfelder sind – gemäß den KMK-Handreichungen – „handlungsorientiert" auszurichten. Was damit genau gemeint war bzw. ist, bleibt offen, denn bislang wurde hier das Konzept der Handlungsorientierung nicht definiert. Hier war möglicherweise intendiert, eine Rückkehr in die Methodik des traditionellen Fachunterrichts zu verhindern, also die Lernfelder fachlich auszudifferenzieren und diese Teilbereiche nicht integrativ, sondern separat zu unterrichten.

Der „Umfang" des berufsbezogenen Unterrichts beträgt pro Ausbildungsjahr in der Regel 280 bzw. 320 Unterrichtsstunden[48]. Für jedes Lernfeld ist dabei ein Zeitrichtwert für dessen Behandlung im Unterricht festzulegen, welcher im Hinblick auf die organisatorischen Gegebenheiten der Berufsschule durch 20 teilbar sein und (früher 80, inzwischen) 120 Unterrichtsstunden nicht überschreiten sollte. Tabelle 4 zeigt eine Lernfeldübersicht mit spezifischen Lernfeldern und den zugehörigen Zeitrichtwerten.

---

48 Für Unterricht im kooperativen Berufsgrundbildungsjahr (BGJ).

Tabelle 4: Lernfeldübersicht mit spezifischen Lernfeldern und den zugehörigen Zeitrichtwerten

Übersicht über die Lernfelder für den Ausbildungsberuf „Ausbaufacharbeiter*in" mit dem Schwerpunkt „Zimmerarbeiten" (1. Stufe) sowie für den Ausbildungsberuf „Zimmerer/Zimmerin" (1. und 2. Stufe)			
Lernfelder	Zeitrichtwerte in Stunden		
	1. Jahr	2. Jahr	3. Jahr
Ausbaufacharbeiter/-in **Berufsfeldbreite Grundbildung (alle Berufe)**			
1. Einrichten einer Baustelle	20		
2. Erschließen und Gründen eines Bauwerks	60		
3. Mauern eines einschaligen Baukörpers	60		
4. Herstellen einer Holzkonstruktion	60		
5.			
6.			

Die untereinanderstehenden Lernfeldbezeichnungen sind im Sinne von Handlungsfeldern verfasst bzw. aus solchen erkennbar abgeleitet worden und stehen in einer sinnvollen (aber nicht verbindlichen) Reihenfolge. Jedem Lernfeld ist eine entsprechende Zeitvorgabe zugewiesen.

Tabelle 5 zeigt das Lernfeld 3 der Rahmenlehrpläne für die Bauberufe. Unter der Lernfeldbezeichnung steht eine Zielformulierung, welche die Intentionen des Lernfeldes hinsichtlich der erwarteten Schüler*innenaktivitäten präzisiert. In Verbindung mit den aufgelisteten Aktivitäten stehen präzisierende Planungs-, Entscheidungs-, Durchführungs- und Beurteilungsaspekte. Die Inhalte sind in den Feldern unterhalb der Zielformulierung ohne weitere Erläuterungen untereinander aufgelistet.

Tabelle 5: Ausformuliertes Lernfeld 3 aus den Rahmenlehrplänen für die Berufsausbildung in der Bauwirtschaft[49]

Lernfeld 3	Mauern eines einschaligen Baukörpers	1. Ausbildungsjahr Zeitrichtwert: 60 Stunden
Zielformulierung:		
Die Schülerinnen und Schüler planen die Herstellung eines einschaligen Mauerwerkskörpers aus klein- oder mittelformatigen künstlichen Mauersteinen einschließlich Öffnungen. Sie treffen Entscheidungen für Baustoffe und Art des Verbandes. Sie wählen geeignete Materialien zum Abdichten gegen Bodenfeuchtigkeit aus und erarbeiten Lösungen für ihren Einbau. In Anlehnung an den Arbeitsablauf erstellen die Schülerinnen und Schüler eine Auflistung der Arbeitsmaterialien. Dabei beachten sie das Aufstellen von Arbeitsgerüsten unter Berücksichtigung des Arbeitsschutzes. Die Schülerinnen und Schüler fertigen Ausführungszeichnungen an und führen Mengen- und Materialermittlungen anhand von Tabellen durch. Sie nutzen Messwerkzeuge, fertigen Aufmaßskizzen an und erstellen einen Kriterienkatalog zur Beurteilung der Arbeitsergebnisse.		
Inhalte: Wandarten- und aufgaben künstliche Mauersteine, Dichte, Druckfestigkeit, Luftschall- und Wärmedämmung Baukalke Mauermörtel, Mörtelgruppen Maßordnung im Hochbau Mauerverbände Arbeitsgerüste Abdichtungsstoffe Baustoffbedarf Ausführungszeichnungen, Aufmaßskizzen Isometrie		

Im September 2011 wurde die Handreichung der KMK für die Erarbeitung lernfeldorientierter Lehrpläne weiter überarbeitet und 2018 zuletzt – wie bspw. bei dem Ausbildungsberuf Präzisionswerkzeugmechaniker und Präzisionswerkzeugmechanikerin aktualisiert (Abbildung 5)[50].

Dadurch ergeben sich fortlaufend Erweiterungen im inhaltlichen Anspruch der Lernfelder. Formal wurde die Lernfeldbezeichnung zur „Kernkompetenz" erweitert. Im vorliegenden Beispiel „Präzisionswerkzeuge nach Kundenvorgaben herstellen" (Abbildung 5) lautet die Kernkompetenz: „Die Schülerinnen und Schüler besitzen die Kompetenz, Präzisionswerkzeuge nach Kundenvorgaben herzustellen". Die dazu einschlägi-

[49] KMK, 1999, S. 11.
[50] KMK, 2018.

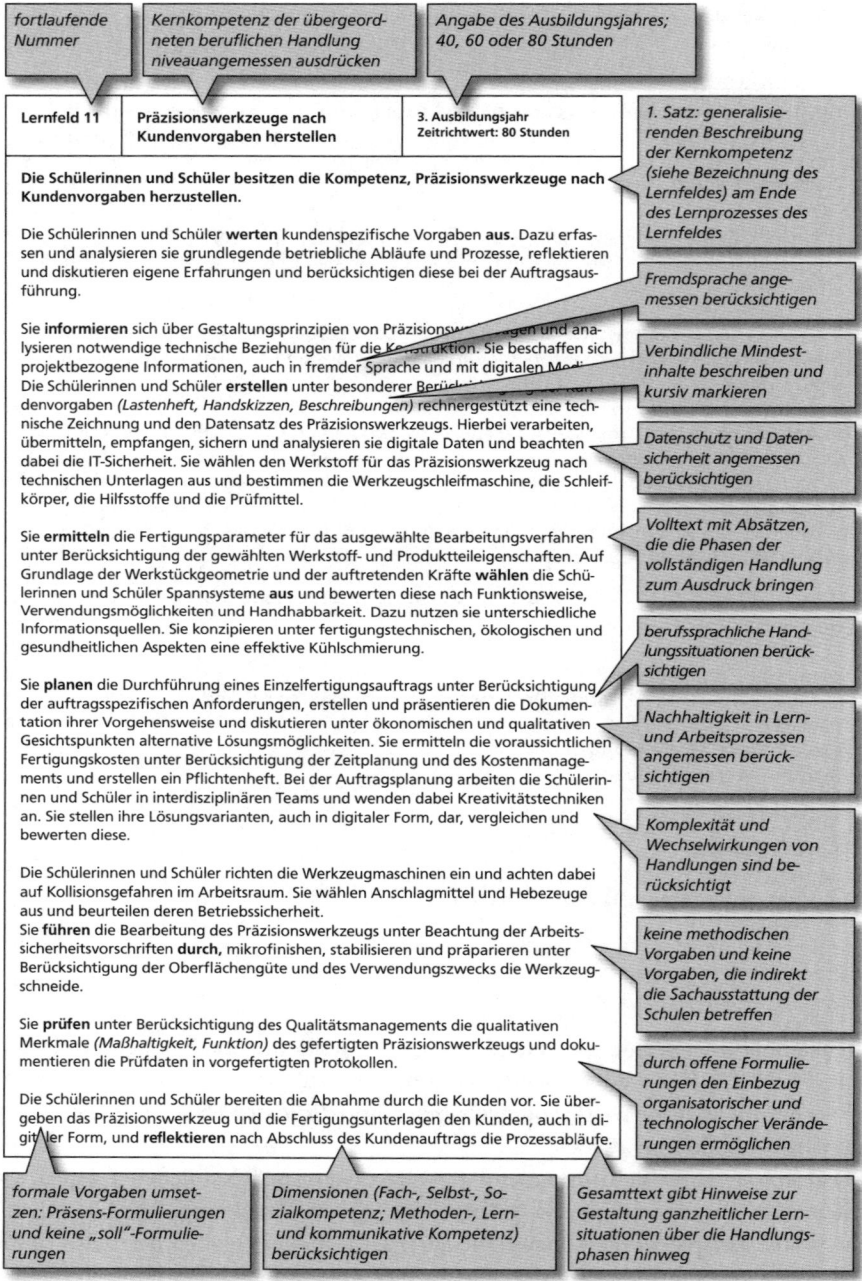

Abbildung 5: Ausgestaltung der Lernfelder[51]

[51] KMK, 2018.

ge Anweisung in den Handreichungen lautet: „Im ersten Schritt ist die Bezeichnung des Lernfeldes festzulegen. Dazu ist die jeweilige Kernkompetenz der übergeordneten beruflichen Handlung möglichst kurz, aussagekräftig und aktiv zu formulieren. Das Niveau der beruflichen Handlungskompetenz muss zum Ausdruck kommen"[52]. Darunter steht: „Im zweiten Schritt ist diese Bezeichnung des Lernfeldes durch eine generalisierende Ausformulierung der Kernkompetenz, die bis zum Ende des Lernprozesses des Lernfeldes zu erwerben ist, darzustellen". Das Konzept einer Kernkompetenz wird in diesen Handreichungen nicht erläutert, ebenso fehlen Hinweise für diesbezügliche Niveaus. So erklärt sich die im vorliegenden Beispiel offensichtliche Hilflosigkeit, a) eine Kompetenz mit dem Begriff der Kompetenz zu erläutern und b) in der Kernkompetenz letztlich das Gleiche festzustellen wie in der Lernfeldbezeichnung – lediglich durch den Kompetenzanspruch erweitert.

Das ist aber nur der Auftakt für eine Vorlage, die eine Lehrplangruppe zunächst völlig überfordern und dann sehr schnell in einen pragmatischen Minimalismus führen muss, denn es gilt:
1. Fremdsprachen zu berücksichtigen,
2. verbindliche Mindestinhalte kursiv zu markieren,
3. Datenschutz und -sicherheit zu berücksichtigen,
4. durch „offene Formulierungen" den Einbezug organisatorischer und technologischer Veränderungen zu ermöglichen,
5. Nachhaltigkeit in Lern- und Arbeitsprozessen zu berücksichtigen,
6. durch „offene Formulierungen" unterschiedliche methodische Vorgehensweisen unter Berücksichtigung der Sachausstattungen der Schulen zu ermöglichen,
7. „berufssprachliche Handlungssituationen" zu berücksichtigen,
8. Fach-, Selbst-, Sozial-, Methoden-, Lern- und kommunikative Kompetenz zu berücksichtigen.
9. Zudem soll der Gesamttext Hinweise zur Gestaltung ganzheitlicher Lernsituationen über die Handlungsphasen hinweg geben.

Schließlich sollen im dritten Schritt die differenzierten beruflichen Handlungen gegliedert nach den Phasen der vollständigen Handlung beschrieben werden. „Dabei ist die berufliche Handlung unter Berücksichtigung von korrespondierendem Wissen, zugehörigen Kenntnissen, Fertigkeiten, berufs- und fachsprachlicher Kompetenz sowie ggf. Lern- und Problemlösestrategien zu beschreiben. Gleichzeitig sind Denkhandlungen zur Verknüpfung, Begründung und Reflexion auszuweisen. Bei der Formulierung sind folgende Grundsätze zu beachten: Es ist sicherzustellen, dass die spezifischen Aufgaben des Lernortes Berufsschule in Abgrenzung und Ergänzung zum Lernort des dualen Partners besonders deutlich werden. Die Formulierungen sollen im Sinne eines Spiralcurriculums über die gesamten Lernfelder der Ausbildung eine Steigerung des Anforderungsniveaus und der Komplexität zum Ausdruck bringen. Dabei ist zu beachten, dass anerkannte Ausbildungsberufe grundsätzlich auf dem Hauptschulabschluss bzw.

---

[52] KMK, 2011, S. 25.

vergleichbaren Abschlüssen aufbauen. Ebenso sind auch die Niveaus des Deutschen Qualifikationsrahmens für lebenslanges Lernen (DQR) zu berücksichtigen"[53].

Hier werden weitere konzeptionelle Schwächen deutlich: So schließt sich z. B. Punkt 4 gegenüber Punkt 2 weitgehend aus; entweder verbindliche Inhalte oder Offenheit. Punkt 6 ist obsolet, denn Zielformulierungen sollten generell keine methodischen Implikationen transportieren. Punkt 8 ist sehr ambitioniert, denn diese Kompetenzfacetten für die einzelnen Ausbildungsberufe zu klären, wäre jeweils ein eigenes Forschungsprojekt – und selbst wenn man sie geklärt hätte, käme die Frage auf, ob sie sich überhaupt auf Lernfelder herunterbrechen lassen. Die Punkte 6 und 9 widersprechen sich wiederum: Entweder bleibt man methodisch offen, oder man gibt Hinweise zur Gestaltung von Lernsituationen. Der Begriff „ganzheitlich" wird hier ungeklärt verwendet und kann damit sehr vielfältig interpretiert werden. Die drei Phasen der vollständigen Handlung (welche von HACKER & VOLPERT wissenschaftlich im Rahmen der Handlungsregulationstheorie ermittelt wurden) werden hier mit den sechs Schritten der Leittextmethode verwechselt. Ein fataler Fehler, der sich über die Lehrpläne und Studienseminare sehr weit verbreitet hat. Noch schwerwiegender ist die hier explizite Nebeneinanderstellung von beruflichen Handlungen und „Denkhandlungen". Damit wird der curriculare Ansatz korrumpiert, denn es führt zum einen zu den Implikationen, dass berufliche Handlungen auch ohne Denken möglich seien und dass Denkhandlungen unabhängig von beruflichen Handlungen lernrelevant seien. Hinter diesem Fehler steht letztlich die generelle konzeptionelle Schwäche des KMK-Kompetenzansatzes, der an keiner Stelle eine klare und didaktisch handhabbare Beziehung zwischen Denken und Handeln herstellt.

Ohne hier weiter ins Detail zu gehen, kann festgestellt werden, dass die KMK hier letztlich ein weiteres Mal versucht hat, die LoLP zu entwickeln. Dass dies weder konsistent noch konsequent erfolgt, liegt auf der Hand, denn anstatt das Konzept strukturell zu reduzieren und im Hinblick auf realistische und praxisrelevante Umsetzungsperspektiven zu vereinfachen, wird es fern jeder Vorstellung über eine operative Umsetzbarkeit mit neuen Vorgaben und Ansprüchen angereichert. Damit entfernt es sich einerseits noch weiter von einer wissenschaftlichen Abstützung, andererseits wird die Wahrscheinlichkeit einer „konzeptkonformen" Transformation im realen Unterricht noch mehr verringert.

Blickt man in die aktuellen Lehrpläne, die auf Basis der letzten Handreichungen entstanden sind, wird die damit ausgelöste Verunsicherung sehr deutlich. Kein Lehrplan setzt den Ansatz konsequent um, in einigen wird es mehr versucht und in anderen weniger. Die Vorgabe, „alle" Kompetenzfacetten in die Ziele zu integrieren, wird weitgehend ignoriert oder mit minimalistischen Anstrichen alibiartig umgesetzt. Besonders markant lassen sich dabei zwei sehr unterschiedliche Konzepte für Zielbeschreibungen feststellen. In Konzept a werden Ziele in Form beruflicher Handlungen beschrieben. Dies ist im Hinblick auf Reinhard BADERs Grundansatz stimmig. In Konzept b werden Ziele in Form von Lernhandlungen beschrieben. Dies ist im Hinblick auf Reinhard BADERs Grundansatz falsch, denn eine Lernhandlung kann nicht aus einem beruflichen

---

[53] KMK, 2011, S. 25 f.

Handlungsfeld hergeleitet werden. Ein erkennbarer Grund für diese Fehlentwicklung ist der vorausgehend schon kritisierte Einbezug von „Denkhandlungen". Fest steht, dass die curriculare Konkretisierung von Lernhandlungen anstatt beruflicher Handlungen in vielerlei Hinsicht irreführend ist. Ein zentraler Fehler dabei ist, dass die Grundidee, den beruflichen Unterricht näher an Beruf und Betriebe zu orientieren, korrumpiert wird.

1.4.3 Vergleich der lernfeldorientierten Lehrpläne mit den curricularen Lehrplänen

Vergleicht man den lernfeldorientierten mit dem curricularen Lehrplan, so werden einige gravierende Unterschiede deutlich: (1) Die beruflichen Fächer sind nicht mehr expliziert und differenziert, (2) die Lernzielformulierung hat sich verändert, (3) die ehemaligen vier Spalten sind in zwei Felder übergegangen und (4) die Gesamtmenge der Vorgaben hat sich verringert.

Zu (1): Die ehemaligen „beruflichen Fächer" sind im LoLP weder erwähnt, noch lassen sich diesbezügliche Anhaltspunkte vorfinden. Die Systematisierung nach berufsbezogenen Lernfeldern geht davon aus, dass deren Vermittlung auch die in den ehemaligen Fächern intendierten Lernschwerpunkte[54] integrieren kann. Ehemalige berufliche Fächer (wie Fachrechnen oder Fachzeichnen) werden zu „lernfeldübergreifenden Kompetenzen"[55].

Zu (2): Die „Ziele" werden bewusst nicht als „Lernziele" bezeichnet, da sie die Performanz anstatt der Kompetenz beschreiben. Diese sind keinen bestimmten Entwicklungsbereichen zugeordnet bzw. in Zielklassen und Anforderungsstufen taxiert, sodass keine Anforderungsstufen vorgegeben sind. Das Anforderungsniveau des Unterrichts wird durch den Schwierigkeitsgrad und die Komplexität der jeweiligen Lernhandlungen von der Lehrperson selbst festgelegt und durch die Leistungsfähigkeit der Schüler*innen determiniert. Inhaltliche Bezüge werden in einem extra ausgewiesenen Inhaltsfeld näher beschrieben (LoLP vor 2011) oder im Fließtext als Mindestinhalte ausgewiesen (LoLP nach 2011).

Zu (3): Die vier Spalten, welche den gesamten CuLP durchziehen, reduzieren sich im LoLP auf zwei Felder (bzw. inzwischen ein Feld). Anstelle von feinstrukturierten Zielfeststellungen liegt eine Zusammenstellung komplexer thematischer Einheiten vor. Die ehemaligen Zielformulierungen im Sinne des beobachtbaren bzw. prüfbaren Verhaltens sind gelockert und finden ihren Ausdruck in Tätigkeitsformulierungen. Ziele und Inhalte sind übergreifend beigeordnet, aber nicht spezifisch zugeordnet; anstelle kleinschrittiger Zeitzuteilungen werden umfassende Gesamtzeitangaben festgestellt. In

---

54 Physikalisch-technologisches Denken und Handeln, technische Mathematik etc.
55 Wie sich inzwischen leider herausgestellt hat, führte dies zu einer deutlichen Vernachlässigung insbesondere mathematischer Kompetenzen. Daher wäre es dringend angezeigt, Querschnittslernfelder einzuführen, welche die Vermittlung von Kompetenzen intendieren, die nicht unmittelbar auf spezifische berufliche Tätigkeiten ausgerichtet sind, sondern vielmehr in mehreren Tätigkeiten immer wieder umsetzungsrelevant sind und auch über diese Tätigkeiten hinaus (z. B. für einen Bildungsaufstieg) hohe Relevanz besitzen.

den Lehrplänen nach 2011 ist der Versuch erkennbar, Mindestinhalte und Zielformulierungen näher zusammenzubringen.

Zu (4): Aufgrund der fehlenden Hinweise zum Unterricht und vor allem wegen des wesentlich geringeren Explikationsgrads der lernfeldorientierten Lehrpläne hat sich die Gesamtmenge des Vorgegebenen gegenüber den curricularen Lehrplänen erheblich verringert. Dadurch wird die Verbindlichkeit des Lehrplans deutlich reduziert. Das ehemalige „Lehrstoff-Zeit-Problem" verblasst angesichts erheblicher Konkretisierungs- und Gewichtungsprobleme. Die Gesamtheit definierter Inhalte ist geringer und hat eher Beispiel- denn Erfüllungscharakter. Noch stärker wurden die Zielvorgaben reduziert. Das Bemühen der Lehrer*innen, die vielen Ziele des curricularen Lehrplans in der gegebenen Zeit umzusetzen, kehrt sich um in die Problematik, aus den Lernfeldern konkrete Teilziele abzuleiten und diese entsprechend ihrer beruflichen Bedeutung zu gewichten. Diesbezügliche Vorgaben sind sehr vage im „Bildungsauftrag" und in den „Didaktischen Grundsätzen" formuliert. Hier werden u. a. als Leitlinien für den beruflichen Unterricht die Situations-, Handlungs- und Kompetenzorientierung festgeschrieben und auch die Forderung nach der Umsetzung eines inklusiven Unterrichts konstatiert.

1.4.4 Diskussion zur grundlegenden Konzeption des Lernfeldkonzeptes

Das Lernfeldkonzept wird vor dem Hintergrund einer Reihe von Implementierungsproblemen nach annähernd 25 Jahre nach seiner Einführung immer noch breit und kontrovers diskutiert. Die Praxis spaltet sich – ebenso wie die Wissenschaft – in Befürworter*innen und Skeptiker*innen. Je nachdem, ob Lehrpersonen gemäß den schüleraktivierenden, reformpädagogischen bzw. handlungsorientierten Ansätzen unterrichten wollen oder eher einen traditionellen Unterricht bevorzugen, positionieren sie sich zum Lernfeldansatz in unterschiedlicher Weise. Für die Einen bedeutet er eine Bestätigung ihrer didaktisch-methodischen Ideale und bessere Rahmenbedingungen für den Unterricht, für die Anderen eine Entwertung ihrer Didaktik und Anpassungsdruck. Skeptiker*innen in der Wissenschaft wiesen schon früher auf mangelnde Stringenz sowie fehlende empirische Belege des Konzepts hin[56], Befürworter*innen sahen und sehen darin einen überzeugenden Ansatz einer längst überfälligen Professionalisierung des berufsschulischen Unterrichts[57].

Fest steht, dass das Lernfeldkonzept keine Modifikation oder Revision des vorausgehenden Lehrplans war, sondern ein vollständig neues Konzept. Die unterrichtenden Lehrer*innen konnten auf keine elaborierten Umsetzungsstrategien des Konzepts zurückgreifen, sondern handelten eher weitgehend auf Basis kurzfristig erworbenen Wissens aus der Literatur bzw. Fortbildungen. Dabei unterlagen sie einem enormen Anpassungsdruck, begleitet von erheblichen Unsicherheiten und hohem Arbeitsaufwand. Aufgrund der Offenheit des Konzepts, aber auch aufgrund einer Reihe von Implikationen aus übertriebenen oder falsch verstandenen Formulierungen (wie z. B. dem

---

[56] Huisinga, 1999 oder Reinisch, 2003.
[57] U. a. Sloane, 2003.

generellen Anspruch einer Handlungsorientierung) wurden schwerwiegende Fehleinschätzungen getroffen und kommuniziert: So wurde z. B. von einem verordneten Methodenmonismus ausgegangen oder vom Anspruch eines Unterrichts, der zentral berufspraktische Fertigkeiten vermittelt.

Marcus DENGLER konnte im Rahmen einer empirischen Studie zur Lernfeldumsetzung in der beruflichen Fachrichtung Metalltechnik Belege dafür finden[58], dass sich diese Anfangsschwierigkeiten noch nicht aufgelöst haben, sondern auch aktuell davon auszugehen ist, dass die LoLP nur in Ausnahmefällen in einer konzeptionell tragfähigen Didaktik und Methodik umgesetzt werden. Dies ist dann der Fall, wenn ein beruflicher Unterricht berufliche Problemstellungen kontextadäquat thematisiert und eine Umgebung bereithält, in welcher diese vielfältig gelöst und reflektiert werden können und dabei gleichermaßen Handeln, Wissen und Verständnis zu spezifischen Kompetenzen integriert werden. Selbst in einer Auswahl von Good-Practice-Unterrichtskonzepten findet man nur ein Drittel, welches diesem Anspruch gerecht werden kann. Die beiden verbleibenden Drittel beinhalten entweder einen akzeptablen Alltagsunterricht, der entweder den Handlungs- oder den Wissensaspekt überakzentuiert, oder einen defizitären Unterricht, in welchem deutliche Fehlkonzepte festzustellen sind.

Damit steht fest, dass das Lernfeldkonzept sowohl hinsichtlich seiner Ausformulierung als auch seiner didaktischen Umsetzung nach wie vor deutlich weiterentwickelt werden muss. Seine Entwicklung war von Beginn an erschwert: Durch ein sehr vages Grundkonzept mit überhöhten Erwartungen, aber auch durch eine mangelhafte Unterstützung der Implementierung sowohl auf inhaltlicher als auch auf personeller Ebene[59]. Das Lernfeldkonzept verspricht einerseits eine Chance für eine kompetenzorientierte Didaktik „vor Ort", andererseits zieht es jedoch auch eine Erhöhung des schulspezifischen curricularen Aufwands und der damit verbundenen didaktischen Verantwortung nach sich. Die Implementierung weist aktuell große Unstimmigkeiten auf. Bei mangelhafter bzw. nicht stattfindender Umsetzung der Lernfelder stehen die Lehrer*innen vor einem „Lehrplanvakuum", welches die Wahrscheinlichkeit einer Orientierung an „heimlichen Lehrplänen" erhöht. Dies wäre für die Berufsschule als Teil des dualen Systems kontraproduktiv, da sie mit dem Lernfeldkonzept eine Stärkung ihrer Position bewirken wollte, dessen Ablehnung oder Scheitern genau das Gegenteil bewirken würde. Verantwortlich ist hier weitgehend die KMK, die auf einem defizitären Konzept beharrt (und dieses immer noch weiter verschlechtert). In vielen Bundesländern sind daher inzwischen eigene Handreichungen angefertigt worden, um diesen Missstand zu kompensieren, um die Lehrer*innen zu entlasten, um curriculare Klarheit zu schaffen und letztlich, um dem Lernfeldlehrplan so eine Chance zu geben, hochwertigen und innovativen beruflichen Unterricht zu ermöglichen. Auf Englisch nennt man das „wag the dog".

---

[58] Dengler, 2016, S. 348 ff.
[59] Ein derartiger Wandlungsprozess würde in der Wirtschaft sehr vorsichtig und mit großem Unterstützungsaufwand eingeleitet und begleitet werden. Der Erfolg (oder Misserfolg) des Lernfeldkonzepts hängt aktuell erheblich davon ab, wie sich die Lehrerschaft damit arrangiert.

1.4.5 Umsetzung von schulnahen Curricula

Aus dem vorausgehenden Vergleich wurde deutlich, dass mit den lernfeldorientierten Lehrplänen eine erhebliche Übertragung curricularer Arbeit vom Staat auf die Schulen bzw. Lehrer*innen erfolgt[60]. „Damit werden zugleich wesentliche Aufgaben der curricularen Entwicklungsarbeit an die einzelnen Schulen verlagert, zumal auch vorgesehen ist, dass diese Rahmenlehrpläne direkt und ohne nochmalige landesspezifische Lehrplankommissionen als Lehrpläne der einzelnen Bundesländer eingesetzt werden". Nach wie vor stehen im Zentrum der Diskussion über eine erfolgreiche Umsetzung des Lernfeldkonzepts an den Berufsschulen die sog. „schulnahen Curricula"[61]. Dieser Begriff soll zum Ausdruck bringen, dass durch die offen gehaltenen staatlichen Vorgaben in den Rahmenlehrplänen der eigentliche Lehrplan erst in der schulinternen Umsetzung entsteht[62]. Diese schulische Umsetzung von Lernfeldern sollte sich übergreifend auf die kollegial abgestimmte Entwicklung von Lernsituationen belaufen, deren Erarbeitung in den Prozess einer umfassenden didaktischen Jahresplanung einzubetten wäre. BUSCHFELD[63] definiert Lernsituationen als problembezogene Aktivitäten der Lernenden in einem konkreten Tätigkeitskontext, welcher übergreifend einen Handlungsrahmen und -ablauf sowie Handlungsergebnisse umfasst. Die entwickelten Lernsituationen werden dann in einer zusammenhängenden Reihe von Unterrichtsstunden, die nach den Gesichtspunkten einer handlungsorientierten Didaktik aufgebaut sein sollen, umgesetzt.

Die Präzisierung der offenen lernfeldorientierten Curricula und die zugehörige didaktische Jahresplanung sollen in der Schule von Bildungsgangteams bzw. -kommissionen bewältigt werden[64]. SLOANE sieht darin eine „Mesoebene" didaktischer Planung, welche zwischen der Lehrplangestaltung (Makroebene) und der Unterrichtsgestaltung (Mikroebene) die Gestaltung von Bildungsgängen umfasst (Tabelle 6). Er schreibt dieser Mesoebene eine vermittelnde Position zwischen der Lehrplan- und der Unterrichtsebene zu und bezeichnet sie als „Managementebene", deren Zweck die Gestaltung der unterrichtlichen Arbeitsbedingungen sei[65].

Ein derartiges schulspezifisches Bildungsmanagement wird als eine gemeinschaftliche Aufgabe von Lehrer*innenteams eingeschätzt. Die relativ offen Vorgaben des Lehrplans sollen so zunächst in ein jeweils schulspezifisches Curriculum umgesetzt werden, bevor schließlich einzelne Unterrichtssequenzen oder -stunden ausgearbeitet werden können. Dieses Curriculum entspräche dann einer Umsetzung der Lernfelder auf die regionalen Spezifika sowie auf die personellen und adressatenbezogenen Gegebenheiten.

---

60 Im Folgenden teilweise wörtlich übernommen aus Tenberg, 2011, S. 203.
61 Dieses Konstrukt klingt zunächst paradox, da die vollständigen Curricula der Vergangenheit vom Staat gestaltet und vorgegeben wurden und durch das Lernfeldkonzept doch eigentlich abgeschafft werden sollten. Zudem wird impliziert, dass Schulen eigene Curricula entwickeln, was wiederum einer der Grundfunktionen von Lehrplänen widerspricht: der staatlichen Bildungskontrolle.
62 Sloane, 2009, S. 199.
63 Buschfeld, 2003, S. 3.
64 Sloane, 2003, S. 7.
65 Sloane, 2003, S. 7.

Tabelle 6: Ebenen didaktischer Planung im Lernfeldkonzept

Planungs-ebenen	Gremien/ Personen	Aufgaben	Planungseinheit	Planungs-gegenstände
Makroebene	KMK-LP-Ausschüsse	Lehrplan-gestaltung	Rahmenlehrplan	Lernfelder
Mesoebene	Kollegiale Teams	Bildungsgang-gestaltung	Schulnahes Curriculum	Lernsituationen
Mikroebene	Lehrer*innen	Unterrichts-gestaltung	Einzelkonzept	Unterrichts-einheiten

In der schulischen Praxis sind mittlerweile Bildungsgangteams etabliert, welche gemeinsam Lernfelder in Unterrichtskonzepte transformieren[66]. Dabei hat sich jedoch gezeigt, dass in der Schulpraxis die von SLOANE differenzierten unteren Ebenen (Mikro- und Mesoebene) zumeist integriert werden. Zum einen deshalb, weil das Lernfeldkonzept häufig ohne Rücksicht auf die theoretisch curricularen Hintergründe pragmatisch gehandhabt wird, zum anderen, weil jene, die hier konzeptkonform arbeiten (wollen), zumeist Bildungsgang- und Unterrichtsgestaltung integrieren. Die von SLOANE konstatierte Abtrennung zweier Ebenen kann in der Praxis auch kaum sinnvoll gehandhabt werden, denn erst das konkrete Unterrichtskonzept legt offen, ob bzw. inwiefern eine Lernsituation inhaltlich überhaupt tragfähig ist. Das heißt, dass diese beiden „Ebenen" nur ein theoretisches Konstrukt sind, in der Praxis aber interagieren müssen bzw. interdependent sind. Schulnahe Curricula gibt es somit, jedoch nicht auf Mesoebene, sondern in einer Verbindung von Meso- und Mikroebene.

1.4.6 Chancen und Grenzen schulinterner Curricula

Als Protagonist des Lernfeldkonzepts konstatierte TRAMM im Jahr 2003: „Den Schulen wird durch die Gestaltung schulnaher Curricula die Chance zur curricularen Profilierung und Differenzierung geboten, und auch die Möglichkeit einer curricularen Abstimmung zwischen den Ausbildungspartnern vor Ort werden grundsätzlich deutlich verbessert"[67]. Dieser optimistischen Einschätzung muss inzwischen jedoch auch eine realistische Position entgegengehalten werden, wenn man dies nicht als Chance, sondern als Zusatzarbeit wahrnimmt. Um den curricularen Auflösungsgrad der früheren Lehrpläne zu erreichen, ist ein enormer Transformationsaufwand erforderlich. Darüber hinaus wird der Anspruch erhoben, dass Lernsituationen alle zwei bis vier Jahre aktualisiert werden müssten, was angesichts des schon sehr hohen einmaligen Aufwands einer Lernfeldumsetzung sehr ambitioniert erscheint. Zudem stellt sich die Frage, ob mit schulindividuellen Curricula der überregionalen Nivellierungsfunktion der Berufsschule noch Rechnung getragen würde: Bislang hat der berufsschulische Unterricht

---

[66] Röder, 2017.
[67] Tramm, 2003, S. 5.

gewährleistet, dass gerade regionale oder einzelbetriebliche Eingrenzungen reduziert wurden und so Facharbeiter*innen oder Handwerker*innen, die z. B. in Nürnberg gelernt haben, in einer Firma in Flensburg sofort anfangen konnte. Hinzu kommt ein Fragezeichen bei der Professionalisierung. Wenn die Lehrer*innen vor Ort nicht über die Motivation oder die entsprechenden curricularen Kompetenzen und Rahmenbedingungen für eine schulnahe Curriculumentwicklung verfügen, kann die seitens der KMK intendierte Umsetzung des Lernfeldkonzepts kaum funktionieren. Wieder stellt sich die (empirisch bislang nicht beantwortete) Frage, wie ein solcher Unterricht dann aussieht.

Wie geht nun eine Lehrkraft mit derart knappen und offenen Planungsvorgaben ohne Beachtung der umsetzungsbezogenen KMK-Empfehlungen pragmatisch um? Mit der „Schwächung" des staatlichen Lehrplans durch reduzierte Inhalte und Verbindlichkeit geht absehbar eine Stärkung des „heimlichen Lehrplans" einher. Eine curriculare Desorientierung bewirkt die verstärkte Orientierung an jenem Kriterium, welches für Berufsschulen schon seit ihrem Bestehen sehr bedeutsam ist: den Abschlussprüfungen. Diese werden traditionell – praktisch, aber auch theoretisch – maßgeblich von den „zuständigen Stellen" (Kammern etc.) generiert. Die Berufsschulnoten und -prüfungen sind diesen gegenüber unbedeutend. Hinzu kommt, dass die Theorieteile der „Kammerprüfungen" nach wie vor überwiegend Multiple-Choice-Aufgaben beinhalten, was in einem deutlichen Kontrast zum Anspruch einer beruflichen Handlungskompetenz steht. Im Folgenden wird kurz auf den „heimlichen Lehrplan" eingegangen.

1.4.7 Der „heimliche Lehrplan"

Der Ausdruck „heimlicher Lehrplan" etablierte sich in den späten 1960er-Jahren – wahrscheinlich durch Übernahme des englischen Ausdrucks „hidden curriculum" – im deutschen Sprachraum[68]. Darunter wurden zunächst ungewollte Nebenwirkungen von Erziehung und Unterricht verstanden, also z. B. die affirmative Reproduktion der gesellschaftlichen Verhältnisse durch die Schulen im Gegensatz zu deren äußerem Streben nach demokratischer Entwicklung und Emanzipation. „Heimlich" meint also, dass die Lernziele nicht offen kommuniziert, aber trotzdem latent, durch Inhalte und die Struktur der Erziehung sowie das Verhalten der Pädagog*innen, vermittelt werden. Inzwischen wurde der Bedeutungsgehalt dieser Formulierung erweitert. Als heimliche Lehrpläne werden all jene Komponenten bezeichnet, welche von den Lehrpersonen als Konkurrenz zu den legalen Lehrplänen für die Unterrichtskonzeption herangezogen werden. Dies erfolgt entweder im Sinne einer Ablehnung der Lehrpläne oder einfach aus Pragmatismus. Im Zusammenhang mit der Umsetzung des Lernfeldkonzepts sind beide Intentionen absehbar (Abbildung 6). Anstatt das diffuse Fernziel „berufliche Handlungskompetenz" anzuvisieren, orientiert sich die Lehrkraft am Nahen, am Greifbaren und an der anstehenden Gesellen- oder Facharbeiterprüfung[69]. Da diese aktuell häufig bzw. überwiegend in Form von Multiple-Choice-Aufgaben gestellt wird, könnte

---

68 Jackson, 1968.
69 Sloane, 2001, S. 189.

die Folge eine inhaltliche wie auch methodische Orientierung des Unterrichts an der Reproduktion von quantitativem Wissen sein. Weitere „heimliche Lehrpläne" finden sich in verschiedensten Ausprägungen. So orientieren sich Lehrer*innen z. B. häufig eher an den verfügbaren Medien (vor allem an Schulbüchern) als an den verbindlichen Lehrplänen.

Dahinter stehen klare Vorteile der Effizienz von Planung und Konzeption. Hinzu kommt die normative Kraft des Faktischen, welche nicht nur affirmativ wirkt („ich mache das Neue wie das Alte"), sondern auch blockierend („Warum sollte ich etwas Neues machen, wenn das Alte schon vorliegt?"). Speziell bei der Umsetzung des LoLP kommt noch ein wichtiger Aspekt hinzu: Die Unsicherheit über die spezifischen beruflich-praktischen Kontexte und die dort aktuellen Geräte, Prozesse und Terminologien. Warum sollte man sich mit viel Aufwand in ein unsicheres Terrain begeben, wenn man ein sicheres vorbereitet und verfügbar hat?

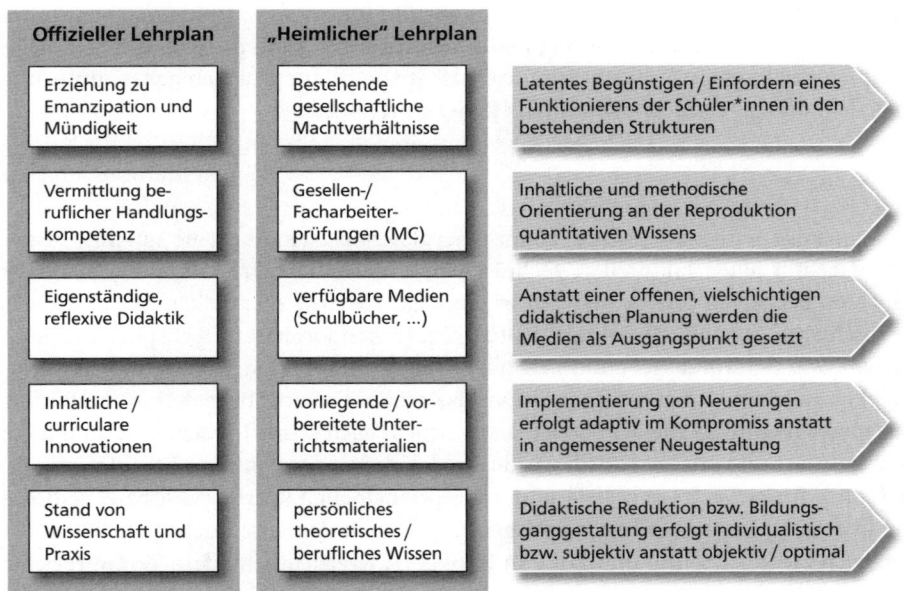

Abbildung 6: Gegenüberstellung des offiziellen und „heimlichen" Lehrplans

DUBS konstatierte zur Zeit der Neuimplementierung der LoLP, dass unsere Berufsschulen mehr denn je durch die heimlichen Lehrpläne geprägt wurden. Dabei bezog er sich auf die Feststellung, dass die Innovationskraft aktueller Ordnungsmittel in zweierlei Hinsicht infrage zu stellen sei: „Einerseits dauern Lehrplanreformen zu lange, um Innovationen rechtzeitig in die Schulen einzubringen. Andererseits bereitet die Darstellungsart immer mehr Schwierigkeiten. Solange man mit behavioristischen Lernzielen arbeitet, ergeben sich keine formalen Probleme: Für jeden Lernschritt wird ein Lernziel formuliert. Sobald aber die Erkenntnisse der neuen Lehr-Lern-Theorie Eingang finden sollen, wird die Darstellungsweise schwieriger, weil – vor allem, wenn der Lehrplan Anregungscharakter für die Lehrpersonen haben soll – sie erstens auf komplexere, umfassendere Problemorientierung und auf Lernprozesse auszurichten ist. Dazu kommt, dass zweitens [...] viele der lerntheoretischen Neuerungen den Mikrobereich betreffen, die im Mesobereich des Lehrplans keinen maßgeblichen Niederschlag finden"[70].

Nur Idealist*innen gehen davon aus, dass sich „heimliche Lehrpläne" ausschalten lassen. Tatsache ist, dass der Lehrer*innenberuf aktuell auch bei einem hohen ideellen Anspruch nicht ohne Pragmatik ausgeübt werden kann. Dies schließt auch eine Akzeptanz bzw. Toleranz im Hinblick auf die beschriebenen Unschlüssigkeiten bzw. Defizite bestehender Lehrplanmodelle mit ein. Trotzdem gelingt es engagierten und motivierten Pädagog*innen – sich dieser Aspekte mehr oder weniger bewusst –, einen lehrplankonformen Unterricht zu gewährleisten. Aktuell steht fest, dass im beruflichen Bereich die „heimlichen Lehrpläne" durch die Implementierungsprobleme des LoLP gestärkt werden. In der Allgemeinbildung, insbesondere im Gymnasialbereich, stellt sich dieses Problem noch stärker dar. Auch die Einführung von Bildungsstandards und Kerncurricula konnte daran bislang wenig ändern. Somit kann das Ausmaß heimlicher Lehrpläne bedingt als Indikator für die Qualität von Bildungsplänen gelten, unbedingt aber als Indikator für deren Akzeptanz in der Lehrerschaft.

1.4.8 Zwischenfazit

Wie eingangs festgestellt wurde, können berufsschulische Lehrpläne nur im Zusammenhang mit jenen kulturellen, technischen, wirtschaftlichen und gesellschaftlichen Aspekten betrachtet und verstanden werden, auf welche sie zurückgehen und welche sie in einem permanenten Wandel halten. Der lernfeldorientierte Lehrplan entspricht somit – wie der vorausgehende Lehrplan – einer temporären Konkretisierung jener Aspekte, welchen in diesem Bezugsraum das größte Gewicht bzw. der größte Einfluss beigemessen wird. So wie der curriculare Lehrplan nach seiner Implementierung schon bald kritisiert und infrage gestellt wurde, wird der lernfeldorientierte Lehrplan von Beginn an kritisiert, infrage gestellt und konzeptionell auch korrumpiert bzw. ignoriert. Die in diesem Zusammenhang wichtigen Aspekte wurden vorausgehend erörtert. Der Vergleich zwischen CuLP und LoLP in Kapitel 1.4.3 verdeutlicht, dass die Unterrichtsplanung und -konzeption mit dem LoLP – gegenüber dem CuLP – zwar unverbindlicher geworden ist, dabei aber auch komplexer und aufwendiger. Zudem werden den Lehrer*innen damit erweiterte didaktische, aber auch berufspraktische Räume eröffnet, was sich gleichermaßen als bereichernde Herausforderung, aber auch als belastender Anspruch darstellt. In jedem Fall erhöht dies die Arbeitsbelastung in der Vorbereitung und auch Durchführung des Unterrichts. Es liegt auf der Hand, dass in derartigen Situationen der Einfluss der sogenannten „heimlichen" Lehrpläne zunimmt.

---

70 Dubs, 2001, S. 65.

1.5 Konzeptionelle Rahmungen der KMK-Handreichungen

Die KMK-Handreichung empfiehlt für die Transformation des Lernfeldlehrplans u. a. eine Orientierung an (1) dem Bildungsziel „beruflicher Handlungskompetenz", (2) einer „Handlungsorientierung" im Unterrichtsgeschehen und (3) die Orientierung an Praxis- und Geschäftsprozessen für den Lehr-Lern-Prozess.

1.5.1 Berufliche Handlungskompetenz

Mit dem Konzept der beruflichen Handlungskompetenz als „die Bereitschaft und Fähigkeit des Einzelnen, sich in gesellschaftlichen, beruflichen und privaten Situationen sachgerecht, durchdacht sowie individuell und sozial verantwortlich zu verhalten"[71] wurde und wird seit nunmehr einem Vierteljahrhundert eine übergreifende Bildungsperspektive für die dualen Ausbildungsberufe konstatiert, welche historisch und politisch erklärbar und intentional verständlich ist, jedoch konzeptionelle Unschärfen aufweist, mit welchen deren konsequente Übertragung in die Bildungsrealität infrage zu stellen ist. Schon der Begriff Handlungskompetenz muss als Pleonasmus infrage gestellt werden: „Kompetenz" wird im allgemeinen Sprachgebrauch immer schon im Sinne von „kompetentem Handeln" verwendet, weshalb der Zusatz „Handlung" keinerlei begriffliche Klärung erbringt[72]. Dies ist jedoch nur eine terminologische Schwäche, die gegenüber der inhaltlichen kaum ins Gewicht fällt, denn die Globalformulierung „berufliche Handlungskompetenz" umschließt einen sehr umfassenden und gleichermaßen diffusen Anspruch, der bezüglich einer schulischen Handhabung ebenso vage bleibt wie bezüglich einer sinnvollen Überprüfung. Dass dieser Anspruch auch im betrieblichen Bildungsraum konstatiert wird, dort jedoch terminologisch anders konkretisiert wird, sei hier nur am Rande erwähnt. Fest steht, dass dieses „obere Berufsbildungsziel" keine Orientierungsleistung für den konkreten beruflichen Unterricht erbringt. Eine ähnliche Unschärfe lässt sich für den Begriff „Handlungsorientierung" feststellen.

1.5.2 Handlungsorientierung

„Handlungsorientierung" wurde und wird vielfältig erklärt und verstanden. Eine feststehende Definition, welche über eine breite berufs- und wirtschaftspädagogische Akzeptanz verfügt, fehlt aber bislang. BADER stellte in einer Bestandsaufnahme elf unterschiedliche Ausprägungen von Handlungsorientierung fest. Dabei kam er zu dem Schluss, dass ein breiter Konsens nur hinsichtlich zweier Konzepte bestehe, nämlich einerseits in einer
- Orientierung an „vollständigen beruflichen Handlungen" gemäß der sogenannten Leittextmethode und in einer
- Orientierung des berufsschulischen Unterrichts an beruflich-praktischen Problemstellungen.

---

71 KMK, 2018, S. 15.
72 Straka und Macke, 2008, S. 590–600.

BADER stellte – im Sinne zusätzlicher Bildungsvorgaben der Berufsschule – fünf weitere Ausprägungen vor:
- „Handlungsorientierung als psychologisch begründete Strukturierung aller Lernprozesse – meist auf Basis von kognitionspsychologischen Theorien, von Handlungsregulationstheorien oder von pragmatischen Verbindungen beider Theoriestränge.
- Handlungsorientierung als Gestaltung von Lernprozessen, in denen die Lernenden möglichst durch selbständiges Handeln lernen, mindestens jedoch durch aktives Tun, jedenfalls nicht allein durch gedankliches Nachvollziehen von Handlungen anderer […]
- Handlungsorientierung als Lernen an konkreten Handlungen, deren Ergebnis nicht aufgrund gesicherter Erkenntnisse (z. B. der Naturwissenschaften) feststeht, sondern offen ist […]
- Handlungsorientierung als Orientierung der Kommunikation an den Handlungsbedürfnissen der Kommunikationspartner […]
- Handlungsorientierung als Planung und Gestaltung von Lernprozessen mit dem Ziel der Fähigkeit, aus gewonnenen Erkenntnissen (im weitesten Sinne) gesellschaftliche Konsequenzen zu ziehen, d. h. der Einsicht die Tat folgen zu lassen, um vorgefundene Situationen in Richtung auf Ziele, die als erstrebenswert erkannt wurden, mit den geplanten Methoden zu verändern."[73]

Hinzu kommt die
- „Handlungsorientierung als Merkmal unternehmerischer Selbständigkeit"[74],
- die Handlungsorientierung als eine „besonders weitgehende Form von Selbständigkeit des beruflichen Handelns"[75],
- „Handlungsorientierung als Entwicklung und Vermittlung impliziten Wissens"[76],
- die „Handlungsorientierung als vorbereitende Kompetenzentwicklung zur Bewältigung nicht voraussagbarer beruflicher, gesellschaftlicher und individueller Anforderungen"[77] als aktuelle Orientierungskonzepte der betrieblichen Ausbildung und schließlich
- „Handlungsorientierung als Leitlinie in der Curriculumentwicklung"[78] gemäß den neu strukturierten lernfeldorientierten KMK-Rahmenlehrplänen.

EULER versuchte, diesen Wildwuchs an Definitionsversuchen zu erklären und konstatierte, dass der Begriff der Handlungsorientierung häufig in Abgrenzung zu einer negativen didaktischen Praxis angeführt würde, welche verändert werden sollte[79]. Er

---

[73] Bader, 2004b, S. 62 ff.
[74] Bader, 2004b, S. 66.
[75] Bader, 2004b, S. 68.
[76] Bader, 2004b, S. 66.
[77] Bader, 2004b, S. 67.
[78] Bader, 2004b.
[79] Euler, 2003a, S. 130 (z. B. einseitige Ausrichtung an kognitiven Lernzielen, Überwindung des Frontalunterrichts, Ausrichtung des Unterrichts an Antworten, nicht an Problemen etc.).

stellt als verbreitete Konkretisierungsansätze von Handlungsorientierung die folgenden drei Möglichkeiten vor: Handlungsorientierung als „vollständiges Lernen" im Sinne der Handlungsregulationstheorie, Handlungsorientierung als „ganzheitliches Lernen" mit „Kopf, Herz und Hand" im Sinne der Reformpädagogik und Handlungsorientierung als Vorstellung über den Ablauf von Lernprozessen ausgehend von einer Handlungssystematik anstelle der bisherigen Fachsystematik[80]. SCHELTENS Konzept des handlungsorientierten Unterrichts ging davon aus, dass es kein didaktisches Prinzip einer Handlungsorientierung gibt, sondern nur dann handlungsorientierter Unterricht vorliegt, wenn einige zentrale Kriterien erfüllt sind[81]. Befürworter*innen des handlungsorientierten Unterrichts sehen dessen Wirksamkeit als empirisch fundiert[82] und verweisen auf eine Reihe von Untersuchungen aus den 1990er-Jahren, die den handlungsorientierten Unterricht als wirksames und zukunftsweisendes Konzept feststellen. Skeptiker*innen stellen eine eher mangelhafte empirische Belegung fest und interpretieren das vorliegende wissenschaftliche Material kritisch[83]. Auch hier kann somit kaum eine Orientierung für die konkrete Unterrichtsplanung und -konzeption gefunden werden, gegenteilig scheint ja alles „irgendwie" handlungsorientiert zu sein, sobald es kein „traditioneller Unterricht" (was immer das sein mag) ist.

1.5.3 Orientierung an Praxis- und Geschäftsprozessen in Lehr-Lern-Prozessen

Mit dem Einzug der Informations- und Kommunikationsberufe (kurz: I&K-Berufe) etablierte sich in den gewerblich-technischen Berufen das Konzept der „Geschäftsprozessorientierung". Dieser aus dem wirtschaftlichen Sektor adaptierte Terminus gewann in der Mitte der 1990er-Jahre an Bedeutung, als sich vor allem im Computerbereich neue technische Berufe mit kaufmännischen und umfangreichen Dienstleistungsanteilen entwickelten. Die Geschäftsprozessorientierung entwickelte sich schnell zu einem Prinzip der betrieblichen Ausbildung in Berufen mit Dienstleistungscharakter[84]. Gemäß diesem Prinzip sollte ein Beruf nicht mehr in der traditionellen Organisation eines gestuften Entwickelns aufeinander aufbauender, komplexer werdender Fähigkeiten und Fertigkeiten gelernt werden, sondern von Anfang an in Form einer Partizipation vollständiger Geschäftsprozesse. Anstatt zu Beginn alle Grundfähigkeiten zu erwerben und diese nach und nach zu vertiefen und auszubauen, wird das gelernt, was für den jeweiligen Schritt innerhalb eines Geschäftsprozesses erforderlich ist, und über die sich aneinanderreihenden Geschäftsprozesse ausgeweitet und universalisiert. Damit verschiebt sich das betriebliche Bildungsverständnis (im Sinne KLAFKIS) erheblich vom Materialen zum Formalen. Es ist nun weniger entscheidend, was – sondern viel mehr wie und in welchen Kontexten – gelernt wird. Den Inhalten, Kenntnissen und Fertig-

---

[80] Euler, 2003a, S. 131.
[81] Schelten, 2004, S. 176 ff.
[82] Durch domänenspezifische Untersuchungen in Wirtschaft und Technik z. B. von Achtenhagen, 1988, Heimerer 1996, Schelten und Schießl, 1996.
[83] Beyen, 2003, S. 214.
[84] Viele kaufmännischen Berufe, I&K-Berufe, Handwerksberufe, aber auch in der Industrie (z. B. Mechatroniker*innen).

keiten wird eine nicht unbedeutende, aber temporäre Bedeutung zugewiesen. Die Art und Weise, wie man diesen begegnet, sie sich aneignet, zum Einsatz bringt, evaluiert, korrigiert, relativiert, transferiert und sie zu einem sinnvollen Arbeitsergebnis bringt, nimmt nun eine zentrale Rolle in der Ausbildung ein. Mit der Umsetzung der I&K-Berufe im dualen System überträgt sich also der betriebliche Anspruch einer Geschäftsprozessorientierung auf die KMK-Vorgaben für die neuen Rahmenlehrpläne. Hier ist eine didaktisch-methodische Orientierungsleistung erkennbar, wenngleich sie zum einen einen nur teilweise erfüllbaren Anspruch an den berufsschulischen Unterricht stellt, denn dort lassen sich betriebliche Prozesse letztlich nur simulieren. In der Geschäftsprozessorientierung liegt zentral die Entwicklungsaufgabe der Berufsschule, ihre Theoriekompetenz in einen Lehrkontext zu überführen, der in einem deutlichen Kontrast zur allgemeinen Schule steht, ohne sie dabei aufzugeben bzw. ohne sie gegen eine nicht erreichbare Praxiskompetenz aufzugeben.

1.5.4 Fazit, offene Fragen und Begegnung im technikdidaktischen Ansatz

Woran soll sich nun die Arbeit schul- bzw. fachspezifischer Bildungsgangkommissionen orientieren? Kann die Kompetenz-, Handlungs- und Geschäftsprozessorientierung komplett und durchgängig in der Planung von Lernsituationen realisiert werden? Als (praktische) Antwort auf diese Frage findet man häufig aktuelle (integrative, spezifische) Ansätze eines handlungs- und geschäftsprozessorientierten Unterrichts[85]. In anderen Fällen werden die Handlungs- und Geschäftsprozessorientierung nicht als „Gesamtpaket" verstanden, sondern als didaktisch-methodische Orientierungskonzepte.

Die vorliegende Technikdidaktik bezieht sich an dieser Stelle auf ihre lernpsychologischen Ausgangspunkte in Konstruktivismus und Kognitivismus. Hier wurde festgestellt, dass berufliches Lernen u. a. in der aktiven Selbstauseinandersetzung Lernender mit von ihnen als relevant und interessant erkannten Problemen in möglichst anwendungsnahen Szenarien stattfinden sollte. Daraus ergibt sich eine generelle Absage an den traditionellen fächergegliederten beruflichen Unterricht mit rezeptiven Lehr-Lern-Prozessen. Die ehemals für die Unterrichtsplanung priorisierten Fachsystematiken werden dabei nicht abgeschafft, jedoch werden ihnen „Handlungs- oder Prozesssystematiken" beigeordnet, welche für die Lernenden Entstehungs-, Erschließungs- und auch Anwendungskontexte beruflicher Kompetenzen repräsentieren und so vor einer unmittelbaren Systematisierung neuen Wissens dessen konstruktivistische Erschließung implizieren. Anstatt die Inhalte unmittelbar nach Fächern sortiert und gemäß ihren wissenschaftlichen Themenzusammenhängen zu erarbeiten, erfolgen Auseinandersetzungen mit den Inhalten gemäß ihrem Auftreten innerhalb komplexer beruflicher Prozesse[86]. Die „Begegnung mit dem Wissen" erfolgt für die Schüler*innen so nicht mehr ausgehend von der Systematik und Theorie des Faches mit bei- oder nachgeordneter Antizipation bzw. Reflexion der praktischen Anwendung, sondern in

---

85 Z. B. ein Unterricht für IT-Systemelektroniker, näher beschrieben in Vögele, 2003.
86 Z. B. werden die Klebeverbindungen nicht als Teilgebiet der „unlösbaren Verbindungen" in der Fügetechnik erarbeitet, sondern im Zusammenhang mit der Herstellung eines Rotorblattes.

einer integrativen Theorieauseinandersetzung aus den Erfordernissen bzw. Problemstellungen des jeweiligen Berufskontextes heraus.

Also bleibt trotz der großen Bedeutung des Berufskontextes in einem aktuellen berufsschulischen Unterricht der Wissenserwerb nach wie vor in dessen Zentrum. Neu ist aber dessen enge, explizite und konstante Verknüpfung mit den betrieblichen Bezugs- und Anwendungsfeldern. Diese Verknüpfung kann unterschiedlichste Formen, Ausprägungen und Intensitäten annehmen und soll nachfolgend unter dem Begriff „Kontextualisierung" im Rahmen der didaktischen Jahresplanung erörtert werden.

Kompetenz (Kapitel 1.6 und 1.7)		
Die Leser*innen sind in der Lage, kompetenzorientierte Lernziele zu generieren und unterrichtswirksam zu transformieren. Sie können differenziert und reflektiert Schritte einer didaktischen Jahresplanung im Sinne einer Perspektivplanung umsetzen.		
Die Leser*innen ...	**Professionswissen**	**Reflexionswissen**
... skizzieren die Struktur kompetenzorientierter Lernziele und transformieren diese in unterrichtsbezogene Templates.	Kompetenzorientierte Lernziele in den Dimensionen fachlich-methodischer und sozial-kommunikativer Kompetenzen Aufbau und Handhabung von unterrichtsbezogenen Instrumenten der Lernzielexplikation	Theoretisch-konzeptionelle Hintergründe des Kompetenzbegriffs und der unterrichtsbezogenen Instrumente Implikationen für einen beruflich-technischen Unterricht
... beschreiben zentrale Schritte und Bezugspunkte der Perspektivplanung.	Planungsstufen • Lernzielbildung durch Kompetenzexplikation • Zeitliche Akzentuierung der Kompetenzdimensionen • Lernsituation	Schulinterne Curricula in der Perspektivplanung Theorie und Konzept curricularer Matrizen

1.6 Kompetenzorientierte Lernziele[87]

Im vorausgehenden Kapitel wurde festgestellt, dass im Zentrum curricularer Überlegungen generell Lernziele stehen. Lehrende müssen möglichst konkret festlegen, „wohin es gehen soll", bevor sie „den Weg dahin" bestimmen können. Die curricularen Lernziele waren sehr konkret, da sie kleinschrittig festgelegt hatten, was die Lernenden nach dem Absolvieren des Unterrichts wissen sollten. Dies stellt sich beim LoLP anders dar; anstelle von Lernzielen gibt der Lernfeldlehrplan nur sogenannte „Ziele" vor. Hinter diesem Begriff stehen entweder Beschreibungen von vorbereitenden, durchführenden oder reflektierenden berufsbezogenen Handlungen oder aber von Lernhandlungen. Im KMK-Rahmenlehrplan für Industriemechaniker*innen findet man z. B. folgende Zielformulierung: „Die Schülerinnen und Schüler wählen geeignete Prüfmittel aus, wenden diese an und erstellen die entsprechenden Prüfprotokolle"[88].

Diese „Ziele" können jedoch nicht konsequent als Lernziele genutzt werden, da sie – wie KLAUER schon bei den operationalisierten Lernzielen kritisiert hatte – ein Verhalten akzentuieren, anstatt das zu akzentuieren, was dieses Verhalten ermöglicht.

---
[87] Im Folgenden teilweise wörtlich übernommen aus Tenberg, 2006.
[88] Kultusministerkonferenz, 2004, S. 9.

Ein Lernziel muss in jedem Fall mit einem intendierten Lernvorgang korrespondieren; sollen also Kompetenzen entwickelt werden, muss ein diesbezügliches Lernziel *alle* Aspekte integrieren, welche Kompetenzen charakterisieren, also *Handlungs-, aber auch Wissensaspekte*. Anstelle der „Ziele" müssten im LoLP Kompetenzen beschrieben sein und dies in einer Ausformulierung, die deren weitere didaktische Handhabung möglich macht. Wer jedoch die „Ziele" im lernfeldorientierten Lehrplan als Kompetenzbeschreibungen identifiziert, verwechselt Kompetenz mit Performanz. Nicht die Handlung selbst, sondern das, was uns dazu befähigt, ist die Kompetenz[89]. Dies wiederum hat zur Folge, dass eine „Bildungsganggestaltung" nicht bei der Generierung von Lernsituationen beginnen kann. Vielmehr muss diesbezüglichen Überlegungen eine Konkretisierung von Kompetenzen im Sinne von Lernzielen vorausgehen. Lässt man diesen Schritt aus, werden Ziel und Weg vertauscht und der Unterricht wird einem Lehr-Lern-Aktionismus preisgegeben, in dem (für Lehrpersonen wie auch Lernende) unklar bleibt, was letztendlich erreicht werden sollte und erreicht wurde[90].

Hier offenbart sich am deutlichsten die geringe Verbindlichkeit der LoLP. Tatsächlich bleibt es den Schulen bzw. der Lehrerschaft überlassen, welche spezifischen Dispositionen sie für die im Lehrplan dargestellten Zielhandlungen festlegen. Das ist aus KMK-Perspektive sehr effizient, denn man spart sich einen enormen Aufwand – sowohl in der Konkretisierung einschlägiger Handlungsdispositionen als auch in deren (gegenüber den reinen Zielhandlungen) – zwangsläufig früher erforderlichen Aktualisierung. Andererseits wird damit der in Artikel 7 des Grundgesetzes für die Bundesrepublik Deutschland (GG) aufgehängte Bildungsauftrag des Staates deutlich vernachlässigt, denn dieser erfordert absehbar konkretere Vorgaben in den Lehrplänen. Letztlich wird die Lehrerschaft vor Ort mit einer umfassenden und schwierigen Aufgabe konfrontiert, welche die KMK und aktuell auch die Kultusministerien der Bundesländer umgehen. Ob dies durch das generelle Theoriedefizit im Lernfeldkonzept zu begründen ist, durch das Fehlen der erforderlichen didaktischen Expertise oder durch die „Schonung von Ressourcen" bzw. durch eine Kombination aus allen drei Aspekten, sei dahingestellt. Fest steht, dass die „Ziele" der LoLP dem Anspruch von Lernzielen nur randständig gerecht werden können und dass sie primär keinen kognitiven Anspruch adressieren, sondern weitgehend einen aktionistischen.

In einer wissenschaftlich tragfähigen Umsetzung der Lernfeldlehrpläne müssen die Lernziele in jedem Fall in Form von Kompetenzen gesetzt werden. Im Hinblick auf die Unterscheidung zwischen fachlichen und überfachlichen Kompetenzen sollten sie – in Abstützung auf das Basiskonzept von ERPENBECK & ROSENSTIEL[91] – jedoch in zwei un-

---

[89] Erpenbeck und Rosenstiel, 2007, S. XIX und Kapitel 3.3.2 in Band I.
[90] Das in der vorliegenden Technikdidaktik hergeleitete Kompetenzkonstrukt intendiert neben einer Präzisierung des KMK-Ansatzes insbesondere eine didaktische Nutzbarkeit. Dieser Anspruch ist dann gerechtfertigt, wenn die so formulierten Kompetenzen als Lernziele verwendet werden können, das heißt, wenn sie sich so ausformulieren lassen, dass sich aus ihnen eine klare Vorstellung darüber ergibt, zu welchen Ergebnissen beruflicher Unterricht kommen soll und diese Ergebnisse zu einem angemessenen Grad überprüfbar sein müssen.
[91] Erpenbeck und Rosenstiel, 2007 S. XIX und Kapitel 3.3.2 in Band I.

terschiedlichen „Formaten" generiert werden: Im fachlich-methodischen Bereich (Kapitel 1.6.1) gilt es, situationsspezifische, auf einzelne Unterrichtseinheiten bezogene Kompetenzen zu bestimmen; im sozial-kommunikativen und personalen Bereich (Kapitel 1.6.2) gilt es hingegen, die situationsübergreifenden, auf eine Unterrichtsjahresplanung bezogenen Kompetenzen zu bestimmen. Dabei muss akzeptiert werden, dass sich für das Formulieren von Lernzielen als Kompetenzen zwar sinnvolle, logische und wissenschaftlich akzeptable Vorgaben treffen lassen, diese jedoch bislang keiner umfassenden empirischen Überprüfung unterzogen wurden[92]. Wie bei allen bisherigen Vorgehensweisen von curricularen Transformationen und konzeptionellen Ausgestaltungen erwächst aus dieser Feststellung ein hoher Anspruch an die Expertise derjenigen, die diese Aufgabe übernehmen und damit gleichbedeutend auch eine hohe Verantwortung.

Als Auswahl- und Entscheidungskriterien können hier u. a. jene der didaktischen Analyse von Wolfgang KLAFKI Berücksichtigung finden, wobei sich hierbei insbesondere die Fragen nach der Gegenwarts- und Zukunftsbedeutung sowie der exemplarischen Bedeutung als bedeutsam erweisen. Spätestens in der tatsächlichen Durchführung der Transformationen wird offensichtlich, dass man – auch bei bester Expertise und hohem Aufwand – zu einem nicht unerheblichen Anteil individualistisch oder gar spekulativ bleiben wird, da solche Bedeutungsbeimessungen kaum objektivierbar sind. Stattdessen ist davon auszugehen, dass die persönlichen Kenntnisse und Erfahrungen der Lehrperson im jeweils vorliegenden Berufskontext hier entscheidenden Einfluss haben. Ein objektives bzw. „richtiges", „optimales" oder gar „allumfassendes" Ergebnis wird sich in diesen Prozess nicht herbeiführen lassen. Um absehbare Defizite zu kontrollieren und zu reduzieren, bietet es sich an, mehrere Personen, insbesondere betriebliche Expert*innen (evtl. auch schul- und regionsübergreifend) in diese curriculare Arbeit miteinzubeziehen[93].

1.6.1 Fachlich-methodische Kompetenzen

Die Ausgangsdefinition für die fachlich-methodischen Berufskompetenzen dieser Technikdidaktik bezieht sich auf Sachwissen, Prozesswissen und Reflexionswissen in Verbindung mit Steuerungs- bzw. Regulationsfähigkeiten und (fakultativ) mit motorischem Geschick[94]. Um vor diesem Hintergrund fachlich-methodische Kompetenzen zu präzisieren, gilt es, das dafür erforderliche bzw. damit korrespondierende Wissen zu

---

[92] Dies trifft aktuell jedoch auf alle bisherigen didaktischen Entwürfe zu. Selbst die empirisch fundierten Ansätze von Heimann, Otto und Schultz gehen auf eine sehr schmale Basis mit überwiegend qualitativ-explorativen Studien in keinen repräsentativen Querschnitten zurück. Auch die Lernzielbildung ist eine Form der didaktischen Transformation, welche von individualistischen bzw. normativen Einflüssen nicht befreit werden kann, da Bildungsgehalte immer „Teile eines Ganzen" sind und die Wahrnehmung dieses „Ganzen" nicht normiert werden kann.
[93] Vielleicht werden zukünftig elektronische Medien diesbezüglich produktiv eingesetzt und derartige didaktische Aufgaben in Wikis realisiert, in denen über das Internet für eine große Gemeinschaft die Ergebnisse immer präsent und – durch die Anwendung von Review-Systemen – jederzeit erweiterbar und modifizierbar sind.
[94] Für die basistheoretischen Hintergründe sei auf Kapitel 3.1 des Bandes I verwiesen.

konkretisieren. Dazu wird das vom Lehrplan vorgegebene Lernfeld in eine curriculare Matrix expliziert, also (1) in einzelne Performanzen zerlegt und (2) jede Performanz inhaltlich mit einschlägigem Wissen ergänzt. Im Zuge von (1) wird zudem geklärt, ob die im Lehrplan erwähnten Handlungen relevant sind (1a) und, ob es sich um berufliche Handlungen handelt, oder um Lernhandlungen (1b). Zu (1a): Die Rahmenlehrpläne sind sehr global verfasst, so dass sie teilweise den Berufen nur sehr allgemein gerecht werden. Folge ist, dass einzelne dort aufgeführte Handlungen eher randständig sind, andere möglicherweise fehlen. Zudem gibt es auch ein Aktualitätsproblem, da die Generierung der Lehrpläne über einen längeren Zeitraum verläuft und diese mit jedem Jahr das vergeht, veralten, wie aktuell die Digitalisierung deutlich macht. Zu (1b): Aus Unsicherheit über die Transformation der KMK-Rahmenlehrpläne in konkreten Unterricht, wurde in deren Ausformulierung teilweise vom Grundansatz der Übertragung beruflicher Handlungsfelder in Lernfelder abgewichen. Dann wurden an Stelle beruflicher Handlungen Lernhandlungen festgeschrieben. Dies wird erkennbar, wenn Formulierungen wie „die SchülerInnen analysieren" oder „die SchülerInnen reflektieren" auftreten. Solche Lernhandlungen lassen sich nicht im Sinne beruflicher Performanzen handhaben und damit auch nicht in ihre Wissens-Aspekte ausdifferenzieren.

Im Lernfeld 4 des Ausbildungsberufs Industriemechaniker/Industriemechanikerin steht als Zielformulierungen „Die Schülerinnen und Schüler bereiten die Wartung von technischen Systemen insbesondere von Betriebsmitteln vor und ermitteln Einflüsse auf deren Betriebsbereitschaft. Dabei bewerten sie die Bedeutung dieser Instandhaltungsmaßnahme unter den Gesichtspunkten Sicherheit, Verfügbarkeit und Wirtschaftlichkeit. Sie lesen Anordnungspläne, Wartungspläne und Anleitungen, auch in englischer Sprache. Die Schülerinnen und Schüler nutzen digitale Informationsquellen. Sie planen Wartungsarbeiten und bestimmen die notwendigen Werkzeuge und Hilfsstoffe. Sie wenden die Grundlagen der Elektrotechnik und der Steuerungstechnik an und erklären einfache Schaltpläne in den verschiedenen Gerätetechniken. Sie beachten die Bestimmungen des Arbeits- und Umweltschutzes, sowie der IT-Sicherheit. Dabei berücksichtigen sie besonders die Sicherheitsvorschriften für elektrische Betriebsmittel. Sie messen und berechnen elektrische und physikalische Größen. Sie bewerten und diskutieren ihre Arbeitsergebnisse und stellen diese dar"[95].

Der Punkt (1a) soll hier übergangen werden, da sich diesbezügliche Überlegungen nicht global vornehmen lassen. Bzgl. (1b) ergeben sich jedoch eine Reihe von Lernhandlungen, welche hier zu eliminieren sind: „Dabei bewerten sie die Bedeutung dieser Instandhaltungsmaßnahme unter den Gesichtspunkten Sicherheit, Verfügbarkeit und Wirtschaftlichkeit ... Die Schülerinnen und Schüler nutzen digitale Informationsquellen ... erklären einfache Schaltplane in den verschiedenen Gerätetechniken ... Sie bewerten und diskutieren ihre Arbeitsergebnisse und stellen diese dar."

Mit dieser Eliminierung aus den Kompetenzzielen sollen diese Aspekte nicht entwertet werden, gegenteilig können Sie als Hinweise für die methodische Umsetzung wertvoll sein. In die curriculare Matrix können sie jedoch aus oben angeführten Grün-

[95] KMK, 2018a, S. 12

Tabelle 7: Curriculare (Lern-)Matrix am Beispiel des „Lernfeld 4: Warten technischer Systeme".

Lernfeld 4: Warten technischer Systeme				
Index	Berufliche Handlung	Korrespondierendes Wissen		
		Sachwissen	Prozesswissen	Reflexionswissen
LF 4-1	Die SuS bereiten die Wartung von technischen Systemen (insbesondere Betriebsmitteln) vor.	Wartungsmaßnahmen, Schmiermittel, Öle, Fette	Standzeitberechnungen	Chemisches Verhalten von Fluiden
LF 4-2	Die SuS ermitteln Einflüsse auf die Betriebsbereitschaft von technischen Systemen.	Methoden der Wartung, Instandhaltung, Instandsetzung, Verbesserung	Sichtprüfung, Fehlerauswertung, Instandsetzungsmaßnahmen	Fehlerursachen
LF 4-3	Die SuS lesen Anordnungspläne, Wartungspläne und Anleitungen (auch in englischer Sprache).	Grundlagen technischer Zeichnungen, englische Bauteilbezeichnungen	Anwendung der Wartungsplanungssoftware, Handhabung entlang Wartungsplansoftware/Arbeitsablaufplan	Zusammenhänge von Baugruppen
LF 4-4	Die SuS planen Wartungsarbeiten und bestimmen die notwendigen Werkzeuge und Hilfsstoffe	Funktionen der Werkzeuge und Hilfsstoffe	Auswahl der benötigten Werkzeuge und Hilfsstoffe basierend auf Wartungskriterien	Zusammenhänge von Werkzeugen und Hilfsstoffen
LF4-5	Die SuS wenden die Grundlagen der Elektrotechnik und Steuerungstechnik an.	Größen im elektrischen Stromkreis, binäre, analoge und digitale Steuerungstechnik	Umrechnung physikalischer Einheiten, Entwurf und Realisierung von Steuerungen	Physikalische Zusammenhänge der Elektro- und Steuerungstechnik
LF 4-6	Die SuS beachten Bestimmungen des Arbeits- und Umweltschutzes sowie der IT-Sicherheit	Verbots-, Warn- und Rettungszeichen, Persönliche Schutzausrüstung, Gefahrenquellen, Sicherheitsvorschriften, Umweltschutzgesetze, Sicherheit in Netzwerken	Umsetzung vorbereitender Maßnahmen zum Arbeitsschutz, Nutzung von Schutzausrüstung und Schutzeinrichtungen Entsorgung von Gefahrstoffen	Hintergründe und Intentionen des Arbeits- und Umweltschutzes (Wirtschaft, Gesellschaft, Natur)
LF 4-7	Die SuS berücksichtigen Sicherheitsvorschriften für elektrische Betriebsmittel.	Wirkungen des elektrischen Stroms, Schutzklassen, Schutz gegen elektrischen Schlag	Arbeiten an elektrischen Anlagen, Durchführung von Wiederholungsprüfungen	Fehlerarten, Systemzusammenhänge
LF 4-8	Die SuS messen und berechnen elektrische und physikalische Größen.	Physikalische und elektrische Größen, Wirkung von Materialien, Physikalische Formeln, Messbereiche, Einflussgrößen	Umrechnung physikalischer/elektrischer Größen in SI-Einheiten, Verknüpfung von Zahlenwerten mit physikalischen Einheiten	Festhalten des Istzustands, Ableiten von Zusammenhängen Zahlenwert Zusammenhänge

den nicht aufgenommen werden. Die verbliebenen acht Performanzen werden dann untereinander in die Spalte „Teilkompetenz" eingetragen. Dann können zu jeder Performanz die einschlägigen Wissensaspekte eingetragen werden.

Tabelle 8: Charakterisierung der Wissensarten

Sachwissen umfasst ein anwendungs- und umsetzungsunabhängiges Wissen über Dinge, Gegenstände, Geräte, Abläufe, Systeme, etc. Es ist Teil fachlicher Systematiken und daher sachlogisch-hierarchisch strukturiert, wird durch assoziierendes Wahrnehmen, Verstehen und Merken erworben und ist damit die gegenständliche Voraussetzung für ein eigenständiges, selbstreguliertes Handeln. Beispiele: Aufbau eines Temperatursensors, Bauteile eines Kompaktreglers, Funktion eines Kompaktreglers, Aufbau einer speicherprogrammierbaren Steuerung, Programmiersprache einer speicherprogrammierbaren Steuerung, Struktur des Risikomanagement-Prozesses, EFQM-Modell, ...

Prozesswissen umfasst ein anwendungs- und umsetzungsabhängiges Wissen über berufliche Handlungssequenzen. Prozesse können auf 3 verschiedenen Ebenen stattfinden, daher hat Prozesswissen entweder eine Produktdimension (Handhabung von Werkzeug, Material, etc.), eine Aufgabendimension (Aufgabentypus, -abfolgen, etc.) oder eine Organisationsdimension (Geschäftsprozesse, Kreisläufe, etc.). Prozesswissen ist immer Teil handlungsbezogener Systematiken und daher prozesslogisch-multizyklisch strukturiert, wird durch zielgerichtetes und feedbackgesteuertes Tun erworben und ist damit funktionale Voraussetzung für ein eigenständiges, selbstreguliertes Handeln. Beispiele: Kalibrierung eines Temperatursensors, Bedienung eines Kompaktreglers, Umgang mit der Programmierumgebung einer speicherprogrammierbaren Steuerung, Umsetzung des Risikomanagements, Handhabung einer EFQM-Zertifizierung

Reflexionswissen umfasst ein anwendungs- und umsetzungsunabhängiges Wissen, welches hinter dem zugeordneten Sach- und Prozesswissen steht. Als konzeptuelles Wissen bildet es die theoretische Basis für das vorgeordnete Sach- und Prozesswissen und steht damit diesen gegenüber auf einer Metaebene. Mit dem Reflexionswissen steht und fällt der Anspruch einer Kompetenz (und deren Erwerb).

Die ersten beiden Wissensaspekte hängen eng miteinander zusammen und lassen sich relativ einfach herleiten. Z. B. müssen die Schüler*innen zur Vorbereitung von Wartung von technischen Systemen (LF4–1) einschlägige Wartungsmaßnahmen, Schmiermittel, Öle und Fette kennen, sowie Standzeitberechnungen durchführen können. Schwieriger stellt sich hingegen die Feststellung des relevanten Reflexionswissens dar. Diese erfolgt im Hinblick auf a) das unmittelbare Verständnis des Sach- und Prozesswissens (Erklärungsfunktion), b) die breitere wissenschaftliche Abstützung des Sach- und Prozesswissens (Fundierungsfunktion), c) die Relativierung des Sach- und Prozesswissens im Hinblick auf dessen berufliche Flexibilisierung und Dynamisierung (Transferfunktion). Umfang und Tiefe des Reflexionswissens werden so bestimmt, dass diesen drei Funktionen Rechnung getragen wird. Im vorliegenden Beispiel wird für LF4–1 nur das chemische Verhalten von Fluiden angeführt. Dieser Aspekt entspricht hier den Punkten a) und b). Der Aspekt c) kommt deutlich bei LF 4–5 zum tragen, wenn als Reflexionswissen die physikalischen Zusammenhänge der Elektro- und Steuerungstechnik angeführt werden. Diese wären für die Anwendung der Grundlagen der Elektrotechnik und Steuerungstechnik kaum erforderlich, umgekehrt bietet dies aber die Chance, ausgehend von diesem Anwendungsfall tiefer in die naturwissenschaftlichen Zusammenhänge einzusteigen und dabei aber nicht den Fach- bzw. Berufskontext gänzlich zu verlassen. Dabei wird jedoch auch deutlich, dass beim Reflexionswissen klare Grenzen zu ziehen sind. Hier besteht die Gefahr, dass Themen oder Inhalte eingebracht werden, die gegenüber der Ausgangsperformanz und deren beruflichem Hintergrund nachrangig oder gar bedeutungslos sind. Diese Spalte darf nicht im Sinne einer lösungsoffenen Gestaltungskategorie wahrgenommen werden, sondern muss vielmehr als jener Lernzielbereich ernst genommen werden, in welchem das Anspruchsniveau einer Teilkompetenz bemessen wird[96].

Im Zusammenhang mit diesen Überlegungen wird ein weiterer Aspekt dieses didaktischen Ansatzes deutlich: Für eine effektive und effiziente Gesamtplanung eines Schuljahres sollte nicht von einzelnen Performanzen oder einzelnen Lernfeldern ausgegangen werden. Vielmehr muss eine Gesamtplanung vorausgehen, in welcher die Ansprüche und Anliegen aus allen Teilbereichen eingehen. Nach dieser Bestandsaufnahme muss eine Revision erfolgen, um bedeutsame Schwerpunkte (die z. B. durch wiederholtes Auftreten eines Themas erkennbar sind) herauszuarbeiten und auf diese Weise angemessene Akzente zu setzen und eventuelle Redundanzen zu kontrollieren. Im vorliegenden Beispiel kann davon ausgegangen werden, dass die Grundfertigungsarten schon in einem vorausgehenden Lernfeld vermittelt wurden und hier als bekannt vorausgesetzt werden können. Ergebnis dieser wissensakzentuierenden und -differenzierenden Lernzielexplikation ist eine curriculare Matrix (7), in der einzelnen Performanzen spezifische Wissensaspekte zugewiesen werden. Jede Zeile aus Performanzen und Wissensfacetten bildet dann in sich eine Teilkompetenz.

1.6.2 Sozial-kommunikative Kompetenzen

Wie vorausgehend festgestellt wurde, bezieht sich die Entwicklung sozial-kommunikativer Kompetenzen und personaler Kompetenzen nicht auf einzelne Unterrichtsabschnitte bzw. Unterrichtssequenzen, sondern auf längere Vermittlungszeiträume. Daher erscheint eine stunden- oder lernstreckenbezogene Konkretisierung von Einzelkompetenzen wenig zielführend, vielmehr gilt es hier, Kompetenzen mit einer mehrmonatigen Zeitperspektive zu fokussieren. Sozial-kommunikative Kompetenzen und personale Kompetenzen werden durch spezielle methodische Arrangements bzw. Interventionen vermittelt. Diese werden sukzessive im Unterricht implementiert und ausdifferenziert. Dabei sollten die Lernenden über deren Ziele und Intentionen im Voraus informiert werden, um sie auch bewusst wahrnehmen und regelmäßig reflektieren zu können.

Im Gegensatz zum fachlich-methodischen Bereich sind die Lehrplanvorgaben hier sehr vage[97]. Daher kann die Bestimmung sozial-kommunikativer Kompetenzen

---

96 An dieser schwierigen Entscheidungsstelle zeigt sich ein hoch relevantes Forschungsdesiderat. Bislang gibt es keine belastbaren Befunde darüber, wie sich welche Wissensaspekte im realen beruflichen Tun auswirken. Ein zentrales Problem, diesbezügliche Erkenntnisse zu gewinnen, liegt in der hochgradigen „Routinisierung" von Facharbeit. Somit wären nur Studien in Ausnahmesituationen oder Veränderungsprozessen relevant.
97 Euler (2004, S. 59) kommt nach einer kriterien-gestützten Dokumentenanalyse der Ordnungsgrundlagen von 22 Schweizer Lehrberufen zu einem ernüchternden Schluss: Einerseits stellt er fest, dass nach wie vor „didaktisch akzentuierte Modelle zur Bestimmung und Begründung von Sozialkompetenzen" fehlen, andererseits weist er darauf hin, dass diese aufgrund mangelnder Verbindlichkeit relativ folgenlos vernachlässigt bzw. ausgeklammert werden könnten.

und personaler Kompetenzen auch nicht über kleinschrittige didaktische Transformationen erfolgen. Prämisse ist hierbei, dass keine Widersprüche zur KMK-Vorgabe auftreten dürfen, was jedoch angesichts ihrer globalen Formulierungen schwer möglich erscheint. In Kapitel 3.3.5 in Band I wurde definiert, dass sozial-kommunikative Berufskompetenzen Dispositionen sind, kommunikativ, kooperativ und selbstorganisiert beruflich zu handeln, also sich mit anderen kreativ auseinander- und zusammenzusetzen, sich gruppen- und beziehungsorientiert zu verhalten und neue Pläne, Aufgaben und Ziele zu entwickeln. Das heißt, dass „gruppenorientiertes Verhalten" z. B. eine Teilkompetenz wäre[98]. Trotz der hohen emotional-affektiven Anteile bei der Kompetenzentwicklung in diesem Bereich kann diese jedoch kaum ohne kognitive Stimulierung und Reflexion schulisch umgesetzt werden. Das bedeutet, dass auch hier – und ähnlich wie bei den fachlich-methodischen Kompetenzen – relevante Wissensaspekte zugeordnet werden sollten[99]. Eine sozial-kommunikative Kompetenz könnte somit z. B. lauten: „Die Auszubildenden können die eigene Rolle und die Rollen der anderen in ihren Lerngruppen bestimmen. Dabei sind ihnen typische Gruppenrollen bekannt, sie verstehen die Hintergründe der Entwicklung von Gruppenrollen und deren Wirkungen auf Individuen und Gruppen." Ähnlich wie im hier beispielhaft genannten sozial-kommunikativen Bereich erfolgt dies im personalen Bereich. So kann z. B. die Leistungsmotivation in Einzelperformanzen aufgegliedert und diesen wiederum Wissensaspekte zugeordnet werden.

So entstehen neben dem Zielkonzept des fachlich-methodischen Bereichs zwei weitere im sozial-kommunikativen und personalen Bereich. Alle drei Zielkonzepte bilden zusammen die Grundlage für eine didaktisch-methodische Jahresplanung (Umrissplanung). Diese kann nur dann sinnvoll umgesetzt werden, wenn alle involvierten Lehrpersonen dabei zusammenarbeiten, denn die dafür erforderliche enge Verschränkung didaktischer, methodischer und pädagogischer Aspekte kann kaum in Form von aufsummiertem Einzelunterricht realisiert werden. Zudem würde auch die Expertise der einzelnen Lehrpersonen überschritten, was nicht nur für die Klärung des kompetenzrelevanten Wissens förderlich erscheint, sondern insbesondere auch für die entscheidende vorausgehende Klärung des Anspruchsniveaus.

1.6.3 Fazit und Zusammenfassung

Zusammenfassend ist festzustellen, dass die Lernzielgenerierung bzw. -transformation mit den LoLP deutlich aufwendiger und anspruchsvoller ist als mit den CuLP. Konnte man früher die in kognitive, psychomotorische und affektive Bereiche unterteilten fachbezogenen Lernziele unmittelbar dem Lehrplan entnehmen und musste sie nur

---

[98] Dies umfasst z. B. das Erkennen und Anerkennen von Gruppen, die Bestimmung der eigenen Rolle in Gruppen und jener der anderen, die Ein- und Abgrenzung von Gruppenaufgaben und Gruppenzuständigkeiten, das Erkennen von Gruppenaufgaben und Gruppenproblemen sowie die Identifikation mit diesen etc.

[99] Z. B. für die Bestimmung der eigenen Rolle in Gruppen und jener der anderen: Typische Gruppenrollen, Hintergründe der Entwicklung von Gruppenrollen, Wirkungen von Gruppenrollen auf Individuen und Gruppe etc.

noch für den jeweiligen Lehr-Lern-Zusammenhang präzisieren (ehem. Feinzielbildung durch „didaktische Reduktion"), gilt es heute, sich in zwei relativ offenen Kompetenzräumen zu orientieren, in welchen entweder nur Ausgangsprämissen (überfachliche Kompetenzen) oder eine lose Zusammenstellung von Performanzen und optionalen Inhalten (fachlich-methodische Kompetenzen) vorgegeben sind. Im ersten Fall kann sich die planende Lehrperson relativ frei bewegen, denn nur selten oder vielleicht nie wird auf ihren Unterricht der Anspruch erhoben werden, sozial-kommunikative oder personale Kompetenzen konkret zu definieren, zu vermitteln und zu reflektieren. Dies stellt sich im Bereich der fachlich-methodischen Kompetenzen anders dar. Hier besteht ein hoher Anspruch an einen „guten Fachunterricht", der dem Lernfeldkonzept „gerecht" werden soll. Also müssen hier konsequent Performanzen mit Wissen angereichert werden, was eine hohe fachliche, aber auch didaktische Expertise voraussetzt. Die involvierten Lehrer*innen müssen sich dabei u. a. mit folgenden Fragen auseinandersetzen:

- Welche Performanzen entsprechen beruflichen Handlungen? (Eliminierung von curricular definierten Lernhandlungen)
- Welche Performanzen sind aktuell und relevant, welche eher nachrangig? (Reduktion oder Eliminierung veralteter oder fehlplatzierter Performanzen)
- Welches Sachwissen ist hier aktuell und zukünftig erforderlich, um sich in der Technologie zurechtzufinden?
- Welches Prozesswissen muss man besitzen, um mit der Technologie umgehen zu können?
- Welches Reflexionswissen ist erforderlich, um die Technologie und deren Handhabung zu verstehen und dieses Verständnis auch eigenständig transferieren und weiterentwickeln zu können?

Die Überlegungen in Kapitel 1.7 zu einer didaktischen Jahresplanung (Perspektivplanung) sollen zeigen, wie der Prozess vom Lehrplan bis hin zur Unterrichtskonzeption verlaufen sollte, um diese möglichst gut vorzubereiten. Dazu gehören neben der Generierung tragfähiger Lernziele eine zeitliche Konkretisierung sowie eine Segmentierung in Lernsituationen. Bevor darauf im Detail eingegangen wird, sollen zunächst noch die Bezüge und Hintergründe der seitens der KMK zugrunde gelegten didaktischen Prinzipien des Lernfeldansatzes kritisch erörtert werden.

1.7 Perspektivplanung bzw. didaktische Jahresplanung im Lernfeldkonzept

Der Begriff Perspektivplanung bezieht sich auf die längerfristige Planung von Unterricht über den Zeitraum eines Schul(halb)jahres[100]. Für die Lernfeldumsetzung etablierte sich in den letzten Jahren als Synonym zur Perspektivplanung der Begriff der „didaktischen Jahresplanung". Sie ist ein zentrales Element der Lernfeldumsetzung[101]. „Die

---

100 Dengler, 2016, S. 133.
101 Dilger, 2011, S. 1.

didaktische Jahresplanung ist (...) als Gesamtkonstrukt das dokumentierte Ergebnis aller inhaltlichen, zeitlichen, methodischen und organisatorischen Überlegungen für ein Schuljahr, eine Schulform bzw. einen Ausbildungsgang. Mit dem Ziel des Kompetenzerwerbs der Schüler*innen ist eine didaktische Jahresplanung die Dokumentation des Zusammenwirkens der Lernfelder und Fächer, indem die Kolleg*innen festlegen, welche Kompetenzen erworben werden sollen, wie diese präzisiert und kontinuierlich aufgebaut werden"[102]. Dabei wird im Rahmen einer didaktischen Jahresplanung zusammengefasst u. a. Folgendes vom Bildungsgangteam geleistet[103]. Zentraler Ausgangspunkt (und damit auch Aufgabe) ist in jedem Fall die oben skizzierte didaktische Transformation im Sinne einer Lernzielbestimmung:

- Lernzielbestimmung durch Explikation von Sach-, Prozess- und Reflexionswissen.
- Die Anordnung und Sequenzierung der Lernfelder bzw. der zugehörigen Lernsituationen über das Schuljahr hinweg. Beispielsweise können Lernfelder zeitlich parallel zueinander umgesetzt oder „in Reihe geschaltet" werden. Sie können fachlich aufeinander aufbauen oder auch relativ unabhängig bestehen. Ebenso gilt es, verbleibende Unterrichtsfächer (z. B. Sport) in die lernfeldorientierte Planung zu integrieren[104].
- Die Entwicklung von Lernsituationen zu den jeweiligen Lernfeldern[105].
- Die Klärung der für die Lernfeldumsetzung benötigten bzw. verfügbaren Ressourcen (Zeit, Räume, Lehrkräfte, Fortbildungen, Medien usw.)[106].
- Die Planung der Arbeitsteilung zwischen den Lehrkräften im Bildungsgangteam: z. B. Wer setzt welche Lernfelder im Team oder allein um? Welche Materialien und Medien gilt es für die Lernfeldumsetzung zu entwickeln, anzuschaffen oder bereitzustellen?
- Die lernfeldübergreifende Planung der überfachlichen Kompetenzentwicklung der Schüler*innen.
- Die Verschriftlichung und Dokumentation der gesamten didaktischen Jahresplanung.

Die oben aufgeführten Punkte verdeutlichen, dass eine didaktische Jahresplanung angesichts der Vielfalt und Komplexität der zu berücksichtigenden Faktoren anspruchsvoll und aufwendig ist. Vor allem die Realisierung der kompetenzorientierten Lernziele, welche im Lehrplan nur vage dargestellt sind, gestaltet sich über mehrere Lernfelder hinweg als sehr komplex. Es gilt, neben der integrativen, systematischen und effizienten Vermittlung fachlich-methodischer Kompetenzen auch sozial-kommunikative und personale Kompetenzen in ein didaktisches Gesamtkonzept so zu integrieren, dass dem gesetzten Anspruch einer Anbahnung beruflicher Handlungskompetenz Rechnung getragen wird[107]. Wie dieser umfassende und gleichermaßen diffuse Anspruch

---

102 Emmermann und Fastenrath, 2016, S. 35.
103 Sloane, 2009, S. 203–206.
104 Wilbers, 2014, S. 287.
105 Dengler, 2016, S. 186 f.
106 Riedl, 2011, S. 168 f.
107 Emmermann und Fastenrath, 2016, S. 14 f.

planerisch umgesetzt werden soll, wird mit den Lehrplänen und Handreichungen – abgesehen von dem Hinweis, die „Handlungsorientierung" zu realisieren – nicht erklärt. Hier greift jedoch der skizzierte Ansatz aus Kapitel 2.3, der für die involvierten Lehrpersonen in den erforderlichen inhaltlichen und strukturellen Entscheidungen als Struktur- und Unterstützungshilfe dient. Deshalb ist die Analyse und Planung der Kompetenzentwicklung innerhalb der didaktischen Jahresplanung im Lernfeldkonzept der erste und auch einer der grundlegendsten Planungsschritte[108].

1.7.1 Planungsstufe 1 – Lernzielbildung durch Kompetenzexplikation

So gilt es zunächst, die vorgegebenen kompetenzorientierten Lernziele in den Lehrplänen zu identifizieren, zu analysieren und diese weiterführend zu konkretisieren. Dies erfolgt im fachlich-methodischen Bereich mittels der vorausgehend vorgestellten didaktischen Transformationen[109]. Hinzu kommt die Konkretisierung der sozial-kommunikativen und personalen Kompetenzen gemäß dem ebenfalls vorausgehend bereits vorgestellten Grundansatz (Kapitel 1.6), mit dem sowohl die operativen als auch die kognitiven Aspekte der einzelnen Kompetenzen bestimmt werden können. Als Ergebnisse dieser ersten Planungsstufe können drei unterschiedliche Tabellen erstellt werden; jewois eine für jede Kompetenzklasse. Darin werden die einzelnen berufsbezogenen Handlungen (Performanzen) mit den ihnen jeweils zugeordneten Wissensaspekten aufgelistet. Im Fall der fachlich-methodischen Kompetenzen werden drei Spalten für das Wissen vorgesehen: Eine Spalte für Sachwissen, eine für Prozesswissen und eine für Reflexionswissen (Tabelle 9). Für die überfachlichen Kompetenzen genügen zwei Spalten, eine für die jeweilige Performanz, eine für das dazu relevante Bezugswissen (Tabelle 9).

Tabelle 9: Spaltentabelle zur Planung überfachlicher Kompetenzen

Sozial-kommunikative/personale Kompetenzen, Industriemechaniker*innen, 1. Ausbildungsjahr, Lernfeld X	
Performanz	Bezugswissen

---

[108] Emmermann und Fastenrath, 2016, S. 35.
[109] Also durch die Ergänzung der als Ziele definierten Berufshandlungen durch ein Anspruchsniveau sowie relevante Wissensaspekte.

1.7.2 Planungsstufe 2 – Zeitliche Akzentuierung der Kompetenzdimensionen

Über die Planungsstufe 1 wurden im fachlich-methodischen Bereich Kompetenzen systematisch generiert und expliziert, welche nun in den Lernfeldern untereinanderstehend angeordnet sind. Wie von der KMK vorgegeben, stellen sich die Lernfelder zunächst als gleichwertig dar. Einziger Gewichtungsfaktor ist die Zeitbeimessung, welche jedoch über so große Bezugseinheiten reicht, dass sie auf einzelne Kompetenzen oder deren Dimensionen nicht angewandt werden kann. Eine moderate Gewichtung der fachlich-methodischen Kompetenzen erfolgt durch die Konkretisierung der Wissensaspekte. Für die fachlich-methodischen, aber auch für die sozial-kommunikativen und personalen Kompetenzen sind angemessene Unterrichtsanteile einzuplanen. Dabei sind zwei grundlegende Aspekte zu berücksichtigen:
1) Zeitanteile für den eigenständigen und tätigkeitsorientierten Erwerb expliziten Wissens,
2) Zeitanteile für die Aufarbeitung und Reflexion der individuellen Entwicklung aller adressierten Kompetenzen.

Nach dieser groben Zeitaufteilung der beschriebenen kompetenzorientierten Ziele folgt ein Zwischenschritt in der didaktischen Jahresplanung: Die „Paketierung" der fachlich-methodischen, sozial-kommunikativen und personalen Kompetenzen in Lernsituationen. Planungsstufe 3 beschreibt nachfolgend die Entwicklung und Reflexion von Lernsituationen.

1.7.3 Planungsstufe 3 – Lernsituationen

Die lernzielbezogene Vorbereitung und Entwicklung von Lernsituationen und deren Realisierung im Rahmen von komplexen Lehr-Lern-Arrangements ist – in struktureller, inhaltlicher, aber auch in pragmatischer Hinsicht – eine nicht zu unterschätzende Herausforderung. In der Praxis werden Lernsituationen von Lehrkräften nicht einfach aus den Lernfeldern „abgeleitet", vielmehr vollzieht sich hier zumeist ein iterativer Diskussions- und Entscheidungsprozess innerhalb des Bildungsgangteams, in welchem verschiedene Szenarien skizziert und hinsichtlich ihres einschlägigen Lernzielpotenzials überprüft werden. Im Zentrum steht hier die Umsetzung der Kontextualisierung, also der Herstellung eines betriebsnahen Handlungsraums, in welchem die Schüler*innen in der Lage sind, berufliche Problemstellungen theoretisch reflektiert umsetzen zu können[110]. Erst wenn der Lernkontext und die zu dessen Erschließung relevanten Problemstellungen konkretisiert sind, lässt sich feststellen, welche Lernsubstanz die Lernsituation besitzt, besser gesagt, „besitzen könnte". Dies kann in der Sichtung des Lernzielkatalogs des jeweiligen Lernfeldes in Erfahrung gebracht werden. Die Lernsubstanz der Lernsituation ist dann die Anzahl der dort adressierbaren Kompetenzen in Relation zur dafür erforderlichen Bearbeitungszeit. Ist die Lernsubstanz zu gering, kann geklärt werden, ob einfache Modifikationen oder Ergänzungen der Lernsituation

---

[110] Näheres dazu in den didaktisch-methodischen Orientierungskonzepten in Kap. 1.8.

hier eine Verbesserung herbeiführen. Dabei sollte aber die Lernsituation nicht korrumpiert werden, indem man sie entweder künstlich verzerrt und die beruflichen Handlungen verfremdet oder indem man Wissen zusätzlich „appliziert", also handlungsfern einfach an hängt. Gelingt also kein nachträgliches Verbessern der Lernsubstanz einer Lernsituationsidee, muss sie verworfen und mit einer neuen ersetzt werden.

Wenn der LoLP vorgibt, dass er „handlungsorientiert" vermittelt werden soll, ist damit vor allem gemeint, dass er nicht in Form eines traditionellen wissenslastigen Unterrichts realisiert werden soll. Wie vorausgehend schon angesprochen, haben BADER und auch SLOANE als Kernelement dieser Handlungsorientierung die „Lernsituation" benannt. Dies jedoch in einem Verzicht auf eine Kompetenz-Explikation, also lernziel-kompensatorisch. Dass Lernsituationen aber weder die Konkretisierung von Kompetenzen noch die Feststellung von Lernzielen ersetzen können, steht außer Frage, denn letztlich wird mit dieser ja nur der äußere Rahmen des zu planenden Lernens festgestellt. Angesichts der kognitivistischen und konstruktivistischen Grundannahmen, sowie des hohen Anspruchs an einen unmittelbaren Berufsbezug sind Lernumgebungen im technischen beruflichen Unterricht von folgende Prämissen gekennzeichnet: (1) Tätigkeits- bzw. berufsnaher Kontext, im Sinne der vorab beschriebenen „Kontextualisierung"; (2) Umsetzbarkeit im schulischen Gesamtrahmen; (3) problemhaltige Aufgabenstellung mit mehr als einer Losung; (4) welche eine angemessene Menge an Lernzielen integriert; (5) Alternieren zwischen kognitiven und operativen Anteilen (Abbildung 7).

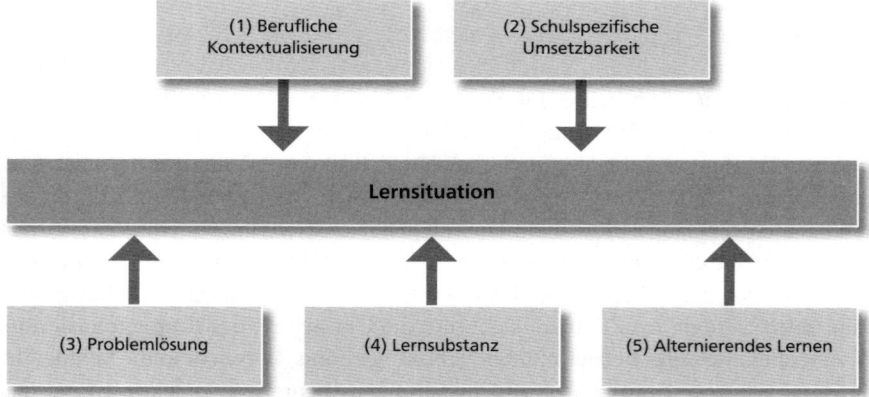

Abbildung 7: Gestaltungskriterien und Prämissen für die Entwicklung von Lernsituationen und zugehörigen Lehr-Lern-Arrangements

Zu (1): Berufliche Kontextualisierung
Empirische Studien, wie z. B. die von ROSENDAHL ET AL.[111], machen deutlich, dass Auszubildende dem berufsschulischen Lernen weniger Bedeutung als dem betrieblichen Lernen beimessen. Dieses Relevanzdefizit wirkt sich sowohl direkt auf die Lernmotiva-

---

[111] Rosendahl, Fehring, Straka, 2008, S. 210.

tion, als auch indirekt auf die damit zusammenhängende Lernqualität und -wirksamkeit aus.

Beruflicher Unterricht steht generell im Kontext beruflich-betrieblicher Realität. Die Entwicklung beruflicher Handlungskompetenz ist Folge eines produktiven Zusammenwirkens beider Lernorte. Von den Schüler*innen bzw. Auszubildenden im dualen System wird dabei eine Integrationsleistung erwartet bzw. gefordert. Diese besteht zum einen darin, das schulisch erworbene theoriebezogene Wissen im betrieblich-praktischen Lernen und Arbeiten einzubetten und weiterzuführen, zum anderen darin, das betrieblich erworbene praxisbezogene Wissen im berufsschulischen Unterricht aus theoretischer Perspektive zu verstehen und zu begründen[112].

Diese Integration gelingt umso besser, je enger die Verknüpfungen und Bezüge zwischen beiden Lernorten sind. Berufsschulische Lehr-Lernprozesse sollten daher in jedem Falle von beruflich- betrieblichen Situationen ausgehen, diese reflektieren oder antizipieren und evtl. simulieren oder in Teilen auch abbilden bzw. integrieren. Dies betrifft primäre Prozesse wie Fertigung oder einfache Dienstleistungen ebenso wie sekundäre Prozesse wie Planung, Projektierung oder Qualitätssicherung.

Der Begriff der Kontextualisierung wird hier nicht eingeführt, um die bestehende terminologische Vielfalt um ein weiteres Element zu bereichern bzw. um einem besonders schwierigen oder spezifischen Zusammenhang Rechnung zu tragen. Vielmehr sollen über diesen Begriff die im Zusammenhang mit dem Lernfeldkonzept sehr häufig aber zumeist nur vage definierten Termini der „Handlungs- bzw. Geschäftsprozessorientierung" ersetzt werden.

Der Unschärfe des Begriffs der Handlungsorientierung ist nicht nur die beschriebene Vielfalt diesbezüglicher Einzelkonzepte zuzuschreiben (s. oben), sondern auch dessen sehr unterschiedliche methodische Umsetzung bzw. Handhabung. Z. B. wird verbreitet davon ausgegangen, dass Handlungsorientierung dann vorliegt, wenn die Schüler*innen im Unterricht praktisch tätig werden, andere sehen Handlungsorientierung als eine besonders intensive Form schüleraktiven Unterrichts etc. Die Tatsache, dass Handlungsorientierung zum zentralen didaktischen Prinzip des Lernfeldkonzepts erklärt wurde, hängt auch nicht mit einem diesbezüglich definierten bzw. theoretisch oder empirisch fundierten Konzept zusammen, sondern eher mit der Intention, fächergeteilten, lehrer*innenzentrierten, an kognitiven Lernzielen ausgerichteten, traditionellen Unterricht zu überwinden[113].

Entsprechend der vorausgehend erörterten Theoriegrundlagen zu kompetenzförderlichem Lehren und Lernen wird dieser Intention dann Rechnung getragen, wenn berufliche Lernsituationen in deren relevante berufsbezogenen Prozesse (bzw. berufsspezifische Tätigkeiten) eingebettet bzw. diesen gemäß systematisiert werden. Kontextualisierung fokussiert dabei nur einen allgemein anerkannten Kernpunkt der Handlungsorientierung: die Grundlegung (fach-)theoretischer Auseinandersetzung anhand beruflich relevanter Problemstellungen. Dieser – kontextbasierte – Anknüpfungspunkt für Theorieunterricht geht zum einen mit den vorausgehend dargestellten Lerntheo-

---

[112] Siehe hierzu auch die Überlegungen zum „Connectivity-Ansatz" in Band I.
[113] Euler, 2003, S. 130.

rien konform und zum anderen mit den dem Lernfeldkonzept zu Grunde liegenden Anspruch auf eine Förderung von Handlungskompetenzen bzw. Reduktion trägen Wissens[114]. Entscheidend erscheint hier, dass nicht ein beliebiges bzw. einfaches Handeln im Zentrum der Methodik steht, sondern ein anspruchsvolles Handeln, welches in jedem Falle in enger Verknüpfung mit gedanklich-intellektuellen Prozessen stehen muss[115].

- Maximale Kontextualisierung wird in einem Unterricht erreicht, welcher in einem beruflichen Realszenario stattfindet dabei aber trotzdem die volle Theorieauseinandersetzung erlaubt[116].
- Hohe Kontextualisierung liegt dann vor, wenn die berufliche Realität mehr oder weniger authentisch nachgestellt wird und dabei vollständige Handlungen möglich sind[117].
- Je weniger die Schüler*innen im Sinne beruflicher Prozesse aktiv werden bzw. je mehr die Lernaktivitäten sich auf die Theorieauseinandersetzung eingrenzen, desto mehr sinkt die Kontextualisierung.
- Minimale Kontextualisierung liegt dann vor, wenn sich eine Unterrichtssequenz nur noch entlang eines medial abgebildeten oder einfach nur vorgestellten Betriebs- oder Geschäftsprozesses „hangelt", ohne diesen für die Lernenden real erlebbar oder beeinflussbar zu machen.
- Keine Kontextualisierung liegt vor, wenn versucht wird, Praxis anhand von Medien dem Unterricht aufzusetzen oder anzuhängen, da hier die Unterrichtslogik ausschließlich einer fachwissenschaftlichen Systematisierung folgt und die Lernenden einen Berufskontext frei implizieren müssen.

Die Bedeutung der Kontextualisierung leitet sich letztlich auch aus der Feststellung ab, dass die theoretischen Wissenskomponenten aus dem berufsschulischen Unterricht mit den praktischen Wissenskomponenten aus dem betrieblichen Lernen von den Schüler*innen selbst zu Handlungskompetenzen zusammengeführt werden müssen[118]. Diese Zusammenführung kann absehbar durch die Kontextualisierung unterstützt und erleichtert, nicht aber ersetzt werden[119].

---

114 „Getriebeberechnungen" sind im Maschinenbau ein geläufiges Thema, wobei jedem klar ist, welche Praxisrelevanz es besitzt. Trotzdem wird das Thema gerne vereinfachend als „Rechenunterricht" abgetan. Dies würde sich ändern, wenn der Unterricht sich mit beruflichen Problemstellungen, die im Zusammenhang mit der Nutzung bzw. Beeinflussung von Getriebeübersetzungen stehen, auseinandersetzte.
115 Also ein durch Denken begründetes und geordnetes Tun im Sinne Aeblis. Damit wird einerseits ein reines Aufgabenrechnen ausgeschlossen, auch wenn dabei praktische Situationen als Ausgangspunkt verwendet werden (Fachrechenunterricht). Andererseits kann damit aber auch ein reines Wechseln von Getriebestufen, selbst wenn diese evtl. nachgerechnet werden („praktische Fachkunde"), verhindert werden.
116 Dies kann z. B. in einem sog. „integrierten Fachunterrichtsraum" gelingen, welcher alle professionellen Maschinen und Apparaturen sowie alle Lehr- bzw. Lern- und Informationsmedien einschließlich der verschiedenen Gruppen- und Arbeitsplätze, PC-Infrastruktur etc., bereithält.
117 Z. B. wenn mit Simulationen etc. gearbeitet wird und die Schüler*innen daraus ihre Rückmeldungen an Stelle der echten Aufgabenlösung beziehen.
118 Siehe hierzu das Konzept der Connectivity im Band I.
119 Umgekehrt kann sie sicher auch ohne Kontextualisierung erfolgen, wie die zurückliegenden Jahre traditionellen berufsschulischen Unterrichts belegen können. Daher sollte dieser Orientierungsaspekt ernst

Aus der Praxisperspektive ist hier anzumerken, dass berufsbildende Schulen keine Betriebe oder überbetrieblichen Bildungsstätten mit umfassenden Praxiseinrichtungen sind, sondern in erster Linie Schulen mit „normalen" Unterrichtsräumen. Daher können dort betriebliche Handlungsräume nur zu einem geringen Grad bereitgestellt bzw. substituiert werden. Trotzdem ist es – wenn auch häufig mit Abstrichen – möglich. Wenn keine Originalmaschinen oder Geräte verfügbar sind, können diesbezügliche Vereinfachungen oder Simulationen auch kontextnahes, handelndes Lernen ermöglichen. Fehlt auch ein solcher Ersatz, lässt sich bedingt auch mit fiktiven Szenarien oder planspielartigen Arrangements arbeiten. Bei guten Betriebskontakten können schulspezifische Umsetzungsprobleme auch lernortkooperativ verringert werden. Trotzdem steht fest, dass nicht die beste Idee für eine Lernsituation auch zur besten Realisierung führen muss. Nur wenn es gelingt, innerhalb der diesbezüglichen Restriktionen adäquate Lernräume zu schaffen, kann die Lernsituation als konzeptioneller Rahmen weitergeführt werden. Ist dies nicht der Fall, muss eine andere gefunden werden. Eine Lernsituation sollte also erst dann weitergedacht werden, wenn sichergestellt ist, dass dazu alle Geräte, Werkzeuge, räumlichen und medialen Möglichkeiten adäquat verfügbar sind.

Zu (2): Schulspezifische Umsetzbarkeit
Ein Aspekt der Umsetzbarkeit im schulischen Gesamtrahmen klingt – angesichts der vorausgehenden, didaktisch-methodisch gehaltvollen Parameter – trivial, ist dieses jedoch keineswegs, denn berufsbildende Schulen sind keine Betriebe oder überbetriebliche Bildungsstätten mit umfassenden Praxis-Einrichtungen, sondern in erster Linie Schulen mit „normalen" Unterrichtsräumen. Daher können dort betriebliche Handlungsräume nur zu einem geringen Grad bereitgestellt bzw. substituiert werden. Trotzdem ist es – wenn auch häufig mit Abstrichen – möglich. Wenn keine Original-Maschinen oder Geräte verfügbar sind, können diesbezügliche Vereinfachungen oder Simulationen auch kontextnahes, handelndes Lernen ermöglichen. Fehlt auch ein solcher Ersatz, lässt sich bedingt auch mit fiktiven Szenarien oder planspielartigen Arrangements arbeiten. Bei guten Betriebskontakten können schulspezifische Umsetzungsprobleme auch lernortkooperativ verringert werden. Trotzdem steht fest, dass nicht die beste Idee für eine Lernsituation auch zur besten Realisierung führen muss. Nur wenn es gelingt, innerhalb der diesbezüglichen Restriktionen adäquate Lernräume zu schaffen, kann die Lernsituation als konzeptioneller Rahmen weitergeführt werden. Ist dies nicht der Fall, muss eine andere gefunden werden. Eine Lernsituation sollte also erst

genommen, nicht aber überbewertet werden. Eine hochgradige Kontextualisierung kann nur in wenigen Fällen erreicht werden, da die Berufsschule dazu eine vollständige, professionelle und aktuelle Geräteausstattung benötigen würde. Häufiger lassen sich wahrscheinlich hohe und mittlere Kontextualisierungsgrade erreichen, indem entweder mit berufsdidaktischen Medien gearbeitet wird (z. B. FESTO-Komponenten in der Steuerungstechnik) oder in lernortkooperativer Aufteilung zwischen Betrieb und Schule entlang eines komplexen Projekts alterniert wird. Ein geringerer Grad an Kontextualisierung kann dann ausreichen, wenn die Praxisrelevanz deutlich erkennbar ist bzw. wenn einem Thema insgesamt eher eine marginale Bedeutung zuzuweisen ist. So kann es in einigen Fällen durchaus reizvoll für Berufsschüler*innen sein, wenn sie den beruflichen Zusammenhang einer bestimmten Theorie selbst entdecken dürfen.

dann weitergedacht werden, wenn sichergestellt ist, dass dazu alle Geräte, Werkzeuge, räumlichen und medialen Möglichkeiten adäquat verfügbar sind.

Zu (3): Problemlösung
Aus kognitivistischer Perspektive besitzt Lernen, welches in Problemlösungsprozesse eingebettet ist, eine höhere Qualität als ein rezipierendes oder abbildendes Lernen. Der Wissenszuwachs erfolgt nicht quantitativ, sondern qualitativ. Im Sinne von BRUNER beschreibt TERHART problemlösendes Lernen als ein „über-die-gegebene-Information-Hinausgehen", also eine Lernform, welche heuristische Prozesse fördert, aber auch fordert. „Entscheidend ist, dass beim entdeckenden Lernen der Lernende in einem kreativen Akt über das Vermittelte bzw. bisher Bekannte oder Erfahrene hinaus zu neuem, erweitertem Wissen gelangt"[120].

In Anbetracht der aktuellen Bildungsperspektive sind derartige Lernprozesse bedeutend bzw. unumgänglich, da hier nicht nur faktisches Wissen erwartet wird, sondern darüber hinaus auch die Fähigkeiten, eigenständig zu solchem Wissen zu gelangen. Über die Lösung spezifischer Problemstellungen „wird nicht nur neues Wissen, werden nicht nur neue Fähigkeiten via Entdeckung erworben, sondern auf einer darüber liegenden Ebene auch ein Wissen entwickelt, wie man in offenen, problemhaltigen Situationen mit seinem vorhandenen Wissen, mit seinen vorliegenden Fähigkeiten umgehen kann"[121]. Hier wird wiederum der Bezug zum Basiskonstrukt von Kompetenzen deutlich, in dem Kompetenzen als Disposition zu eigenständigem Handeln beschrieben sind.

Problemlösendes Lernen ist somit auch untrennbar mit einem selbstgesteuerten Lernen verknüpft. Dies wurde schon früh von den Reformpädagogen didaktisch umgesetzt. Die Lernenden sollten sich entweder durch entsprechende anregende Arrangements (MONTESSORI) oder über offene Lernaufgaben (PETERSEN) eigenständig mit Problemstellungen auseinandersetzen. Im beruflichen Bildungsbereich wird dieser humane Grundansatz funktional bestätigt, denn dieser ist geprägt von Technologien und Arbeits- bzw. Geschäftsprozessen, welche in jedem Falle als (momentane) Endresultate komplexer Abfolgen von Problemlösungsprozessen gesehen werden können.

MINNAMEIER akzentuiert hier jedoch ein didaktisch-methodisches Paradoxon, welches aus dem Anspruch selbstgesteuerter Problemlösung durch die Lernende erwächst. Er konstatiert zunächst, dass problemlösendes Lernen nicht umhinkommt, „Lerner ganz gezielt in die Schwierigkeiten zu bringen, die ihnen die Unzulänglichkeiten ihres aktuellen Dankens vor Augen führen"[122]. Ohne solche Erfahrungen (der Instabilität) sei die Produktivität des problemlösenden Lernens in Frage zu stellen. Da jedoch Selbststeuerung nur im Rahmen der aktuellen kognitiven Strukturen der Lernenden stattfinden kann, muss angezweifelt werden, dass sich jemand zu neuen Erkenntnissen die er eben noch nicht hat selbst hinführen kann. „Er müsste ja schon wissen, wo er hin

---

120 Terhart, 2000, S. 149.
121 Terhart, 2000, S. 149.
122 Minnameier, 2003, S. 21.

muss"¹²³. Dieses Paradoxon ist jedoch so alt, wie die Pädagogik, da deren generelles Ziel ja ihre eigene Erübrigung ist. Problemlösendes Lernen im schulischen Kontext kann also nicht in völliger Selbststeuerung erfolgen, vielmehr muss dieses angemessen konzipiert und in jedem Falle moderiert und unterstützt werden. Die Entwicklung der Lernenden bedingt dann nicht nur Verbesserungen im Lösen von Problemen, sondern auch in der Selbständigkeit und Eigenverantwortlichkeit. Also hängen die Aspekte Problemlösen und Eigenständigkeit untrennbar miteinander zusammen, denn eine instruierte Problemlösung kann nur bedingt als solche bezeichnet werden, da sie vom Lernenden absehbar später nicht ohne Unterstützung selbst vollzogen werden kann¹²⁴.

Nur wenn komplexe Probleme gelöst werden müssen, ist eine Auseinandersetzung der Schüler*innen mit Informationen, Theorie-Aspekten und Hintergründen sinnvoll. Wird dieser Aspekt nicht konsequent umgesetzt, wird die Theorie-Auseinandersetzung der Schüler*innen zu einem Appendix des Unterrichts bzw. zu einem dysfunktionalen Implantat der inszenierten beruflichen Handlungen. Dabei muss jedoch zusätzlich das adressierte Kompetenzspektrum im Auge behalten werden, also versucht, Lernsituationen zu generieren, in welchen ausschließlich und in effizienter Weise genau die Wissensaspekte angesprochen werden können, die sich aus der Lehrplantransformation ergeben haben.

Zu (4): Lernsubstanz
Erst wenn der Lernkontext und die zu dessen Erschließung relevanten Problemstellungen konkretisiert sind, lässt sich feststellen, welche Lernsubstanz die Lernsituation besitzt, besser „besitzen könnte". Dies kann in Sichtung des Lernziel-Katalogs des jeweiligen Lernfeldes in Erfahrung gebracht werden. Die Lernsubstanz der Lernsituation ist dann die Anzahl dort adressierbarer Kompetenzen in Relation zur dafür erforderlichen Bearbeitungszeit. Ist die Lernsubstanz zu gering, kann geklärt werden, ob einfache Modifikationen oder Ergänzungen der Lernsituation hier eine Verbesserung herbeiführen. Dabei sollte aber die Lernsituation nicht korrumpiert werden, entweder, indem man sie künstlich verzerrt und die beruflichen Handlungen verfremdet, oder indem man Wissen zusätzlich „appliziert", also handlungsfern einfach „dazu hängt". Gelingt also kein nachträgliches Verbessern der Lernsubstanz einer Lernsituations-Idee, muss sie verworfen und mit einer neuen ersetzt werden.

Zu (5): Alternierendes Lernen
Das vorliegende Kompetenzkonstrukt bedingt gleichermaßen ein reflektiertes Handeln sowie ein handlungsbezogenes Denken. Fachlich-methodische Kompetenzen sind (weitgehend) spezifische Kognitionen, welche eigenständig und flexibel handlungswirksam gemacht werden können. Angesichts dieser unmittelbaren Verknüpfung bzw. Interdependenz von Denken und Handeln kann generell festgestellt werden, dass eine einseitige Vermittlung entweder von Wissen oder von Können nicht zu einer hochwer-

---

123 Minnameier, 2003, S. 20.
124 Hingegen ist im Rahmen einfacher bzw. klar eingrenzbarer Aufgaben ein Vormachen-Nachmachen durchaus probat.

tigen Kompetenz führen kann. Dies gilt in jedem Falle, wenn einer der beiden Aspekte völlig ausgespart wird, absehbar aber auch dann, wenn diese ohne für die Lernenden wahrnehmbare Zusammenhänge und Bezüge erworben werden. Im Wissensmodell von RENKL[125] wird mit dem Aspekt der Kompilierung angedeutet, dass ein enger Zusammenhang zwischen einer handelnden Wissenserschließung und der Wissensqualität besteht.

Fachliche Kompetenzentwicklung erfolgt somit schrittweise, in Schleifen aus Denken und Tun, mit zunehmendem Anspruchsniveau. Vor diesem Hintergrund hat Dubs[126] seinen Ansatz einer didaktisch-methodischen „Inselbildung" abgeleitet, welcher eine zunehmend anspruchsvoller werdende Abfolge von Problemauseinandersetzung und Problemlösung akzentuiert. Verallgemeinert man diesen Ansatz, bleibt ein einfaches Konzept alternierenden Lernens mit der zentralen Prämisse, dass Wissenserschließung und -anwendung von den Lernenden mehrzyklisch ineinander verschränkt vollzogen werden können sollte. Je schlüssiger und harmonischer diese Integration von den Lernenden vollzogen werden kann, desto effektiver ist der Kompetenzaufbau, je mehr dies missachtet wird, desto wahrscheinlicher wird der Unterricht entweder wissenslastig, oder aktionistisch.

Wie diese fünf Kriterien bzw. Prämissen zeigen, ist die Generierung von Lernsituationen in struktureller, inhaltlicher, aber auch in pragmatischer Hinsicht eine große Herausforderung. In der Praxis werden diese nicht einfach „gesetzt", vielmehr vollzieht sich hier zumeist ein iterativer Entscheidungsprozess, in welchem verschiedene Lernsituationen skizziert und hinsichtlich ihres einschlägigen Lernzielpotenzials überprüft werden. Erst wenn alle Prämissen adäquat erfüllt sind, kann eine Lernsituation als Szenario beschrieben werden, in welchem der Tätigkeits- und Aufgabenrahmen festgelegt wird und welchem grob zugeordnet wird, welche Kompetenzen die jeweilige Lernsituation einbeziehen kann. Wenn fast alle Kompetenzen eines Lernfeldes in Lernsituationen eingebettet sind, bleiben absehbar immer einzelne Kompetenzen übrig. Hier sollte erneut geprüft werden, ob diese nicht zu einer bereits generierten Lernsituation passen würden. Nur wenn dies nicht möglich ist, muss für die einzelnen Kompetenzen jeweils eine (kleine) eigenständige Lernsituation generiert werden.

Die didaktische Jahresplanung (Perspektivplanung) beginnt somit mit der Lernzielexplikation durch Kompetenzen und führt durch eine grobe Zeitplanung in die aufwendige und anspruchsvolle Generierung von Lernsituationen. Ihr Ergebnis ist eine umfassende Unterlage, in welcher Lernfeld für Lernfeld eines Jahrgangs die fachlich-methodischen und überfachlichen Kompetenzen beschrieben sind sowie eine Liste von Lernsituationen enthalten ist, in welchen diese szenisch umrissen sind (Kontext, Aufgaben etc.) und wo vermerkt ist, welche Kompetenzen sie jeweils adressieren. Mehr kann im Rahmen einer Perspektivplanung nicht getan werden, um die Unterrichtskonzeption vorzubereiten. Diese erfolgt dann im Rahmen der konkreten Unterrichtskonzeption vor dem Hintergrund technikdidaktischer Orientierungskonzepte.

---

125 Renk, 1996.
126 Dubs, 2001a.

Kompetenz (Kapitel 1.8)		
Die Leser*innen sind in der Lage, didaktisch-methodische Orientierungskonzepte als theorie-empirie-gestützte Leitideen der Konzeption und Reflexion eines beruflichen Unterrichts zu erläutern und deren Aussage-Schwerpunkte, Hintergründe und Bezüge im Hinblick auf eine konkrete Unterrichtsvorbereitung zu erörtern.		
Die Leser*innen ...	**Professionswissen**	**Reflexionswissen**
... erläutern didaktisch-methodische Orientierungskonzepte als theorie-empirie-gestützte Leitideen eines beruflich-technischen Unterrichts.	Grundidee und Struktur didaktisch-methodischer Orientierungskonzepte • Zielorientierung • Fachlichkeit • Kontextualisierung • Problemlösung • Aktivierung • Motivierung • Kollektivierung Anwendungsmöglichkeiten im Kontext eines beruflich-technischen Unterrichts	Theoretisch-empirische Hintergründe didaktisch-methodischer Orientierungskonzepte Relevanz didaktisch-methodischer Orientierungskonzepte im Kontext eines beruflich-technischen Unterrichts

1.8 Didaktisch-methodische Orientierungskonzepte

Quer zu den großen didaktischen Modellen bzw. übergreifend gegenüber spezifischen didaktischen oder methodischen Komponenten haben sich in den zurückliegenden Epochen sogenannte „didaktische Prinzipien"[127] ausdefiniert. Diese werden, ähnlich den moralischen Prinzipien, als tradierte und sprachlich manifestierte Orientierungshilfen mit normativem Inhalt bezeichnet. Didaktische Prinzipien gehen in den meisten Fällen auf paradigmatische bzw. praxisbezogene Ursprünge zurück. Als feste Grundsätze mit übersituativer Geltung beinhalten sie interpretationsfähige Kategorien, welche viel Spielraum für deren situative Umsetzung lassen[128]. Didaktische Prinzipien sind aufgrund ihres normativen Charakters wissenschaftlich hinterlegbar, nicht jedoch nachweis- oder belegbar[129]. Durch ihre Herkunft und klare, orientierende Ausrichtung sind didaktische Prinzipien sehr praktikabel und besitzen damit große Bedeutung für die Vorbereitung didaktischen Handelns. Leider muss eine wahre Flut von verschiedenen, teilweise sehr spezifischen oder überlappenden didaktischen Prinzipien beklagt werden, welche auf deren unsystematische Entwicklung und relativ beliebige Handhabung zurückgeht. GÖCKELs Versuch, eine strukturelle Aufteilung zu treffen, hat zu

---

[127] Synonym dazu wird auch von Unterrichtsgrundsätzen oder Unterrichtsprinzipien gesprochen.
[128] Euler, 2003a, S. 127.
[129] Bezogen auf moralische Prinzipien kann z. B. wissenschaftlich nachgewiesen werden, dass Offenheit im sozialen Kontext stabilisierend wirkt, nicht jedoch, dass dieses Prinzip richtig oder falsch sei.

einer generellen Unterscheidung zwischen sogenannten „fundierenden" und „regulierenden" Prinzipien geführt[130]. Erstere beziehen sich auf „konstitutive" Aspekte des Unterrichts, letztere eher auf „situative" Aspekte.

GÖCKEL stellt als fundierende Prinzipien die „Sachgemäßheit", „Schülergemäßheit" und „Zielgemäßheit" fest. Im Gegensatz dazu stehen unterschiedliche Formulierungen der „regulierenden" Prinzipien. RIEDL nennt in diesem Zusammenhang z. B. die „Anschaulichkeit", „Elementarisierung", Erfolgssicherung etc.[131]. Ferner stellt RIEDL fest, dass die regulierenden Prinzipien „weniger eindeutig voneinander abgrenzbar und bestimmten Zieldimensionen zuzuordnen" sind, da sie sich häufig gegenseitig bedingen würden. Dennoch ist „es möglich, dass einzelne Prinzipien von ihrer zentralen Orientierung her einzelnen fundierenden Prinzipien besonders nahestehen. Andere haben enge Berührpunkte mit allen vorausgehend benannten Unterrichtsgrundsätzen"[132]. Solche Begriffswelten erscheinen nicht nur dem Praktiker „akademisch". Bezüglich der didaktischen Prinzipien sind somit semantische, terminologische und auch strukturelle Unschlüssigkeiten festzustellen. In einzelnen Fachdidaktiken bestehen trotzdem schlüssige Binnensysteme didaktischer Prinzipien, welche jedoch gegenüber anderen derartigen Begriffssystemen nur begrenzt kompatibel erscheinen. Die bestehenden übergreifenden Versuche, inhaltliche Klarheit, Ordnung und damit Praktikabilität in dieses Konglomerat zu bringen, wirken eher verwirrend denn hilfreich.

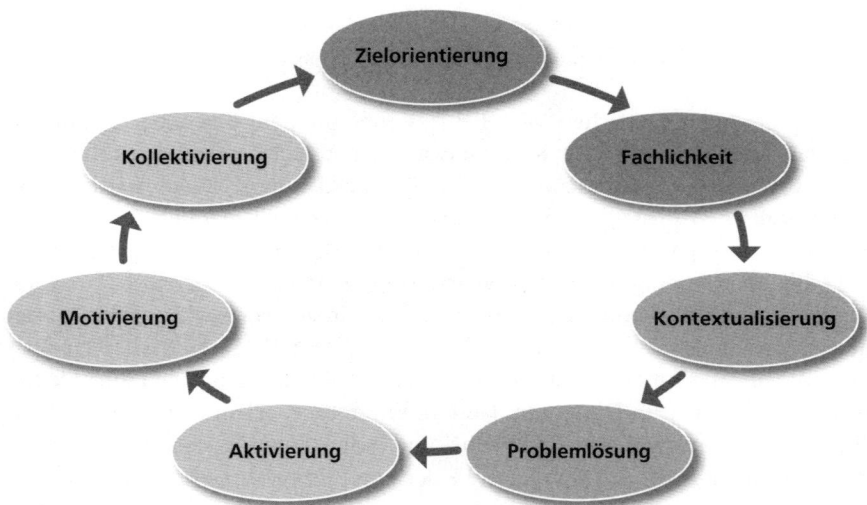

Abbildung 8: Didaktisch-methodische Orientierungskonzepte

---

130 Glöckel, 2003, S. 282 ff.
131 Riedl, 2004, S. 113 f.
132 Riedl, 2004, S. 112.

Die vorliegende Technikdidaktik beschränkt sich auf zwei didaktische Orientierungskonzepte („Zielorientierung" und „Fachlichkeit") und vier methodische Orientierungskonzepte („Problemlösung"[133], „Aktivierung", „Motivierung" und „Kollektivierung"). Damit soll zunächst die Vielfalt der bildungsbezogenen, pädagogischen und psychologischen Ausgangspunkte auf eine überschaubare Zusammenstellung weniger, aber zentraler Aspekte reduziert und fokussiert werden. Zielorientierung und Fachlichkeit stehen als Kernpunkte für eine sinnvolle und angemessene Generierung von zielrelevanten Kompetenzen. Kontextualisierung, Aktivierung, Problemlösung, Motivierung und Kollektivierung stehen für eine konzeptkonforme, hochwertige und vielschichtige Unterrichtsplanung, -vorbereitung und -umsetzung.

1.8.1 Zielorientierung

„Für den, der kein Ziel hat, ist jeder Weg der richtige." Diese Redensart drückt prägnant aus, was Zielorientierung für den Unterricht bedeutet. Erst mit der Bestimmung von Lernzielen kann der dahin führende Weg festgelegt werden und es kann ermittelt werden, welche Inhalte auf dem Weg zum Ziel erschlossen werden sollen. Außerdem kann letztlich für Lernende wie Lehrende nach dem Lernprozess festgestellt werden, ob bzw. zu welchem Grad der Unterricht erfolgreich war. Umgekehrt würde ein „zielloser" Unterricht einen Rückschritt in die Epoche der Inhaltsorientierung bedeuten, bei der weder Lehrenden noch Lernenden klar war, was der Unterricht dezidiert erreichen sollte. Die durch den lernfeldorientierten Lehrplan angestrebte Ablösung von kleinschrittig vordefinierten Einzellernzielen darf somit nicht in Form einer „zieloffenen" Unterrichtskonzeption bzw. durch eine Orientierung an diffusen Globalzielen umgesetzt werden[134].

Lernziele sind somit das tragende Gerüst (auch) des lernfeldorientierten Unterrichts. In dieser Technikdidaktik entsprechen sie konsequenterweise Kompetenzen. Dabei liegt der Schwerpunkt bei fachlich-methodischen Kompetenzen, welche durch eine Performanz (und das damit korrespondierende Wissen) konkretisiert werden. Durch die didaktische Transformation bei der Lernzielbestimmung erfolgt über diese Zugänge eine sehr intensive Auseinandersetzung mit den Lehrplänen und der darin zu identifizierenden Relevanz für den berufsschulischen Unterricht. Erst im Hinblick auf die intendierten Lernziele können die methodischen Elemente definiert, die Reflexionselemente und vor allem auch -inhalte bestimmt werden. Schließlich kann nach einer absolvierten Lernstrecke nur anhand der Lernziele festgestellt werden, welche Kompetenzen die Lernenden zu welchem Grad erworben haben.

---

[133] Aus den Aspekten „Kontextualisierung" und „Problemorientierung" entsteht, wie u. a. in Abschnitt 1.7.3 beschrieben, eine grundlegende Rahmung des gesamten Unterrichts.
[134] Die häufig feststellbare Verwechslung von „Zielen" und „Lernzielen" wurde vorausgehend ausgiebig erörtert, ebenso die Fehlvorstellung, dass eine Performanz als Lernziel dienen könne.

1.8.2 Fachlichkeit[135]

In einem fachlich korrekten Unterricht muss alles Dargestellte, Angesprochene, Abgebildete, Erörterte, Verfasste, Gearbeitete oder Bearbeitete etc. (a) richtig und (b) fachgemäß systematisiert sein.

Der Aspekt (a) erscheint trivial, besitzt jedoch gerade dann große Bedeutung, wenn für die Erklärung von Zusammenhängen eine didaktische Reduktion vorgenommen wird. Dabei muss ein Zusammenhang vereinfacht werden, um diesen zu verdeutlichen oder verständlicher zu machen. Diese Vereinfachung (im Sinne von Ausschnittbildung, Schematisierung, Zerlegung in Einzelschritte, Hervorhebung etc.) sollte grundsätzlich keine Fehldarstellung beinhalten[136]. Gerade in naturwissenschaftlichen Bereichen, in welchen sogar die Vorstellungskraft von Wissenschaftler*innen an Grenzen stößt, lässt sich dieses Prinzip nicht immer kompromisslos einhalten[137]. Dann aber drückt sich Fachlichkeit dadurch aus, dass die Vereinfachungen ausschließlich auf den jeweiligen Zusammenhang verwendet werden, dass dies den Schüler*innen transparent gemacht wird und dass die Vereinfachungen nicht im Widerspruch zu dem damit zusammenhängenden oder darauf bezogenen Wissen stehen.

Der Aspekt (b) besitzt große Bedeutung angesichts der vom KMK-Ansatz konstatierten Vorgabe, „handlungsorientiert" zu unterrichten. Handlungsorientierung steht methodisch im Gegensatz zu fachsystematischer Ordnung. Würde man diese Empfehlung der KMK befolgen, würden die Auszubildenden absehbar defizitäre Wissensgefüge entwickeln, da Fachwissen im Lernhandlungsprozess nicht expliziert und relativiert wird und so mit dem Entstehungskontext verknüpft bleibt, anstatt für weitere Kontexte verfügbar gemacht zu werden.

Die konstruktivistischen Vorstellungen über menschliches Lernen gehen zwar von individuellen und situativen Zugängen zum Wissen aus, betonen aber auch die zentrale Rolle der dabei stattfindenden systembildenden bzw. systemerweiternden Grundprozesse (Äquilibration). Problemlösung und Transfer hängen in hohem Maße davon ab, inwieweit das Wissen eines Menschen strukturell verknüpft, verdichtet, relativiert und auch abstrahiert ist. Je dichter und vielfältiger diese Strukturen abgelegt sind, desto leichter sind sie situativ verfügbar und damit eigenständig anwendbar (Kompetenzanspruch!). Wenn später in der Unterrichtsvorbereitung zwischen handlungssystematischen und fachsystematischen Sequenzen unterschieden wird, ist dies also nicht als ein „Entweder-oder" intendiert, sondern vielmehr als ein „Sowohl-als-auch".

---

135 Der Begriff „Fachlichkeit" wurde bewusst gewählt, um die ehemalige „Sachgemäßheit" abzulösen. Dieses Prinzip stellt u. E. einen Anachronismus dar, da die von Klafki gelehrte Sachstruktur ein naiv-realistisches Verständnis von der natürlich gegebenen Struktur der Sache zur Voraussetzung macht, welche als „Primat der Inhalte" zu einer Degradierung der Methode als (beliebiges) „Transportmittel" (wichtiger) Inhalte führt.
136 Prominentes Beispiel dafür ist die Erklärung des elektrischen Schaltkreises mit dem Bild eines Wasserkreislaufs.
137 Z. B. müsste man, um einen Transistor zu verstehen, sich den sog. „Tunneleffekt" vorstellen können. Dieses atomphysikalische Konstrukt erfordert neben erheblichen physikalischen und mathematischen Kenntnissen die Fähigkeit, sich Aufenthaltswahrscheinlichkeiten von Elementarteilchen als räumliche Konstellation vorzustellen.

1.8.3 Kontextualisierung

Der Aspekt der beruflichen Kontextualisierung wurde schon vorausgehend in Kapitel 1.7.3 als zentraler Bezugspunkt in der Konzeption von Lernsituationen erläutert. Zentral sind hier sowohl der Einfluss auf Lernqualität und Lernmotivation. Damit ist die Kontextualisierung nicht nur im Hinblick auf den generellen Planungshorizont beruflich-technischer Lernszenarien sehr bedeutsam, sondern auch für deren konkrete Ausgestaltung, also im Sinne eines didaktisch-methodischen Orientierungskonzepts. Kontextualisierung wird durch Inszenierung bzw. Einbettung oder Weiterführung der konkreten Berufspraxis (Räume, Geräte, Werkzeuge, Aufgaben, Probleme, Personen, Arbeitsorganisation, …) im berufsschulischen Kontext realisiert. Ihr Motivationseffekt geht überwiegend aus der Bedeutungs-Zuweisung schulischen Lernens hervor, indem die Schüle*innen wahrnehmen, dass das, was hier theoretisch erarbeitet wird, unmittelbar mit ihrem Beruf zusammenhängt. Daraus alleine entsteht absehbar schon eine höhere Lernqualität (siehe hierzu auch die Kapitel Lernmotivation, autonom-externales Lernen von Band I). Von wesentlicher Bedeutung ist hier aber die Eröffnung von lernortüberschreitenden Reflexionsräumen, denn nur so kann Berufspraxis theoretisch hinterfragt und reflektiert werden und umgekehrt angebahnt werden, dass Schulisch-theoretisches in den Betrieb „mitgenommen" wird, um dort praxisbezogene Fragen aufzuwerfen und zu beantworten. Das bedeutet, dass sich ein beruflicher Unterricht maßgeblich auf beruflich -betriebliche Szenarien inkl. diesbezüglicher Realelemente abstützen sollte. Diese können sowohl real als simulativ oder fiktiv eingebracht werden. Dies erhebt bzgl. der planenden Lehrpersonen einen Expert*innenanspruch, denn die Geräte, Prozesse und Terminologien müssen authentisch und aktuell sein. Wenngleich Medien oder auch Exponate im beruflichen Unterricht bereichernd sein können, ermöglichen sie keine konsequente Kontextualisierung, sondern tragen weitgehend zur Informations-Gewinnung bei. Umgekehrt ist an dieser Stelle anzumerken, dass berufsbildende Schulen keine Betriebe oder überbetrieblichen Bildungsstätten mit umfassenden Praxiseinrichtungen sind, sondern in erster Linie Schulen mit „normalen" Unterrichtsräumen. Daher können dort betriebliche Handlungsräume nur zu einem geringen Grad bereitgestellt bzw. substituiert werden. Trotzdem ist Kontextualisierung – wenn auch häufig mit Abstrichen – möglich. Wenn keine Originalmaschinen oder Geräte verfügbar sind, können diesbezügliche Vereinfachungen oder Simulationen auch kontextnahes, handelndes Lernen ermöglichen. Letztlich soll ja nur verhindert werden, dass die Lernenden sich in einem Lernkontext wahrnehmen, der nichts oder nur wenig mit dem zu tun hat, was ihren zukünftigen Beruf ausmacht. Daher kann durchaus auch mit fiktiven Szenarien oder planspielartigen Arrangements gearbeitet werden. Bei guten Betriebskontakten können schulspezifische Umsetzungsprobleme auch lernortkooperativ verringert werden. Einschätzungen bezüglich des didaktisch-methodisches Orientierungskonzeptes „Kontextualisierung" lassen sich u. a. entlang folgender Aussagen bzw. Prämissen treffen.

- Maximale Kontextualisierung wird in einem Unterricht erreicht, welcher in einem beruflichen Realszenario stattfindet dabei aber trotzdem die volle Theorieauseinandersetzung erlaubt[138].
- Hohe Kontextualisierung liegt dann vor, wenn die berufliche Realität mehr oder weniger authentisch nachgestellt wird und dabei vollständige Handlungen möglich sind[139].
- Je weniger die Schüler*innen im Sinne beruflicher Prozesse aktiv werden bzw. je mehr die Lernaktivitäten sich auf die Theorieauseinandersetzung eingrenzen, desto mehr sinkt die Kontextualisierung.
- Minimale Kontextualisierung liegt dann vor, wenn sich eine Unterrichtssequenz nur noch entlang eines medial abgebildeten oder einfach nur vorgestellten Betriebs- oder Geschäftsprozesses „hangelt", ohne diesen für die Lernenden real erlebbar oder beeinflussbar zu machen.
- Keine Kontextualisierung liegt vor, wenn versucht wird, Praxis über Medien dem Unterricht vorauszugreifen oder nachzutragen (Film vor oder nach der inhaltlichen Erarbeitung eines Themas), da sie ja dann in der zentralen Lern-Auseinandersetzung fehlt. Ebenso wenig Effekt lösen hier der Erarbeitung folgende berufspraktische Aufgaben aus, denn diese sind dann zwar kontextualisiert, die Erarbeitung war es aber nicht. Die Erwartung, dass dann so etwas wie ein rückwirkender Transfer erfolgt, erscheint fraglich.

1.8.4 Problemlösung

Aus kognitivistischer Perspektive besitzt ein in Problemlösungsprozesse eingebettetes Lernen eine höhere Qualität als ein rezipierendes oder abbildendes Lernen. Der Wissenszuwachs erfolgt nicht quantitativ, sondern qualitativ. Im Sinne von Jerome BRUNER beschreibt TERHART das problemlösende Lernen als ein „über-die-gegebene-Information-Hinausgehen", also eine Lernform, welche heuristische Prozesse fördert, aber auch fordert. „Entscheidend ist, dass beim entdeckenden Lernen der Lernende in einem kreativen Akt über das Vermittelte bzw. bisher Bekannte oder Erfahrene hinaus zu neuem, erweitertem Wissen gelangt"[140].

In Anbetracht der aktuellen Bildungsperspektive sind derartige Lernprozesse bedeutend bzw. unumgänglich, da hier nicht nur faktisches Wissen erwartet wird, sondern darüber hinaus auch die Fähigkeiten, eigenständig zu solchem Wissen zu gelangen. Über die Lösung spezifischer Problemstellungen „wird nicht nur neues Wissen, werden nicht nur neue Fähigkeiten via Entdeckung erworben, sondern auf einer darüber liegenden Ebene auch ein Wissen entwickelt, wie man in offenen, problemhaltigen Situationen mit seinem vorhandenen Wissen, mit seinen vorliegenden Fähigkeiten um-

---

138 Dies kann z. B. in einem sog. „integrierten Fachunterrichtsraum" gelingen, welcher alle professionellen Maschinen und Apparaturen sowie alle Lehr- bzw. Lern- und Informationsmedien einschließlich der verschiedenen Gruppen- und Arbeitsplätze, PC-Infrastruktur etc., bereithält.
139 Z. B. wenn mit Simulationen etc. gearbeitet wird und die Schüler*innen daraus ihre Rückmeldungen an Stelle der echten Aufgabenlösung beziehen.
140 Terhart, 2005, S. 149.

gehen kann"[141]. Hier wird wiederum der Bezug zum Basiskonstrukt von Kompetenzen deutlich, in dem Kompetenzen als Disposition zu eigenständigem Handeln beschrieben sind.

Problemlösendes Lernen ist somit auch untrennbar mit einem selbstgesteuerten Lernen verknüpft. Dies wurde schon früh von den Reformpädagogen didaktisch umgesetzt. Die Lernenden sollten sich entweder durch entsprechende anregende Arrangements (MONTESSORI) oder über offene Lernaufgaben (PETERSEN) eigenständig mit Problemstellungen auseinandersetzen. Im beruflichen Bildungsbereich wird dieser humane Grundansatz funktional bestätigt, denn dieser ist geprägt von Technologien und Arbeits- bzw. Geschäftsprozessen, welche in jedem Fall als (momentane) Endresultate komplexer Abfolgen von Problemlösungsprozessen gesehen werden können.

MINNAMEIER akzentuiert hier jedoch ein didaktisch-methodisches Paradoxon, welches aus dem Anspruch selbstgesteuerter Problemlösung durch die Lernenden erwächst. Er konstatiert zunächst, dass problemlösendes Lernen nicht umhinkommt, „Lerner ganz gezielt in die Schwierigkeiten zu bringen, die ihnen die Unzulänglichkeit ihres aktuellen Denkens vor Augen führten"[142]. Ohne solche Erfahrungen (der Instabilität) sei die Produktivität des problemlösenden Lernens infrage zu stellen. Da jedoch Selbststeuerung nur im Rahmen der aktuellen kognitiven Strukturen der Lernenden stattfinden kann, muss angezweifelt werden, dass sich jemand zu neuen Erkenntnissen, die er eben noch nicht hat, selbst hinführen kann. „Er müsste ja schon wissen, wo er hin muss"[143]. Dieses Paradoxon ist jedoch so alt wie die Pädagogik selbst, da deren generelles Ziel ja ihre eigene Erübrigung ist. Problemlösendes Lernen im schulischen Kontext kann also nicht in völliger Selbststeuerung erfolgen, vielmehr muss dieses angemessen konzipiert und in jedem Fall moderiert und unterstützt werden. Die Entwicklung der Lernenden bedingt dann nicht nur Verbesserungen im Lösen von Problemen, sondern auch in der Selbstständigkeit und Eigenverantwortlichkeit. Also sind die Aspekte „Problemlösen" und „Eigenständigkeit" untrennbar miteinander verbunden, denn eine instruierte Problemlösung kann nur bedingt als solche bezeichnet werden, da sie vom Lernenden absehbar später nicht ohne Unterstützung selbst vollzogen werden kann[144].

Nur wenn komplexe Probleme gelöst werden müssen, ist eine Auseinandersetzung der Schüler*innen mit Informationen, Theorieaspekten und Hintergründen sinnvoll. Wird dieser Aspekt nicht konsequent umgesetzt, wird die Theorieauseinandersetzung der Schüler*innen zu einem Appendix des Unterrichts bzw. zu einem dysfunktionalen Implantat der inszenierten beruflichen Handlungen. Dabei muss jedoch zusätzlich das adressierte Kompetenzspektrum im Auge behalten werden, also versucht werden, Lernsituationen zu generieren, in welchen ausschließlich und in effizienter Weise genau die Wissensaspekte angesprochen werden können, die sich aus der Lehrplantransformation ergeben haben.

---

141 Terhart, 2005, S. 149.
142 Minnameier, 2003, S. 21.
143 Minnameier, 2003, S. 20.
144 Hingegen ist im Rahmen einfacher bzw. klar eingrenzbarer Aufgaben ein Vormachen-Nachmachen durchaus probat.

1.8.5 Aktivierung

Aus konstruktivistischer Sicht ist Lernen ausschließlich Sache der Schüler*innen – Lernen kann nicht von außen aufgezwungen bzw. determiniert werden. Lernen erfolgt für jeden Schüler*innen individuell im Zusammenhang mit seinem bisherigen Wissen und dem, was er daraus machen kann bzw. will. Lernen erfolgt über eine aktive und diskursive Auseinandersetzung mit Neuem und den damit zusammenhängenden sozialen Aushandlungsprozessen. Die eigenständige Auseinandersetzung mit dem Neuen hat sich als ebenso wichtig erwiesen wie die Identifikation mit dem Lehr-Lern-Prozess und den daran beteiligten Individuen. Die Effektivität eines solchen selbstorganisierten Lernens konnte in vielfältigen Studien innerhalb und auch außerhalb der beruflichen Bildung nachgewiesen werden[145].

Im beruflichen Unterricht kommt daher der Aktivität lernender Individuen eine große Bedeutung zu. Eine Reihe aktueller empirischer Ergebnisse aus der Lernpsychologie bzw. domänenspezifischer Unterrichtsforschung deutet darauf hin, dass die Schüler*innenaktivität ein zentraler Prädiktor für die eigentliche Lernleistung ist, aber auch für Faktoren, welche diese unmittelbar bzw. mittelbar beeinflussen (wie z. B. Motivation oder Interesse)[146].

Diese unter Pädagog*innen generell anerkannte Feststellung kann jedoch in sehr unterschiedlicher Weise aufgefasst und vor allem umgesetzt werden. Beispielsweise wird in der Literatur häufig schon dann von Schüler*innenaktivierung gesprochen, wenn die Lehrkraft mit den Schüler*innen ein Unterrichtsgespräch führt. Häufig werden sogenannte schüleraktivierende Methoden beschrieben wie z. B. „Blitzlicht", „Expert*innengespräch" oder „Mind-Mapping". Die Reformpädagog*innen verstanden unter Schüler*innenaktivierung hingegen wesentlich mehr. Sie gingen davon aus, dass der Lernprozess aus den Aktivitäten der Lernenden entsteht, von diesen geprägt und individualisiert wird und der Lehrprozess sich weitgehend ausschließlich auf ein Begleiten, Helfen und Unterstützen beläuft.

In dieser Spanne wird erkennbar, wie unterschiedlich Schüler*innenaktivierung in der Unterrichtspraxis aussehen kann. Dieses äußere Erscheinungsbild ist jedoch weniger wichtig als dessen intentionaler Hintergrund. Für Lehrer*innen, die Schüler*innenaktivität in ihrem Unterricht verwirklichen, gibt es (in idealtypischer Polarisierung) zwei Ausgangspunkte: (1) Der Unterricht erfolgt generell schüler*innenaktiv, beinhaltet dabei aber lehrer*innenaktive Phasen. (2) Der Unterricht ist generell lehrer*innenaktiv und wird mit schüler*innenaktivierenden Elementen angereichert (Tabelle 10).

Diese Gegenüberstellung zeigt, dass beide Ansätze sinnvoll sind. Ferner wird deutlich, dass diese methodische Polarisierung keinesfalls eine Polarisierung hinsichtlich der zugrunde liegenden Lernparadigmen bedingt. In beiden Fällen lässt sich die kognitivistisch-konstruktivistische Auffassung von Lernen beibehalten. In beiden Fällen kann und muss eine individuelle Wissenskonstruktion erfolgen. Der Unterschied besteht aber im Verlauf dieser Wissenskonstruktion und in deren Qualität bzw. Ausmaß.

---

145 Z. B. Seifried, 2004.
146 Siehe hierzu dir konzeptionellen Hintergründe in Band I.

Tabelle 10: Idealtypische und polarisierende Unterscheidung von Ausprägungen unterrichtlicher Aktivierungen

zu (1):	zu (2):
Hier steht die selbsttätige, mediengestützte, diskursive Erarbeitung von Lerninhalten durch die Schüler*innen im Vordergrund.	Hier steht die Darstellung, Instruktion, Veranschaulichung und Erklärung von Lerninhalten durch die Lehrkraft im Vordergrund.
Der Schwierigkeitsgrad liegt in einem mittleren Bereich, so dass alle Lernenden in der Lage sind, sich das Wissen selbst zu erarbeiten.	Der Schwierigkeitsgrad liegt im oberen bzw. unteren Bereich, so dass eine Erarbeitung durch die Schüler*innen entweder zu schwierig bzw. nicht erforderlich wäre.
Es stehen entsprechende Praxis- bzw. Erarbeitungsmedien, Räume für soziale bzw. individuelle Lernformen und genügend Zeit zur Verfügung.	Es stehen überwiegend Präsentationsmedien und frontal ausgerichtete Räumlichkeiten zur Verfügung bei eher knapper zeitlicher Ausstattung.
Die individuellen Wissensbestände jedes einzelnen Lernenden werden aktiviert, das Lernen erfolgt als sozialer Aushandlungsprozess, über längere Lernstrecken werden komplexe Probleme gelöst und anschließend vor der Klasse präsentiert und diskutiert.	Die Lernenden müssen den Ausgangspunkt der Lehrkraft einnehmen und deren Logik folgen. In relativ kurzen Lernstrecken werden Informationen in hoher Dichte rezipiert und gedanklich weiterverarbeitet.
Lehrkraftinstruktionen erfolgen bei nicht lösbaren Problemen (in der Erarbeitung) bzw. Fehldarstellungen (in der Präsentation).	Lernendenaktivitäten erfolgen als Motivation zum Einstieg oder in Übungs- oder Vertiefungsphasen im Anschluss an den Lehrendenvortrag.

In (1) beschreiben die Schüler*innen einen sehr individuellen und kommunikativen Lernweg. Alle können dort beginnen, wo sie stehen; andererseits muss sich auch jeder einen eigenen Startpunkt im Gesamtkomplex suchen und diesen von dort aus folgerichtig erschließen. Durch die Interaktion der Lernenden besteht dabei zum einen die Möglichkeit, vom Wissen der anderen Schüler*innen zu profitieren, zum anderen kann dadurch auch das eigene Wissen einem Außenvergleich unterzogen werden. Dieser relativ offene Weg kann auch Umwege beinhalten oder in Sackgassen führen. Zudem besteht nur geringe Sicherheit gegenüber dem (nur unter Schüler*innen) Erarbeiteten bzw. Gelernten. Umfang und Endstand der Wissenskonstruktion hängen letztlich von der Selbstständigkeit der Schüler*innen, deren Eigeninitiative und Ausgangskompetenzen ab.

In (2) müssen die Schüler*innen einem vorgegebenen Lernweg folgen. Keiner von ihnen kann genau dort beginnen, wo er/sie selbst steht. Entweder reicht das jeweilige Grundwissen aus – oder es fehlt. Im zweiten Fall kann keine aufbauende Wissenskonstruktion erwartet werden. Die Komplexität des Lerngegenstands wird – wenn überhaupt – erst am Ende der Lernstrecke erkennbar. Wo die anderen Lernenden stehen, bleibt für die Schüler*innen während des Lernprozesses relativ unklar; das Wissen des/der Lehrenden ist präsent und dominant. Der Erkenntnisweg der Lehrer*innen wird abgebildet, nachvollzogen und mit der individuellen Logik abgeglichen. Bei erfolgreichem Abgleich entsteht ein Verständnis – andernfalls bestenfalls ein Merken – der unzusammenhängenden Fakten. Umfang und Endstand der Wissenskonstruktion hängen von der Aufmerksamkeit der Lernenden, ihrer Abstraktions- und Transformationsfähigkeit ab.

Mit dieser Gegenüberstellung kommt man zu der Feststellung, dass sich die Gesetzmäßigkeiten und Wirkungen der Schüler*innenaktivierung in hohem Maße über deren Umfang bzw. Ausmaß innerhalb eines Unterrichts regulieren lassen. Je länger und komplexer diese Phasen sind, desto eher entspricht der Unterricht den unter (1) dargestellten Aspekten, je kürzer und strukturierter diese sind, desto mehr tendiert der Unterricht zu den in (2) beschriebenen Gesetzmäßigkeiten.

Diesem Themenfeld hat sich auch die Unterrichtsforschung angenommen. In den zurückliegenden Jahren wurde der handlungsorientierte berufliche Unterricht vor allem in den technischen Domänen empirisch erforscht. Um diesen Ansatz wissenschaftlich zu erschließen und letztlich Empfehlungen für die Gestaltung solcher Settings ableiten zu können, versuchte man, Erkenntnisse über dessen Verlauf und Schülerwahrnehmung zu gewinnen. Einige Studien widmeten sich auch der Erhebung der Wirkungen von handlungsorientiertem Unterricht. U. a. wurde hier festgestellt, dass die Schüler*innenaktivität innerhalb eines solchen Unterrichts „zwei Gesichter hat":

Zwar arbeiten die Schüler*innen motiviert, interessiert und eigenständig an der Lösung komplexer Aufgaben. Sie tun dies jedoch nicht immer mit der erforderlichen fachlich-theoretischen Reflexion. Einzelne Schüler*innen tauchen in den langfristigen Gruppenarbeiten unter, andere isolieren sich von ihren Mitlernenden. Endergebnisse werden kopiert und nicht selbst entwickelt bzw. nachvollzogen. Die praktischen Aufgaben unterliegen einer Finalorientierung anstelle einer Kausalorientierung. Man ist bestrebt, die Problemstellung zu lösen, ohne sich dabei vertieft mit der Substanz des Problems auseinanderzusetzen[147].

Somit ist davon auszugehen, dass
(1) längere, unstrukturierte Lernstrecken viele Schüler*innen fachlich und auch sozial überfordern, anstatt sie zu motivieren,
(2) eine vertiefte theoretische Auseinandersetzung im Lösungsprozess einer beruflichen Aufgabe nicht aus eigenem Antrieb entsteht, sondern stimuliert und moderiert werden muss,
(3) mit dem Ausmaß der Schüler*innenaktivität (Freiheitsgrade und Dauer) korrespondierend das Erarbeitete zusammengefasst, restrukturiert und reflektiert werden muss, um die Inhalte zu konkretisieren und das Gelernte zu sichern.

Ein gegenwärtiges Fazit dieses Forschungsstands ist, dass sehr komplexe tätigkeitsorientierte Phasen Probleme aufwerfen. Die Länge der Lernstrecken muss daher gemäß der Thematik, dem Schwierigkeitsgrad, der Offenheit sowie auch der Selbstständigkeit, Reife und Intelligenz der Schüler*innen sehr differenziert gehandhabt werden. Komplexe und hochgradig kontextualisierte Lernumgebungen bedingen in jedem Fall eine

---

147 Tenberg, 1997.

Anreicherung mit lehrer*innenaktiven Komponenten (z. B. Einführungen, Fachgespräche, Instruktionen, Kontrollen etc.).

Immer wieder werden auch Wirkungsstudien über selbstgesteuertes Lernen veröffentlicht[148]. Selten wird dabei aber ein klarer Beleg für dessen Überlegenheit gegenüber lehrer*innenzentrierten Vermittlungsformen erbracht – und wenn, dann ist Skepsis angezeigt, da solche Vergleiche im Feld nur schwer vorgenommen werden können und aus Laborversuchen wenig Signifikanz für die Praxis herbeiführen. Der entscheidende Fehler solcher Studien besteht letztlich in der Polarisierung, welche impliziert, dass das Eine das Andere ausschließen würde. Vielmehr sollte verstanden werden, dass die beste Schüler*innenaktivierung absurd wird, wenn sie auf Lehrer*inneninstruktion verzichten muss. Der Exkurs in die Unterrichtsforschung zeigt, dass die Schüler*innenorientierung einer Dimensionierung bedarf. Sie ist von einer ganzen Reihe von Faktoren (Schüler*innen, Thema, Schwierigkeitsgrad, Praxisrelevanz etc.) und Rahmenbedingungen (Zusammensetzung der Klasse, betriebliche Herkunft etc.) abhängig und kann zwar stimuliert, nie aber exakt reguliert werden.

Trotzdem lässt sich eine Aussage hinsichtlich eines planerischen Ausgangspunktes treffen:

Bei entsprechenden Ressourcen (Medien, Räume, Zeit etc.) erscheint es „besser", zunächst eine Orientierung gemäß Position (1) vorzunehmen: Dies ist mit dem aktuellen Anspruch des beruflichen Unterrichts hinsichtlich eines Erwerbs der beruflichen Handlungsfähigkeit zu begründen. Um das zu gewährleisten (bzw. zu unterstützen), ist ein selbsttätiges Lernen im sozialen Kontext in Verbindung mit der Lösung komplexer beruflicher Probleme unumgänglich. Um diesen Wissenserwerb zu unterstützen, zu bestätigen bzw. zu sichern, sind jedoch Elemente aus Position (2) unerlässlich. Daher ist diesen zwar eine sekundäre Planungsposition zuzuweisen, jedoch keineswegs eine nachgeordnete Bedeutung. Schüler*innenorientierung ist und bleibt damit ein Kernelement der Unterrichtsgestaltung, jedoch muss dabei sehr genau abgewogen werden, wie diese im Einzelnen zu gewichten und auszugestalten ist.

Wie eng der Aspekt der Aktivierung mit der Problemlösung verknüpft ist, zeigt der Ansatz von WUTTKE, WOLF ET AL.[149]:

(1) „Im Zentrum selbstorganisierten Lernens stehen die Problemlöseaktivitäten der Schüler*innen. Die zu bearbeitenden Probleme sind komplex und werden im Allgemeinen in einer projektbasierten und gruppenorientierten Umgebung gelöst.

(2) Die Planung, Umsetzung und Bewertung der Lernprozesse wird – soweit möglich – in die Hand der Lernenden gegeben. Selbstorganisiertes Lernen umfasst dabei notwendigerweise auch die Definition und Reflexion von Zielen und die Bewertung und Reflexion der eigenen Handlungen und Problemlösungen.

(3) Im Rahmen des selbstorganisierten Lernens lernt natürlich jeder auch für sich selbst. Zusätzlich sind aber das Lernen für andere (Arbeitsteilung bei der Bearbeitung der Probleme und Präsentation der Ergebnisse) und mit anderen zentrale Designelemente selbstorganisierten

---

148 Z. B. Konrad, 2009.
149 Wuttke und Wolf, 2007, S. 103.

Lernens. Dabei wird auch davon ausgegangen, dass Argumentationen innerhalb der Gruppen und mit dem Lehrer sowie das Verbalisieren eigener Ideen Reflexion und Tiefenverarbeitung fördern und die Wissensgenerierung sowie die Problemlösefähigkeit unterstützen.

(4) Das Lösen komplexer, realitätsnaher Probleme schließt das Risiko ein, Fehler zu machen und im ersten Anlauf zu scheitern. Es bedeutet aber auch, aus Fehlern lernen zu können sowie eigenständig Verstehen zu generieren und Kompetenzen aufzubauen"[150].

1.8.6 Motivierung

Die Motive eines Menschen bestimmen die Ausrichtung seines Handelns, dessen Intensität, Konsequenz, aber auch Einschränkung, Abschluss oder Abbruch. Damit begründet sich aus zweierlei Perspektiven die Bedeutung der Motivation für den beruflichen Unterricht: Motivation als (1) Zielkategorie, (2) als Wegkategorie[151].

Zu (1): Berufsschulischer Unterricht sollte nicht zuletzt angesichts des Anspruchs auf eine Förderung personaler Kompetenzen in jedem Fall einen Auf- oder Ausbau der Handlungs-, Leistungs- und Lernmotivation bewirken. Durch die Lernortspezifika der Berufsschule wird sich dies jedoch überwiegend auf die Lern- und die Leistungsmotivation beziehen, da die Arbeitsmotivation weitgehend von den betrieblichen Aufgaben, Tätigkeiten und den damit zusammenhängenden Interaktionen und Bewertungen abhängt.

Zu (2): Menschen lernen bzw. entwickeln sich dann am besten, wenn sie dazu motiviert werden. Dies kann auf eine ganze Reihe von Komponenten zurückgeführt werden. WILD, HOFER & PEKRUN[152] erwähnen diesbezüglich die Leistungsmotivation, die Lernzielorientierung, die Leistungszielorientierung, das Interesse, das Flow-Erleben, die intrinsische und extrinsische Motivation, die Selbstbestimmung, persönliche Ziele, multiple Zielstrukturen sowie die Volition.

Handlungsmotivation:
Da in der vorliegenden Technikdidaktik von einem schüler*innenaktiven Unterricht ausgegangen wird, in welchem die Schüler*innen eigenverantwortlich lernen sollen, ist der Handlungsmotivation und dem dabei entscheidenden Aspekt der Selbstbestimmung eine besondere Bedeutung beizumessen. Ohne Handlungsmotivation finden absehbar keine oder nur rudimentäre Lernhandlungen statt. Menschliches Handeln ist generell bewusst, zielgerichtet und motiviert. Damit unterscheidet es sich von automatisiertem oder reflexartigem Verhalten. Es ist ferner geprägt von sich gegenseitig beeinflussenden Kognitionen und Emotionen.

---

150 Wuttke und Wolf, 2007, S. 103.
151 In Kapitel 3.3 wurde der Aspekt der Motivation bereits umfassend und im Zusammenhang mit personalen Kompetenzen erörtert. Im Fokus standen dabei die Arbeits-, Leistungs-, Lern- und Handlungsmotivation.
152 Wild, Hofer und Pekrun, 2006, S. 213.

Lernmotivation: Intrinsische vs. extrinsische Motivation:
Aus den Studien von DECY & RYAN[153] ergibt sich ein besonders enger Zusammenhang zwischen Motivation und Selbstbestimmung bzw. dem Ausmaß, in dem Menschen über ihre Handlungen selbst entscheiden können. Ausgangspunkt dieser Theorie ist die nachgewiesene Grundeigenschaft des Menschen, zuallererst seine drei psychischen Grundbedürfnisse (Autonomie, Kompetenz und soziale Eingebundenheit) befriedigen zu wollen[154]. Die daraus abgeleitete „organismische Integrationstheorie" bricht den Dualismus von „extrinsischer" und „intrinsischer" Motivation auf. Intrinsische Motivation ist dabei durch ein weitgehendes Fehlen instrumenteller Ziele gekennzeichnet und kann deshalb nur bei „zweckfreiem Tun" unterstellt werden[155]. Extrinsische Motivation teilt sich in vier Stufen auf, die mit zunehmender Autonomie bzw. abnehmender externaler Steuerung taxiert sind. Da davon auszugehen ist, dass berufsschulisches Lernen nur in seltenen Fällen aus reinem Interesse stattfinden wird (also ohne instrumentelle Ziele), sollten sich motivationsbezogene Überlegungen auf die beiden höherwertigen Kategorien der extrinsischen Motivation beziehen: Die „identifizierte" und die „integrierte" Verhaltensregulation. Die Lernhandlungen sollten daher so arrangiert sein, dass sich die Lernenden mit deren Zielen und Hintergründen identifizieren und diese verinnerlichen können. Speziell im technischen beruflichen Unterricht hat sich neben der Instruktionsklarheit die inhaltliche Relevanz als der bedeutsamste Faktor für die Lernmotivation herausgestellt[156]. Dazu benötigen die Lernenden angemessene Lernautonomie. Zudem gilt es, die Lernprozesse so zu arrangieren, dass sie dabei – möglichst gemeinsam mit anderen Lernenden – ihre bestehenden Kompetenzen auch umsetzen können.

Leistungsmotivation:
HASSELHORN & GOLD stellen in Anlehnung an RHEINBERG[157] fest, dass ein Verhalten immer nur dann leistungsmotiviert ist, „wenn es auf die Selbstbewertung eigener Tüchtigkeit zielt, und zwar in Auseinandersetzung mit einem eigenen Gütemaßstab, den es zu erreichen oder zu übertreffen gilt"[158]. Im Zentrum der Leistungsmotivation steht also eine selbstgesetzte Norm des Individuums, die ohne Zweifel in großer Abhängigkeit von internalen und externalen Faktoren steht. Internale Faktoren sind personenspezifisch, z. B. was man von sich selbst bei einem entsprechenden Aufwand erwartet oder annimmt und was andere Personen erwarten könnten. Externale Faktoren sind kontextspezifisch, z. B. unter welchen Bedingungen eine Leistung erbracht werden soll. Leistungsmotivation geht in dem Maße in die Lernmotivation ein, in dem Individuen ihr Lernen an Gütemaßstäben orientieren. Eine solche Orientierung wird insbesondere

---

[153] Deci und Ryan, 2000.
[154] Deci und Ryan, 1985, S. 32.
[155] Dieser hohe Anspruch ist z. B. bei sozialem Engagement, bei musischen oder gestalterischen Tätigkeiten denkbar. Intrinsische Motivation korrespondiert somit entweder mit freud- bzw. genussvollem Erleben oder mit einer Beimessung sehr hoher Werte.
[156] Knöll, Gschwendtner und Nickolaus, 2008.
[157] Rheinberg, 2012, S. 58.
[158] Hasselhorn und Gold, 2017, S. 106.

durch Aufgabenstellungen mit einem mittleren Schwierigkeitsgrad gefördert. Gemäß ATKINSONS „Risiko-Wahl-Modell"[159] ist dies dann gegeben, wenn sowohl der Anreiz eines Erfolgs als auch dessen Wahrscheinlichkeit ein akzeptables Niveau erreichen. Gelingt dies nicht, muss entweder mit einem Misserfolg gerechnet werden oder dem Erfolg wird kein Wert beigemessen. Neben diesen allgemeinen Gesetzmäßigkeiten der Leistungsmotivation hängt diese zudem von persönlichkeitsbedingten Faktoren ab. HASSELHORN & GOLD stellen diesbezüglich zwei Zusammenhänge fest[160]: Zum einen (1) die Unterscheidung in erfolgsmotivierte und misserfolgsängstliche Menschen, zum anderen die unterschiedlichen (2) Attributionsstile von Individuen.

(1) Misserfolgsängstliche Menschen vermeiden den mittleren Schwierigkeitsgrad, da bei diesem die klarsten Aussagen über die eigene Leistungsfähigkeit einhergehen. „Sie wählen also entweder sehr leichte Aufgaben, weil dabei der Misserfolg so gut wie ausgeschlossen ist, oder aber sehr schwere Aufgaben, weil dort das Scheitern keine Schlussfolgerungen auf die eigene Tüchtigkeit erlaubt"[161]. Damit gehen sie einer Auseinandersetzung mit der eigenen Leistungsfähigkeit aus dem Weg, das Leistungsmotiv sinkt im Lernprozess und die Leistungsangst nimmt zu. So wird dem „Leistungsmotivations-Lernziel" absehbar kaum Rechnung getragen. Hinsichtlich des technischen beruflichen Unterrichts wird man somit nicht umhinkommen, die Auseinandersetzung der Lernenden mit ihrer Leistungsfähigkeit zu fordern. Wenn dies aber nicht zu einer Verstärkung der Misserfolgsängste führen soll, muss dabei auf eine gute individuelle Betreuung geachtet werden, in welcher nach und nach der Wille und auch die Kraft aufgebaut werden, sich selbst sinnvolle Gütemaßstäbe zu setzen und gemäß diesen dann auch bestmöglich zu handeln.

(2) Unter „Attribution" ist die menschliche und damit subjektive Ursachenzuschreibung zu verstehen. Im Zusammenhang mit Lernleistungen bedeutet dies, dass manchen Aspekten Lernerfolge bzw. anderen Aspekten Lernmisserfolge zugeschrieben werden. Nach WEINER[162] lassen sich hier zwei Dimensionen unterscheiden: Zum einen die Dimension der „Lokation", zum anderen jene der „Kontrollierbarkeit". „Lokation" bedeutet, dass die Ursachen eines Lernergebnisses bei sich selbst (intern) oder bei äußeren Faktoren (extern) gesehen werden. Kontrollierbarkeit bedeutet, dass die Ursachen eines Lernergebnisses für ein bestimmtes Individuum einfach oder schwierig zu kontrollieren sind. Schließlich spielt noch die zeitliche Stabilität eine erhebliche Rolle: Diese kann innerhalb einer Ursachenzuschreibung erheblich variieren. Ein erfolgsmotivierter Mensch attribuiert im Normalfall seine Erfolge wie Misserfolge intern. Externe Attribuierungen gestattet er sich erst, wenn bestimmte äußere Umstände von ihm als außergewöhnlich erachtet werden.

Umgekehrt stellt es sich bei dem Phänomen der Misserfolgsvermeidung dar: Je ausgeprägter dies vorliegt, desto mehr wird das vorausgehend beschriebene Muster invertiert. Erfolge werden allein den äußeren Umständen zugeschrieben, Misserfolge dem

---

159 Atkinson, 1957.
160 Hasselhorn und Gold, 2017, S. 108.
161 Hasselhorn und Gold, 2017, S. 108.
162 Weiner, 1992.

eigenen Unvermögen. Diesen Negativzuschreibungen wird häufig auch eine niedrige Kontrollierbarkeit unterstellt, was zu einem schwer behebbaren Determinismus führen kann, der sich nicht selten in Form einer „erlernten Hilflosigkeit" manifestiert[163]. Dann reagieren Individuen auf keinerlei Lernreize mehr, egal, welcher Art oder von welcher Intensität diese sind. Dieses Phänomen der „erlernten Hilflosigkeit" wurde zuerst in Tierversuchen, dann aber auch bei Menschen nachgewiesen. Sie entwickelt sich dann, wenn für die Lernenden anhaltend keine Verhaltensweisen oder Alternativen wahrnehmbar sind, mit denen sie Erfolge erzielen könnten[164].

Die Faktoren, Bedingungen und Zusammenhänge der lernbezogenen Leistungsmotivation sind vielfältig und komplex. Das zeigen viele Studien, die sich mit Lernmotivation und Lernemotion im Bezugsfeld des beruflichen Lernens auseinandergesetzt haben. So haben z. B. GRIEDER[165] und BENDORF[166] hypothesengestützt Quer- und Längsschnittuntersuchungen unter Einbezug vielfältiger Kontrollvariablen durchgeführt, ohne jedoch belastbare regressive bzw. korrelative Zusammenhänge nachweisen zu können. Letztendlich wurden lediglich bekannte Phänomene bestätigt, z. B. dass die Lernmotivation im Verlaufe eines Schuljahrs nachlässt oder dass gute Schüler*innen motivierter sind als weniger gute.

Zusammenfassend ist festzustellen, dass eine Lehrperson nicht davon ausgehen kann, dass es möglich ist, alle Lernenden gleichermaßen zu motivieren bzw. Motivationsdefizite mit einfachen Maßnahmen schnell zu beheben. Dies entbindet jedoch nicht von einer intensiven und anhaltenden Auseinandersetzung mit den vielfältigen Aspekten der Motivation bei der Unterrichtsgestaltung und Unterrichtsdurchführung. Je erfolgreicher dies gelingt, desto besser und angenehmer ist der Unterricht und desto besser wird dieser erwartungsgemäß auch die Motivation im Sinne personaler Kompetenzen fördern.

1.8.7 Kollektivierung

Mit „Kollektivierung" wird in der vorliegenden Didaktik die Prämisse gesetzt, in den Arbeits- und Übungsphasen im technischen beruflichen Unterricht vielfältige Schüler*innen-Schüler*innen-Interaktionen vorzusehen. Dies begründet sich sowohl aus den lerntheoretischen und motivationsbezogenen Zusammenhängen als auch aus der Anforderung, sozial-kommunikative sowie personale Kompetenzen zu vermitteln. Sowohl die kognitivistischen als auch die konstruktivistischen Vorstellungen über menschliches Lernen deuten darauf hin, dass Wissenserwerb besser in einem sozialen Gefüge erfolgt. Zum einen, weil neue Wissenskonstrukte zunächst labil sind und der Mensch nach Bestätigung oder auch Korrektur sucht, zum anderen, weil Verständnisprozesse in hohem Maße von Interaktion profitieren[167].

---

[163] Hasselhorn und Gold, 2017, S. 45 f.
[164] Genauer z. B. in Seligman und Johnston, 1973.
[165] Grieder, 2006.
[166] Bendorf, 2008.
[167] Entweder durch unmittelbare, gegenseitig Unterstützung oder auch durch ein gemeinsames, offenes Explorieren, bei dem sich Denkblockaden auflösen können.

Hinzu kommt der Anspruch einer Vermittlung sozial-kommunikativer Kompetenzen in beruflichem Unterricht. Dass sich diese nur über soziale Kommunikation entwickeln können, ist evident.

Aber auch Motivationskomponenten und speziell die Selbstwirksamkeitserwartung können von gemeinsamem Lernen profitieren. Gemäß der Selbstbestimmungstheorie von DECY & RYAN[168] ist einer der drei zentralen Faktoren für die Förderung von Lernmotivation die soziale Einbindung. Leistungsmotivation steht und fällt mit dem selbst gesetzten Anspruch; dieser kann speziell mit jenen definiert, präzisiert und weiterentwickelt werden, die sich in der gleichen Lern- und Arbeitssituation befinden.

Angesichts dieser vielfältigen Begründungselemente für kollektives Lernen erstaunt kaum die aktuelle Paradigmatisierung und damit auch die Idealisierung des sogenannten „Gruppenunterrichts". TERHART stellt fest, dass nachgewiesen wurde, dass ein Unterricht in Kleingruppenarbeit einem Unterricht ohne diese Arbeitsform sowohl hinsichtlich der Reproduktion von Wissen als auch hinsichtlich der Beherrschung geistiger Arbeitstechniken überlegen sei. Zudem sei neben einer engen und beständigen Kontaktstruktur auch ein kooperativeres, kohäsiveres und diszipliniertes Verhalten nachweisbar. Die Leistungspersönlichkeit, Arbeitsintelligenz und Verhaltenssteuerung würden ebenso gesteigert wie das Kontaktverhalten und die Sozialaktivität. Selbstreflexion und Einsicht in die eigene Rolle bzw. in das eigene Verhalten würden gefördert, Gehemmtheit, Nervosität und Ängste würden reduziert. Gefühlsorientierung, Initiative und Rollenflexibilität würden ebenso zunehmen wie die Koordinations- und Kommunikationsfähigkeiten[169].

Dem stellt TERHART jedoch gegenüber, dass die Befunde vergleichender Unterrichtsforschung nicht ohne Skepsis betrachtet werden sollten. Insbesondere geht er davon aus, dass hier Gruppenunterricht in Idealform, nicht aber in seiner schulischen Realität untersucht wurde[170]. Andere Ergebnisse aus der empirischen Unterrichtsforschung bestätigen diese Skepsis: RIEDL erwähnt z. B. mögliche Passivitäten bzw. Abschweifungen einzelner Schüler*innen in Lerngruppen[171]. Gegenüber individuellen Arbeitsformen könne sich der Einzelne hier in der Gruppe verstecken[172]. Neben diesen (relativ eingrenzbaren) kognitiv-motivationalen Risiken sind weitere sozial-emotionale Effekte in offenen Schüler*innenarbeitsgruppen absehbar. Kommunizieren und Arbeiten in Gruppen bedingt immer auch sogenannte Gruppendynamiken, welche sowohl produktiv als auch kontraproduktiv sein können[173]. Häufig finden diese aber latent statt und entziehen sich einer direkten Beobachtung. Treten in diesem Zusammenhang Störungen offen zutage, haben sie zumeist schon ein hohes Ausmaß erreicht. In solchen Fällen ist davon auszugehen, dass die Schüler*innen ihre sozialen Kompetenzen nicht oder in defizitärer Ausprägung entwickeln.

---

168 Deci und Ryan, 2000.
169 Terhart, 2005, S. 160 f.
170 Terhart, 2005, S. 161.
171 Terhart, 2005, S. 161.
172 Soziales Faulenzen (engl. social loafing).
173 Emotionale Wechselwirkungen in einer Gruppe, ausgelöst durch persönliche Reaktionen einzelner Gruppenmitglieder auf Interaktion bzw. das Verhalten anderer Gruppenmitglieder.

Kollektiver Unterricht ist somit eine anspruchsvolle Herausforderung, die leicht auch ins Negative kippen kann. Sehr leicht wird hier aus „gut gemeint" das Gegenteil von „gut"[174]. Eine Vermeidung gruppenorientierter Lernprozesse bzw. deren Ausschluss kann mit dieser Problematik aber nicht begründet werden. Vielmehr sollte dazu aufgerufen werden, kollektives Lernen besonders ernst zu nehmen und es dementsprechend hochwertig methodisch umzusetzen. TERHART fordert in diesem Zusammenhang zunächst eine Reflexion bzw. Revision des beruflichen Selbstverständnisses der Lehrkräfte[175]. Die traditionelle und direkt vermittelnde, referierende und instruierende Rolle muss also für den kollektiven Unterricht um initiierende, moderierende, regulierende und stimulierende Funktionen erweitert werden. In gleichem Maße sind aber auch Veränderungen seitens der Schüler*innen erforderlich. Passivität steht als stabiles Verhaltensmuster dem Gruppenlernen ebenso entgegen wie fehlende oder defizitäre kommunikative Kompetenzen.

Um Arbeits- und Übungsphasen in kollektiver Form durchführen zu können, muss nicht generell in Gruppen gelernt werden – kollektives Lernen beginnt schon bei der Partner*innenarbeit. Wenn in Gruppen gearbeitet wird, sollten diese zudem nicht zu groß werden. Allein aus organisatorischen Aspekten wäre es unverantwortlich, eine Klasse mit 30 Schüler*innen in fünf Sechsergruppen zu teilen, da so große Gruppen eigenständig nur bei großer Lernreife und Lerneigenverantwortlichkeit produktiv arbeiten können. Mit jedem Gruppenmitglied reduziert sich die Verbindlichkeit des Lernauftrags und erhöht sich die Wahrscheinlichkeit sozialer Dynamiken. Ideal sind absehbar (zum Einstieg) Dreier- bzw. (bei gewisser Übung) auch Vierergruppen. Wie interessant, vielfältig und effektiv kollektive Schüler*innenarbeit in der Praxis sein kann, zeigen innovative Ansätze wie z. B. „wechselseitiges Lehren und Lernen". In diesem Ansatz wird die klassische Schüler*innenrolle aufgelöst, die Lernenden übernehmen wechselweise die Lehrer*innenrolle und alternieren so zwischen Instruktion und Konstruktion. So erleben sie nicht nur eine Emanzipierung ihrer bisherigen Rolle, sondern erfahren, wie eng Lehren und Lernen beieinanderliegen. Damit gehen – neben einer Verdichtung der fachlichen Auseinandersetzung – sowohl metakognitive als auch metakommunikative Prozesse einher (Kapitel 2.2.5)[176].

Generell sind bei kollektiver Schüler*innenarbeit zwei Aspekte sehr ernst zu nehmen: Zum einen müssen die Schüler*innen in diese Arbeitsform gründlich eingeführt und eingewöhnt werden, zum anderen gilt es, sowohl die Lern- und Arbeitsprozesse als auch die gruppendynamischen Prozesse laufend wahrzunehmen, sie gegebenenfalls zu unterstützen bzw. auch angemessen zu intervenieren. Dies setzt eine hohe Expertise und auch entsprechende sozial-kommunikative Kompetenzen seitens der Lehrkraft voraus. Nur wenn sich hochwertige Gruppenprozesse einstellen, können fachlich-methodische und sozial-kommunikative Kompetenzen gleichermaßen gefördert werden[177].

---

174 Z. B. Harter, Schellberg, Möltner und Kadmon, 2009 oder Haag und Dann, 2001.
175 Terhart, 2005, S. 162.
176 Huber, 2005.
177 Dies zeigt z. B. eine Studie von Wing-Yi Cheng et al. (2008, S. 216), in der nachgewiesen wird, dass leistungsschwächere Schüler*innen in qualitativ hochwertigen Gruppenarbeiten mehr profitieren als leistungsstärkere in qualitativ geringwertigen Gruppenarbeiten.

2 Unterrichtskonzeption

Nach RHEINBERG sind Klassenführung und individuelle Förderung die bedeutsamsten Parameter für erfolgreichen Unterricht. Diesen operativen Erfolgsfaktoren stellt er jedoch Aspekte der Unterrichtsvorbereitung voran: Dies sind zentral eine nachvollziehbare Strukturierung des Unterrichts, ein reichhaltiges und abwechslungsreiches Methodenrepertoire, variable Unterrichtsformen, eine effiziente Nutzung der Unterrichtszeit, eine Vergabe angemessener Aufgaben sowie klare Äußerungen über Ziele und Inhalte. Ein Unterricht kann letztlich nie besser umgesetzt werden, als er vorbereitet wurde. Angesichts der hohen Ansprüche an den beruflich-technischen Unterricht und der vielen Hintergründe und Prämissen für seine Umsetzung ist dies eine sehr anspruchsvolle Aufgabe. Im Folgenden wird ausgehend von Grundüberlegungen zu Unterrichtskonzepten eine tragfähige Grundstruktur für die Konzeption technischer Lernumgebungen hergeleitet, um darin anschließend die wesentlichsten Teilaspekte für die Vorbereitung des technischen Unterrichts zu positionieren und zu erläutern. Das Kapitel schließt mit Darstellungen zur Methodik.

Kompetenz (Kapitel 2.1 und 2.2)

Die Leser*innen sind in der Lage, die Bedeutsamkeit der Unterrichtskonzeption zu umreißen und relevante Unterrichtskonzepte als didaktische Großformen zu nennen und deren Möglichkeiten, Grenzen und Implikationen vor dem Hintergrund eines beruflich-technischen Unterrichts zu skizzieren.

Die Leser*innen ...	Professionswissen	Reflexionswissen
... erläutern typische berufliche Unterrichtskonzepte im Hinblick auf deren spezifische Intentionen, Strukturen und Kennzeichen.	Einschlägige Unterrichtskonzepte (Auswahl) • Handlungsorientierter Unterricht • Projektunterricht • Cognitive Apprenticeship	Theoretischer Hintergrund von Unterrichtskonzeptionen Handlungsorientierung, Projekt-Methode, nordamerikanische Ansätze konstruktivistischen Unterrichts

2.1 Unterrichtskonzepte[1]

Der Begriff des „Unterrichtskonzepts" wird innerhalb der Didaktik nicht einheitlich gehandhabt. So werden unter diesem Oberbegriff z. B. markante Stilformen beim Unterrichten und Lernen in der Schule verstanden; JANK & MEYER definieren sie folgendermaßen: „Unterrichtskonzepte sind Gesamtorientierungen didaktisch-methodischen Handelns, in denen ein begründeter Zusammenhang von Ziel-, Inhalts- und Methodenentscheidungen hergestellt wird"[2]. U. a. wird auch von „didaktischen Großformen" oder allgemein von „Methoden" gesprochen, wenn komplexe methodische Gesamtansätze dargestellt oder gegenübergestellt werden.

Entsprechend ist die Liste von „Unterrichtskonzepten" lang: Kommunikativer Unterricht, genetisches Lernen, programmierter Unterricht, lernzielorientierter Unterricht, Arbeitsschule, Gesamtunterricht, Projektunterricht, handlungsorientierter Unterricht, offener Unterricht oder schülerorientierter Unterricht sind nur einige Beispiele für die vorliegende Vielfalt, aber auch für eine fehlende Konsistenz und Systematik. Jeder genannte Ansatz entspricht einem methodischen Setting, welches als Ausgestaltung einer didaktischen Idee verfasst und umgesetzt wurde. Unterrichtskonzepte können dabei aber hilfreich sein, da sie die Komplexität didaktischer Entscheidungen (ähnlich wie die didaktisch-methodischen Orientierungskonzepte) reduzieren und damit den „Spiegelkabinett-Effekt" der Interdependenzen aufheben[3]. Unterrichtskonzepte können sowohl normativ als auch wissenschaftlich fundiert sein. Sie halten Grundmuster und Abfolgen über das Was, Wann und Wie der didaktischen Planung bereit und haben sich häufig in der Praxis bewährt. Mit dieser didaktisch-methodischen „Paketierung" gehen jedoch Implikationen einher, die nicht unproblematisch erscheinen:

1. Terminologisch-konzeptionelle Aufladung: Die Bezeichnung eines Unterrichtskonzepts wird zum „Gütesiegel". Wer z. B. nicht handlungsorientiert unterrichtet, vermittelt keine Handlungskompetenzen und wer Handlungskompetenzen vermitteln will, kann dies nur in einem handlungsorientierten Unterricht tun.
2. Methodische Geschlossenheit: Das vorliegende bzw. beschriebene Methodenspektrum wird idealisiert. Andere Methoden sind darin weder erforderlich noch produktiv, gegenteilig könnten sie die Abstimmung verschlechtern oder ihr zuwiderlaufen.
3. Konzeptionelle Gesamtheit: Ein Unterrichtskonzept muss konsequent als Ganzes umgesetzt werden; die Verwendung von Teilkomponenten ergibt keinen Sinn.

Keine dieser drei Annahmen ist letztlich haltbar, da für sie bislang keine empirischen Bestätigungen vorliegen. Zudem hat schon der Herbartianismus gezeigt, dass standardisierte didaktische Ansätze, in welchen ein spezifisches Konzept zum Ideal erklärt wird, eine ungerechtfertigte Verkürzung mit sich bringen und so der Vielfalt mensch-

---

[1] Im Folgenden teilweise wörtlich übernommen aus Tenberg, 2006.
[2] Jank und Meyer, 2014, S. 67.
[3] In zwei sich gegenüberstehenden Spiegeln wird ein Objekt unendlich oft reflektiert. Dies erfolgt auch im Hin und Her bei didaktischen Entscheidungen zwischen interdependenten – also jeweils voneinander abhängigen – Aspekten.

licher Lern- und Entwicklungsprozesse nicht gerecht werden können. Durch die Spezialisierung auf ein Unterrichtskonzept kann ein unkritischer Selbstbestätigungskreislauf entstehen, einhergehend mit dem Methodenmonismus. Obwohl in vielen Fällen an dem jeweiligen Unterrichtskonzept intensiv weitergearbeitet wird, werden jedoch selten dessen Basisannahmen infrage gestellt bzw. relativiert. Zudem fehlt häufig der „Blick über den Zaun" gerade zu solchen Ansätzen, welche als „Gegenansatz" zum eigenen Konzept verstanden werden. Dies zeigt im Fall des handlungsorientierten Unterrichts die immer wieder konstatierte Polarisierung gegenüber einem „traditionellen Unterricht", den es jedoch als solchen nie gab.[4] Daher sollten Lehrpersonen nicht nach dem idealen, optimalen oder aktuellen Unterrichtskonzept suchen, sondern diesbezüglich ein profundes Spektrum kennen und praktizieren können. Letztendlich kann sich so die implizierte Geschlossenheit der Unterrichtskonzepte relativieren. Dann verfügen die Lehrpersonen über komplexe Methodenpools, deren Ausschöpfung einen facettenreichen Unterricht und damit verbundene innovative Weiterentwicklungen erwarten lässt, welche letztendlich auch die Unterrichtskonzepte innovieren können.

Aus didaktischer Perspektive kann den Unterrichtskonzepten in jedem Fall eine Orientierungs-, aber auch eine Beispielrolle für die Gestaltung von Lehr-Lern-Prozessen zugewiesen werden. Sie entsprechen schlüssigen Kompositionen aus verschiedenen didaktisch-methodischen Elementen, mit diesbezüglich transparenten Grundideen. Zudem hat man es dabei oft mit praxiserprobten Ansätzen zu tun, zu denen es einzelne wissenschaftlich fundierte Befunde gibt. Für eine Vertiefung dieser Thematik empfiehlt sich die einschlägige fachdidaktische Literatur.

Nachfolgend werden beispielhaft und zusammenfassend vier Unterrichtskonzepte dargestellt, welche in mehr oder weniger engem Zusammenhang mit dem konstruktivistischen Paradigma stehen. Beginnend mit den im deutschsprachigen Raum angesiedelten Konzepten des „handlungsorientierten Unterrichts" und des „Projektunterrichts" folgen die nordamerikanischen „Cognitive Apprenticeship"- und „Anchored Instruction"-Ansätze. Von einer ausführlichen Erörterung bzw. Bewertung dieser Konzepte wird hier abgesehen.

2.1.1 Handlungsorientierter Unterricht

Handlungsorientierter Unterricht wird in der deutschsprachigen Berufs- und Wirtschaftspädagogik kontrovers diskutiert. Wie RIEDL[5] feststellt, bestehen für dieses Konzept vielfältige Sichtweisen und Definitionen. MEYER definiert den handlungsorientierten Unterricht schulartübergreifend als einen ganzheitlichen und schüler*innenaktiven Unterricht, „in dem die zwischen der Lehrkraft und den Schülern vereinbarten Handlungsprodukte die Gestaltung des Unterrichtsprozesses leiten, sodass Kopf- und Handarbeit der Lernenden in ein ausgewogenes Verhältnis zueinander gebracht werden

---

4 Z. B. in Sembill, Wuttke, Seifried, Egloffstein und Rausch, 2007.
5 Riedl, 2004, S. 129.

können"[6]. Riedl konstatiert[7], dass handlungsorientierter Unterricht „ganzheitlich" und schüleraktiv ist, zudem geht er von Schüler*inneninteressen aus und stellt die Herstellung von Handlungsprodukten in den Mittelpunkt. Für beruflichen handlungsorientierten Unterricht ergeben sich folgende acht Bestimmungsgrößen:
1. Komplexe Aufgabenstellung und Lerngebiet
2. Handlungssystematisches Vorgehen
3. Integrierter Fachunterrichtsraum
4. Innere Differenzierung
5. Kooperatives und kommunikatives Lernen
6. Selbststeuerung und Freiheitsgrade
7. Unterstützende Lehrer*innenrolle
8. Integrative und offene Leistungsfeststellung

Ausgehend von einer praktischen Problemstellung aus dem direkten Berufsbereich der Schüler*innen (1.) entwickeln Lehrer*innen Arbeitsmaterialien, welche sich an der gedachten Lösungsabfolge der Aufgabenstellung (2.) orientieren. Die Lernenden setzen sich in Gruppen (4./5.) selbstständig (6.) mit den Aufgabenstellungen auseinander und arbeiten die erforderlichen Theoriezusammenhänge auf, um die praktische Lösung durchführen zu können. Dies wird durch ein entsprechendes Raumarrangement (3.) ebenso unterstützt wie durch die betreuende Lehrkraft (7.). Während und nach Abschluss des Lernarbeitsprozesses erfolgen Rückmeldungen und Kontrollen über Lehrer*innen-Schüler*innen-Gespräche, Selbst- und Fremdeinschätzungen sowie eine Beurteilung der Arbeitsergebnisse (8.).

Handlungsorientierter Unterricht ist dabei keineswegs im Sinne eines Praxisunterrichts bzw. einer komplexen Unterweisung zu verstehen, da hier nicht der Erwerb berufsmotorischer Fertigkeiten bzw. des betrieblichen Erfahrungslernens intendiert wird. Im Zentrum steht vielmehr die Auseinandersetzung mit der Theorie. Der beruflichen Handlung wird dabei die Rolle des (1) „Lernzugangs und -wegs" und der (2) „Anwendungsprojektion" beigemessen.

Im Sinne von (1) werden motivationale Gewinne erwartet. Diese beziehen sich zum einen auf eine grundlegend verbesserte Motivation von Berufsschüler*innen im praktischen Tun gegenüber dem reinen Theorieunterricht. Hinzu kommen das generelle Interesse für berufspraktische Aspekte, die Offenheit und Spannung beim Lösen von Problemen, die Möglichkeit zum Experimentieren sowie ein daraus jeweils resultierendes Mehr an Handlungsmotivation. Weitere Motivation entsteht dann aus Akzeptanz, wenn für die Lernenden die Notwendigkeit besser ersichtlich wird, theoretische Zusammenhänge bzw. fachliche Details und Begrifflichkeiten zu lernen und zu verstehen, da diese hier im Zusammenhang mit berufspraktischen Aktivitäten auftreten.

Gemäß (2) entwickeln sich bei dieser Form des Wissenserwerbs kaum abstrakte, „dysfunktionale" Wissensgebilde („träges Wissen"). So wird davon ausgegangen, dass die Theorieauseinandersetzung im berufspraktischen Kontext Orientierungs- bzw. Fo-

---

[6] Meyer, 1987, S. 402.
[7] Riedl, 2004.

kussierungseffekte bewirkt, was letztlich eine nachhaltige Verknüpfung aller theoretischen und praktischen Wissenskomponenten zur Folge haben kann.

Riedl betont, dass handlungsorientierter Unterricht kein besserer, sondern ein anderer Unterricht sei (und warnt somit vor der oben bereits erläuterten Idealisierung eines Unterrichtskonzepts). Er stellt dabei fest, dass die Umsetzung dieses Ansatzes hohe Anforderungen sowohl an die technisch-räumlich-organisatorischen Rahmenbedingungen als auch an die didaktischen und beruflich-praktischen Kompetenzen der Lehrperson stellt. Zudem sollte ein derart schüleraktiver und selbsttätiger Unterricht sukzessive eingeführt werden, da die Schüler*innen sonst überfordert werden könnten bzw. sich die intendierten motivationalen und wissensbezogenen Aspekte nicht oder nur rudimentär einstellen könnten[8].

2.1.2 Projektunterricht

Der Begriff des „Projektunterrichts" wurde von der Projektmethode[9] nach Frey[10] abgeleitet. Im Zentrum dieses Konzepts steht eine „Restrukturierung schulischen Unterrichts" durch Überbrückung bzw. Aufhebung von fächer-, themen- oder jahrgangsbezogenen Begrenzungen. Dabei sollen die Schüler*innen auch aus ihrer passiv-rezeptiven Position in eine aktiv-gestaltende versetzt werden. Sie sollen also ihre Fantasie einsetzen und Verantwortung übernehmen, indem sie die Enge schulischer Bezugsräume verlassen und sich mit der kulturellen und gesellschaftlichen Wirklichkeit auseinandersetzen.

Riedl fasst dabei folgende Kernaspekte zusammen:[11]
- Zusammenarbeit, Rücksichtnahme und gemeinsames Schaffen werden eher gefördert als Konkurrenzverhalten;
- Lernobjekte sind meist reale Situationen und Gegenstände, wie sie außerhalb der Schule vorkommen;
- Dadurch wird die Koppelung oder vielleicht sogar die Synthese schulischer und außerschulischer Lernbereiche ermöglicht;
- Angesprochen werden kognitive, motorische und affektive Bereiche in ganzheitlicher Sicht;
- Persönliche Fähigkeiten der Schüler*innen werden besonders beachtet, um diese möglichst optimal zur Entfaltung zu bringen;
- Persönliche Bedürfnisse der Schüler*innen werden berücksichtigt;
- Die Motivation für ein Erreichen gemeinsamer Ziele wird kurz- und mittelfristig erleichtert;
- Die Projektmethode ist ein Bindeglied zwischen einzelnen Fächern;
- Die ständige innere Erneuerung der Schule wird durch Eingehen auf aktuelle Betätigungsbedürfnisse und Fragestellungen aufrechterhalten.

---

8 Riedl, 2004, S. 97 ff.
9 Die Projektmethode wird aufgrund ihrer besonderen Charakteristik als „Makromethode" in Abschnitt 2.3.2 tiefergehend skizziert.
10 Frey, 1990.
11 Nachfolgend insb. Riedl, 2004, S. 131 f.

Das Grundmuster von FREY sieht dabei fünf aufeinanderfolgende Schritte vor:
1) Projektinitiative
2) Projektskizze
3) Projektplan
4) Projektdurchführung
5) Projektabschluss

Zu (1): „Ein Projekt beginnt durch eine Anregung von Lehrer- oder Schülerseite. Dies kann eine Aufgabe, eine besondere Stimmung, ein Problem, ein bemerkenswertes Erlebnis […] sein, das jemand in die Lerngruppe einbringt. Grundlegend hierfür ist die Offenheit der Ausgangssituation"[12].

Zu (2): „Wenn eine Projektinitiative aufgegriffen wird, so mündet sie als Ergebnis in die Projektskizze. Diese umreißt grob das geplante Vorgehen. Darauf baut der weitere Verlauf des Projekts auf. Die Projektskizze darf nicht das Ergebnis der Durchsetzung einzelner Teilnehmer sein. Sie muss die Betätigungswünsche aller Teilnehmer in sich vereinen"[13].

Zu (3): Der Projektplan beschreibt das anvisierte Vorgehen: „Die Teilnehmer äußern ihre Wünsche für eigene Tätigkeiten im Projekt, entwerfen Verlaufspläne, klären Rahmenbedingungen, verteilen Aufgaben"[14]. Der so entstehende Projektplan wird schriftlich festgehalten und bereitet den Lernprozess nicht nur vor, sondern repräsentiert diesen zu einem nicht unbedeutenden Teil. Vor allem die Bewältigung der hier stattfindenden Klärungs- und Entscheidungsprozesse eröffnet komplexe Räume sozialen Lernens.

Zu (4): Die Projektdurchführung erfolgt übergangslos aus der Projektplanung. Angedachtes wird nun ausgeführt, einzelne Teilgebiete werden aufgegriffen und bearbeitet. Recherchiertes wird zusammengetragen, um schließlich zu einem gemeinsamen, kollektiven Handeln im Sinne der Projektidee zu gelangen.

Zu (5): Im Zentrum des Abschlusses eines Projekts stehen dessen Ergebnisse – sowohl in Form konkreter Gegenständlichkeit als auch in Form von Erlebnissen oder Erfahrungen. Nach FREY sind drei Varianten denkbar, um ein Projekt zu beenden:
- „bewusster Abschluss/Präsentation: Veröffentlichung der Ergebnisse, Vorstellung des Produktes;
- Rückkoppelung zur Projektinitiative: Vergleich zwischen der Planung und den erreichten Ergebnissen;
- Auslaufen lassen: Bildungsphase des Projekts geht nahtlos in einen gebildeten Abschluss über, die Projektarbeit kann hier beendet sein, oder die Effizienz kann gesteigert werden, d. h. man arbeitet weiter"[15].

---

12 Riedl, 2004, S. 133.
13 Riedl, 2004, S. 133.
14 Riedl, 2004, S. 133.
15 Riedl, 2004, S. 134.

RIEDL hebt dabei noch sog. „Fixpunkte" (1) und die „Metainteraktion" (2) hervor. Diese beiden Elemente des Projektunterrichts sollen die Schüler zu einer intensiven Reflexion des Lernprozesses führen. Dabei bezieht sich (1) eher auf Aspekte der Orientierung und Navigation im komplexen Projektgeschehen. (2) inszeniert eine Metaebene, auf welcher die Schüler sich mit dem Getanen und Erlebten und ihren diesbezüglichen Erfahrungen, Eindrücken und Bewertungen auseinandersetzen sollen[16]. Damit wird erneut der Anspruch dieses Unterrichtskonzepts unterstrichen, die Lernenden in höchstmöglichem Maße am Lehr-Lern-Prozess zu beteiligen.

2.1.3 Cognitive Apprenticeship

Der „Cognitive Apprenticeship"-Ansatz wurde Ende der 1980er-Jahre von COLLINS, BROWN & NEWMAN veröffentlicht[17]. „Cognitive apprenticeship emphasizes the solving of real world problems under expert guidance that fosters cognitive and metacognitive skills and processes. It can be applied by tasks that are slightly more difficult than students can manage independently. Cognitive apprenticeship is achieved through tasks that require the aid of peers and instructors"[18]. Dieser Ansatz einer „erkenntnisorientierten Meister*innenlehre" überträgt das Mentor*innenprinzip aus dem berufspraktischen Lernen auf kognitive, erkenntnisorientierte Lernprozesse. Der Lernvorgang erfolgt im sozialen Kontext und ist in der authentischen Situation der Praxis verankert. Dabei findet ein ständiger Austausch zwischen den Lehrer*innen und den Schüler*innen (vergleichbar Meister*in–Lehrling) statt. Die Schüler*innen lernen durch aktive Mitarbeit Problemlösungsstrategien von erfahrenen Expert*innen. Gleichzeitig wird die jeweilige Fachsprache und die damit verbundene Art, das eigene Tun zu reflektieren, internalisiert. So wird schließlich versucht, Problemlösestrategien von Expert*innen auf Lernende zu übertragen. Ziel dieses Ansatzes ist der Aufbau von Begriffs-, Fakten- und Prozesswissen sowie strategischem Wissen, welches Expert*innen auszeichnet[19]. Durch ein Zusammenspiel aus Beobachtung und eigenständigem Üben sollen neben einem bereichsbezogenen Wissen heuristische Strategien, Kontroll- und Lernstrategien aufgebaut werden. Als methodische Kernelemente kommen dabei die Elemente „Modelling", „Coaching", „Scaffolding", „Fading", „Articulation", „Reflection" und „Exploration" in sequenzieller Abfolge zur Anwendung[20].
- Modelling: Zeigen des Vorgehens durch Expert*innen. Die Expert*innen führen die Lösung einer Aufgabe vor und beschreiben, welche Überlegungen angestellt werden, um sie zu lösen. Hierdurch werden die nicht sichtbaren kognitiven Vorgänge externalisiert;

---

[16] Riedl, 2004, S. 134.
[17] Collins, Brown und Newman, 1989.
[18] Collins, Brown und Newman, 1989, S. 455.
[19] Straka, 2001, S. 19.
[20] Hier zeigen sich deutliche Übereinstimmungen mit der als „Vier-Stufen-Methode" bezeichneten Unterweisungsmethode zur Vermittlung berufspraktischer Qualifikationen.

- Coaching: Verbesserungen, Korrekturen und Vorschläge seitens der Instruktor*innen. Diese beobachten, wie der Lernende die Aufgaben löst und gibt Feedback, d. h. eine gezielte Hilfestellung für real vorliegende Probleme;
- Scaffolding: Wirkt wie ein unterstützendes „Gerüst". Die Expert*innen geben Struktur und Anleitung vor und helfen bei untergeordneten Zielen, solange bis das komplexere Lernziel erreicht wird. Dabei übernehmen die Expert*innen Teilaufgaben, die der/die Lernende noch nicht allein durchführen kann;
- Fading: Die Instruktion tritt in den Hintergrund, sobald der Lernende die Aufgabe selbst durchführen kann. Die Hilfe wird langsam reduziert. Je weniger Fehler der Lernende macht, umso weniger Hilfe bekommt er;
- Articulation: Lernende oder Instruktor*innen fassen Denkprozesse in Worte. Das entspricht dem Modelling, nur dass jetzt auch der Lernende seine Problemlösungsansätze artikulieren kann;
- Reflection: Wiederholung und Nachdenken über das Problemlösen. Die Vorgehensweisen, die in den Schritten Modelling und Articulation externalisiert wurden, werden verglichen.
- Exploration: Die Problemlösestrategien werden in praktischen Aufgaben umgesetzt. Dieser Schritt erfordert Transferleistungen, da jetzt die Lernenden gefordert sind, selbstständig Probleme zu lösen.

Inzwischen hat das Gesamtkonzept innerhalb der deutschsprachigen beruflichen Bildung eher eine Randbedeutung. Empirische Untersuchungen über dessen praktische Umsetzung liegen bislang nur in Form vergleichender Ansätze in experimentellen oder laborähnlichen Settings vor, jedoch nicht aus dem Praxisfeld beruflicher Domänen. Trotzdem wird diesem Ansatz eine zentrale Bedeutung als Orientierungskonzept für den handlungsorientierten Unterricht beigemessen sowie die Funktion eines „Methodenpools" für einen Unterricht, der sich an der Vermittlung komplexer Kompetenzen orientiert. Besondere Bedeutung hat das sog. „Scaffolding" als adaptives Konzept für die Moderation des selbstgesteuerten Lernens erlangt.

2.1.4 Anchored Instruction

Das hochgradig mediengestützte Konzept „Anchored Instruction" wurde 1990 von der „Cognition and Technology Group at Vanderbilt" (CTGV) veröffentlicht[21]. Es „versteht sich als ein Ansatz, träges Wissen zu überwinden, indem bedeutungshaltige Lernumgebungen geschaffen werden, in denen Probleme zu lösen sind und in denen größere Erkundungen von Schülern und Lehrkräften möglich sind. Ein Hauptziel ist es, Lernenden Probleme und Szenarien von Fachleuten zugänglich und verständlich zu machen

---

21 Die „Cognition and Technology Group at Vanderbilt University" entwickelte eine Reihe von Lernumgebungen für den naturwissenschaftlichen Unterricht ab Klasse 5. Es handelte sich dabei um mehr oder weniger alltägliche Geschichten und um die Person Jasper Woodbury. Diese Geschichten wurden in Form eines Videos (ca. 20 Minuten) präsentiert, an dessen Ende Jasper Woodbury jeweils vor einem Problem steht, das die Schüler stellvertretend lösen sollten. Alle für die Problemlösung erforderlichen Informationen wurden in die Geschichte integriert.

und zu zeigen, wie Fachleute ihr Wissen als Werkzeug benutzen Probleme zu erkennen, darzustellen und zu lösen. Damit verbunden ist auch das Ziel, Lernenden zu helfen, ihr Wissen zu vernetzen, indem sie die gleiche Situation – d. h. den gleichen Anker – unter vielen und verschiedenen Gesichtspunkten untersuchen"[22].

Kernelement dieses Konzepts ist die Schaffung und Nutzung von sog. „Wissensankern". Dies erfolgt durch den Aufbau einer stabilen, sicheren Wissensbasis, von welcher ausgehend ein „konzentrischer Lernraum"[23] erschlossen werden soll. Durch ein kontinuierliches Thematisieren des Erlernten in unterschiedlichsten Theorie- und Praxiszusammenhängen wird einerseits das erworbene Wissen gefestigt und andererseits wird es gleichzeitig in entsprechende Anwendungszusammenhänge gebracht.

Das Grundkonzept wurde durch audiovisuelle Lernmaterialien konkretisiert und im nordamerikanischen Raum in der Unterrichtspraxis erprobt[24]. Durch die Medien in Verbindung mit den betreuenden Lehrkräften kann auf diese Weise eine hochgradig schülerorientierte Lernumgebung entstehen. Die dabei ursprünglich verwendete Serie „Jasper", die zur Verbesserung des mathematischen Denkens von Schüler*innen der fünften Jahrgangsstufe herangezogen wurde, unterlag folgenden Gestaltungskriterien:[25]
– Hochgradige Visualisierung zur Förderung der Anschaulichkeit und Motivation bzw. zur Reduktion von Leseschwächen bzw. Lesemüdigkeit;
– Lebensechte Problemstellungen, welche mathematische Zusammenhänge in alltägliche Zusammenhänge bzw. spezifische Anwendungssituationen einbetten;
– Komplexe Problemstellungen, welche sich an der Realität orientieren und zudem einem Lernen nach „Versuch und Irrtum" entgegenwirken;
– Offene Lösungssituationen, welche Entscheidungen und Aktivitäten der Lernenden initiieren bei gleichzeitiger Bereitstellung aller für die Lösungsfindung erforderlichen Angaben und Informationen;
– Bereitstellung von ähnlichen, aber weiterführenden Problemstellungen zur Auslösung und Unterstützung von Transferprozessen.

Weitere, aktuellere Umsetzungen dieses Konzepts haben sich überwiegend im Bezugsfeld des computerunterstützten Unterrichts etabliert. Dies unterstreicht zwar dessen Vorteile hinsichtlich hochgradig mediengestützter Lernumgebungen, sollte aber nicht im Sinne einer Begrenzung auf diesen Bereich interpretiert werden. Die Grundidee von „Anchored Instruction" lässt sich in jedem Fall auch mit weniger bzw. einfacheren Medien didaktisch-methodisch realisieren.

Bei den hier skizzierten Unterrichtskonzepten kann von konstruktivistischen Grundorientierungen ausgegangen werden. In allen Fällen steht der Zusammenhang „Lernen – Erleben – Anwenden" im Vordergrund. Die vorausgehend beschriebenen

---

22 Straka, 2001, S. 21.
23 „Konzentrisch" im Sinne sich vergrößernder, ausweitender Kreise.
24 Straka, 2001, S. 20.
25 Straka, 2001, S. 22.

didaktischen Orientierungskonzepte können in allen vier Ansätzen mehr oder weniger deutlich identifiziert werden[26].

Jedes Unterrichtskonzept besitzt aber auch eigenständige Züge: Handlungsorientierter Unterricht überträgt die Grundideen der Leittextmethode auf schulisch-theoriebezogene Lernsituationen, Projektunterricht schafft Entwicklungsräume für Verantwortung und Selbstreflexion, Cognitive Apprenticeship nutzt den Expert*innen-Noviz*innen-Dialog und Anchored Instruction setzt einen Schwerpunkt auf das Selbsterschließungspotenzial interaktiver Medien. Die Selbsttätigkeit der Lernenden hat in allen Ansätzen eine zentrale Bedeutung, wird jedoch unterschiedlich umgesetzt. Im Gegensatz zu den anderen Ansätzen geht Situated Cognition von einem Einzellernen aus. Die Lehrer*innenrolle ist – gegenüber dem traditionellen Unterricht – weniger auf Wissensvermittlung, dafür aber mehr auf Beratung und Betreuung ausgerichtet. Die Spanne zwischen Situated Cognition, in der auch fragend-entwickelnde Unterrichtsgespräche stattfinden (Scaffolding), und Anchored Instruction, welches z. B. auch in Form eines computergestützten Fernunterrichts stattfinden könnte, zeigt an, welche Varianz der Kommunikationsaspekt in den beschriebenen Unterrichtskonzepten aufweisen kann.

Schließlich ist für alle vier Ansätze noch eine Schwäche festzustellen: Durch die Verankerung im konstruktivistischen Paradigma werden „objektivistische" Aspekte konzeptionell nur rudimentär berücksichtigt. Dies führt bei den Lernenden absehbar zu motivierenden Lernsituationen und Wissensbeständen, die zwar innerhalb bestimmter Handlungssituationen angewandt, jedoch zu wenig relativiert und abstrahiert werden können. Ein solchermaßen weitgehend individuelles Wissen liegt außerhalb oder zumindest neben den bestehenden fachlichen Systematiken. Für ein beruflich-technisches Lernen ist dies nicht ausreichend, denn sowohl die Technologie als auch deren naturwissenschaftliche Hintergründe erfordern objektiviertes Wissen.

Unter anderem aus diesem Grund orientiert sich der vorgestellte Gesamtansatz nicht explizit und ausschließlich an Unterrichtskonzepten sowie an deren methodischen Implikationen, sondern legt eine Grundstruktur unterrichtsbezogener Konzeptionselemente zugrunde, die einen alternierenden, kompetenzorientierten technischen Unterricht ermöglichen.

---

26 Die vorliegenden Ansätze haben sich nicht unabhängig voneinander entwickelt. Handlungsorientierter Unterricht geht auf Ideen des Projektunterrichts zurück. Zudem gab es eine Reihe von Veröffentlichungen in den 1990er-Jahren, welche die Ausgestaltung dieses Konzepts mit Elementen aus Situated Cognition und Anchored Instruction befürworteten. Auch die beiden nordamerikanischen Ansätze sind nicht unabhängig voneinander entstanden. Ähnlich wie der handlungsorientierte Unterricht und der Projektunterricht auch auf reformpädagogische Ideen im Deutschland um 1900 rekurrieren, gingen diese Ansätze aus Veröffentlichungen über den pädagogischen Konstruktivismus von Maturana und Varela (1987) hervor.

Kompetenz (Kapitel 2.2 und 2.3)		
Die Leser*innen sind in der Lage, die Grundstruktur unterrichtsbezogener Konzeptionselemente zu erläutern, die Zusammenhänge der einzelnen Konzeptionselemente herzustellen und deren Anwendung im Rahmen der Konzeption eines beruflich-technischen Unterrichts zu reflektieren. Sie sind zudem in der Lage den Erwerb überfachlicher Kompetenzen sowie Unterrichtsmethoden in der methodischen Ausgestaltung von beruflichem Unterricht differenziert zu erläutern.		
Die Leser*innen ...	**Professionswissen**	**Reflexionswissen**
... erläutern unterrichtsbezogene Konzeptionselemente im Hinblick auf deren theoretische Hintergründe, Funktionen, Intentionen, Bezüge und Bedeutung.	Unterrichtsbezogene Konzeptionselemente • Systematiken des Lehrens und Lernens • Lernprodukte • Medien und Materialien • Lehr-Lerninteraktion • Reflexions- und Kontrollelemente	Relevante Bezugstheorien der Konzeptionselemente aus Didaktik, Pädagogik und Psychologie
... beschreiben und begründen die Anwendung der einzelnen Konzeptionselemente in einem beruflich-technischen Unterricht.	Alternierendes Lernen und „Inselbildung" Unterrichtliche Nutzung von Lernprodukten sowie Medien und Materialien Unterrichtliche Umsetzung von Interaktion und Reflexions- und Kontrollelementen	Alternierendes Lernen als Grundorientierung eines kompetenz- und handlungsorientierten Unterrichts Konsistenz von Medien, Materialien, Interaktion und Reflexions- und Kontrollelemente
... skizzieren die methodische Ausgestaltung von technischem Unterricht hinsichtlich des Erwerbs überfachlicher Kompetenzen.	Erwerb überfachlicher Kompetenzen als übergeordnetes Methodenkonzept, Unterrichtsmethoden (Auswahl)	Zusammenhänge zwischen Methodeneinsatz und Erwerb überfachlicher Kompetenzen in einem schülerorientierten Unterricht

2.2 Grundstruktur unterrichtsbezogener Konzeptionselemente

Nach vollzogener perspektivischer Unterrichtsplanung (Kapitel 1.7) kann im nächsten Konkretisierungsschritt die eigentliche Unterrichtsvorbereitung beginnen. Diese entspricht allgemein einer Konzeption aufeinander abgestimmter Lernumgebungen. Dabei stellt insbesondere die integrative Gestaltung eine große Herausforderung dar, da ein Unterrichtskonzept vielfältigen Interdependenzen unterliegt und nicht – wie häufig in der Methodenliteratur impliziert – über die einfache Klärung nachrangiger Entscheidungsebenen[27] vollzogen werden kann. In Kapitel 3.3 des Bandes I wurde ein Prozessmodell für die vorliegende Technikdidaktik vorgestellt, in welchem die beiden eigenständigen Prozesse des Lernens der Schüler*innen und des Lehrens der Lehr-

[27] Z. B. in Bonz, 2006, S. 44.

personen durch direkte und medial getragene Interaktionen gekoppelt sind. In diesem Prozessmodell ist die Unterrichtsvorbereitung (bzw. die Unterrichtskonzeption) nach der (Unterrichts-)Planung und vor der (Unterrichts-)Durchführung der zweite Hauptschritt. Wie die Unterrichtsplanung erfolgt die Unterrichtsvorbereitung vor der eigentlichen Unterrichtsdurchführung und erfährt dementsprechend keine unmittelbare Beeinflussung von Schüler*innenimpulsen und daraus resultierenden Wirkungen und Wechselwirkungen. Daher müssen in der Unterrichtskonzeption diese Aspekte sehr genau durch die Lehrenden antizipiert werden. Dies ist nicht trivial; im Gegenteil: Es liegt hier ein enormer Anspruch vor, denn die vorliegende Technikdidaktik geht von einem selbstregulierten Lernen aus, also einem individualisierten, nicht-direktiven Unterricht, sodass im Fokus der Unterrichtskonzeption nicht die Lehrpersoneninteraktion steht, sondern die (erwünschten bzw. erforderlichen) Aktivitäten der Lernenden zum Kompetenzerwerb (Abbildung 9).

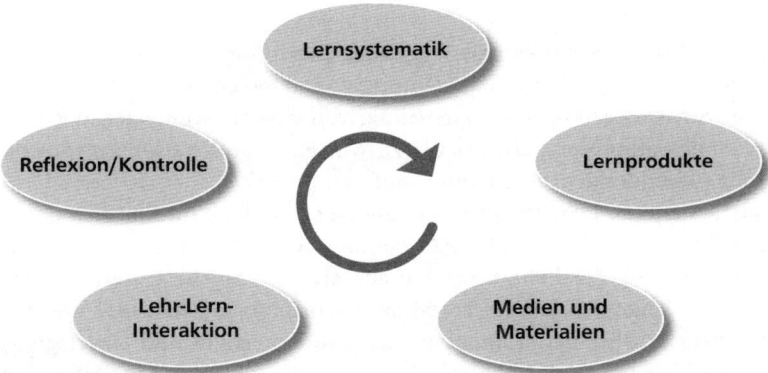

Abbildung 9: Unterrichtliche Konzeptionselemente und deren generelle Interdependenz

Die Grundstruktur bilden – ausgehend von den festgelegten Lernzielen der Unterrichtsplanung – die Lernsystematiken (Kapitel 2.2.1), Lernprodukte (Kapitel 2.2.2), Medien und Materialien (Kapitel 2.2.3), Lehr-Lern-Interaktion (Kapitel 2.2.4) sowie Reflexions- und Kontrollelemente (Kapitel 2.2.5).

2.2.1 Systematiken des Lehrens und Lernens

Ausgehend vom technikdidaktischen Prozessmodell lassen sich die beiden eigenständigen Prozesse des Lernens der Schüler*innen und des Lehrens der Lehrpersonen ausweisen (Kapitel 5.2.2 Band I). Daher beinhaltet ein Unterricht immer sowohl eine Lehr- als auch eine Lernsystematik (Abbildung 10).

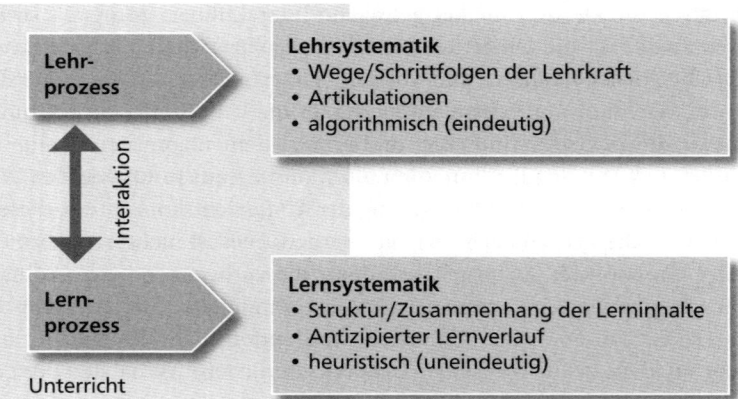

Abbildung 10: Unterrichtliche Interaktion als Verbindung von Lehr- und Lernprozess

Während sich Lehrsystematiken als Wege und Schrittfolgen des Lehrenden mit algorithmischer (eindeutiger) Grundausrichtung charakterisieren lassen, sind Lernsystematiken als Strukturierung bzw. Darstellung von Zusammenhängen der Lerninhalte sowie als Antizipation des Lernverlaufs zu verstehen und weisen entsprechend eine heuristische (uneindeutige) Ausrichtung auf.

Die erstgenannten Lehrsystematiken fanden schon früh im Rahmen der sog. „Artikulationen" in der Bildungspraxis Anwendung. Artikulationen sind dabei insbesondere auf die Planung der Lehraktivitäten ausgerichtet. Solche Unterrichtsartikulationen haben eine lange didaktische Tradition. Ursprünglich gehen Idee und Begriff auf HERBART zurück. Seine Beobachtungen aus dem Unterricht und Überlegungen über dessen Verlauf führten zu der Theorie, dass schulisches Lernen generell in den beiden Schritten (1) „Vertiefung" und (2) „Besinnung" erfolge. Daraus leitete er die bekannten vier „Formalstufen" ab:

1. In (1) werden Sachzusammenhänge erfahren und geklärt (Stufe der Klarheit),
2. anschließend werden diese neu erworbenen Zusammenhänge mit dem bestehenden Wissen in Verbindung gebracht (Stufe der Assoziation).
3. In (2) wird das Erlernte zusammengefasst und eingeordnet (Stufe des Systems), um dann
4. abschließend umgesetzt und angewandt zu werden (Stufe der Methode).

Obwohl dies aus lernpsychologischer Sicht nicht mehr zeitgemäß erscheint[28], ist anzumerken, dass es HERBART als erster verstand, einen Unterricht nach „wissenschaftlich" hergeleiteten Aspekten zu strukturieren.[29] Nachfolgende Artikulationsschemata wurden in ihrem Grundaufbau zwar deutlich offener gehalten, konnten aber durch

---

[28] Neues Wissen entsteht im Kontext des bestehenden Wissens, daher kann eine Assoziation nicht nach dem Verständnis erfolgen, sondern umgekehrt entsteht das Verständnis im Zuge der Assoziation.
[29] Leider wurde im sog. „Herbartianismus" dieses Grundkonzept universalistisch und maskenhaft eingesetzt, was das Formalstufenkonzept in den Ruf eines rezeptartigen Lehrschematismus brachte.

eine engsichtige Operationalisierung schnell zu einer starren Maske werden, welche die Unterrichtsvorbereitung (und damit auch die Unterrichtsdurchführung) zu einem gleichförmigen, mechanistischen Prozess reduziert.

Beispiele für Artikulationsschemata:

Wilhelm REIN	Vorbereitung/Darbietung/Verknüpfung/Zusammenfassung/Anwendung
Wilhelm DÖRPFELD	Anschauen/Denken/Anwenden
Georg KERSCHENSTEINER	Schwierigkeitsanalyse und -umgrenzung / Lösungsvermutung / Prüfung der Lösungskraft / Verifikation / Bestätigung durch Ausführung
Heinrich ROTH	Motivation / Stufe der Schwierigkeit / Stufe der Lösung / Stufe des Tuns und Ausführens / Stufe des Behaltens und Übens / Stufe des Bereitstellens, der Übertragung und Integration
Hilbert MEYER	Einstiegsphase (Motivation und Wecken eines Problembewusstseins) / Erarbeitungsphase (Kompetenzentwicklung und -festigung) / Schlussphase (Ergebnissicherung und Kontrolle)

Aus dieser exemplarischen Darstellung ist erkennbar, dass eine Artikulation immer auch didaktische Paradigmen „transportiert" und zudem einen methodischen Rahmen impliziert. Ein Unterrichtskonzept, das mithilfe einer Artikulation festgelegt wurde, trägt in jedem Fall auch deren methodische Grundgedanken. Daher ist es zwar hilfreich, den Unterricht mithilfe dieser Instrumente vorzubereiten, es sollte aber in dem Bewusstsein erfolgen, damit nicht nur der Chronologie des Schemas folgen zu müssen, sondern auch deren didaktisch-methodischem Hintergrund.

Ein generelles Unterscheidungsmerkmal aller Formen von Unterrichtsartikulation ist der Bezugsprozess: Der Ansatz von REIN orientiert sich zentral am Lehrprozess, die Ansätze von DÖRPFELD, KERSCHENSTEINER und ROTH am Lernprozess. Im Ansatz von MEYER werden beide Systematiken kombiniert. Ein weiteres Unterscheidungsmerkmal ist die Konkretisierung, z. B. im Vergleich des Ansatzes von KERSCHENSTEINER mit jenem von DÖRPFELD. KERSCHENSTEINER führt eine Vielzahl von dezidierten Gliederungspunkten auf, die miteinander eng verknüpft sind. DÖRPFELD beschränkt sich auf drei relativ offene Überbegriffe. Damit erlaubt das Konzept von DÖRPFELD sicher größere methodische Varianten als jenes von KERSCHENSTEINER.

Im Rahmen der vorliegenden Didaktik wird[30] in Handlungs- und Fachsystematiken unterschieden (Abbildung 11).

---

[30] Konform zu anderen berufsdidaktischen Arbeiten und Befunden s. Nickolaus, Riedl und Schelten, 2005, Nickolaus, Knöll und Gschwendtner, 2006.

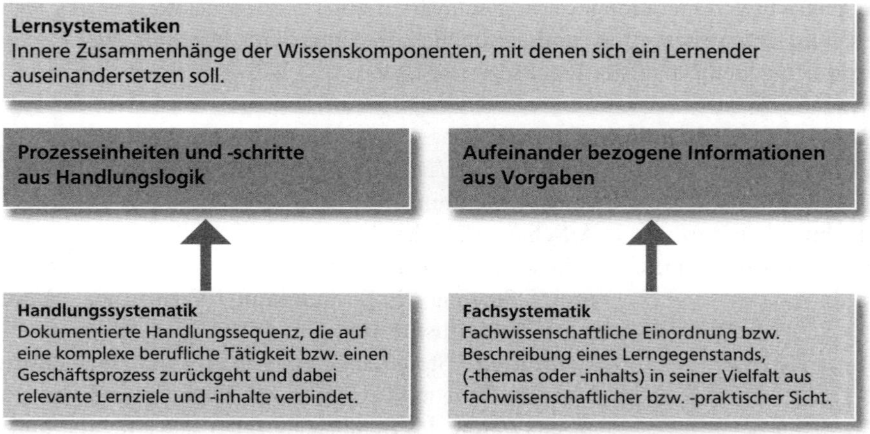

Lernsystematiken
Innere Zusammenhänge der Wissenskomponenten, mit denen sich ein Lernender auseinandersetzen soll.

Prozesseinheiten und -schritte aus Handlungslogik

Aufeinander bezogene Informationen aus Vorgaben

Handlungssystematik
Dokumentierte Handlungssequenz, die auf eine komplexe berufliche Tätigkeit bzw. einen Geschäftsprozess zurückgeht und dabei relevante Lernziele und -inhalte verbindet.

Fachsystematik
Fachwissenschaftliche Einordnung bzw. Beschreibung eines Lerngegenstands, (-themas oder -inhalts) in seiner Vielfalt aus fachwissenschaftlicher bzw. -praktischer Sicht.

Abbildung 11: Handlungs- und Fachsystematik als lernsystematische Bezugspunkte einer technischen Unterrichtskonzeption.

Eine Fachsystematik orientiert sich dabei „an den Anordnungs-, Verfahrens- und Betrachtungsweisen korrespondierender Wissenschaften"[31]. Ausgehend von dieser an den ingenieurswissenschaftlichen Bezugsdisziplinen ausgerichteten Strukturierung erfolgt „eine isolierte Betrachtung einzelner Lerngegenstände und Thematiken, die getrennt voneinander abgearbeitet werden. Die Fachsystematik entspricht somit einer differenzierten und hochgradig auskonkretisierten Strukturierung, objektivierter und durch die jeweiligen Fachwissenschaften validierter Wissens- bzw. Inhaltslogiken.

Demgegenüber folgt eine Handlungssystematik nicht den objektivierbaren Logiken einer Fachwissenschaft, sondern orientiert sich an konkreten beruflichen Handlungen. Handlungen lassen sich dabei als bewusst, motiviert und zielgerichtet begreifen[32] und beispielsweise über sogenannte Handlungsregulationsschemata[33] konkretisieren. Aus didaktischer Perspektive führt eine „konsequente, ausschließlich und durchgängige handlungssystematische Unterrichtsplanung und -umsetzung [...] in technischen Berufsfeldern zu projektartigem Lernen in Handlungssituationen, das sich häufig an zu erstellenden Handlungsprodukten, auszuführenden Handhabungsaufgaben und seltener auch an anzubietenden Dienstleistungen ausrichtet"[34].

Die große Stärke einer Fachsystematik liegt in der Abbildung fachwissenschaftlicher Binnenstrukturen und Systematisierungslogiken. Diese Logiken sind „objektiv" und lassen sich entsprechend dem Innovationsstand der jeweiligen Bezugswissenschaft fortlaufend erweitern bzw. anpassen. Fachsystematisch strukturierten Inhalten kommt darüber hinaus eine bedeutsame Rolle hinsichtlich der Reflexion und Relativierung praxisnaher Problemstellungen zu. Die zentrale Kritik einer reinen fachwissenschaft-

---

[31] Riedl und Schelten, 2000, S. 155.
[32] Hacker, 1986.
[33] Hacker, 1973.
[34] Riedl und Schelten, 2000, S. 156.

lichen Wissensvermittlung bezieht sich auf fehlende Adressat*innen und Anwendungsbezüge, worauf insbesondere die Befunde zum Konzept des „Trägen Wissens"[35] hinweisen.

Umgekehrt wirft auch eine rein handlungssystematische Ausrichtung des beruflichen Unterrichts Probleme auf. Durch einen ausschließlichen Handlungsbezug und die damit einhergehende Orientierung an Handlungsprodukten und -aufgaben führt dies mitunter zu einer wenig vertiefenden bzw. anekdotischen Auseinandersetzung mit „objektiven" fachlichen Lerninhalten. Im Kontext des berufsschulischen Lernens stellt sich dies zentral als ein Defizit von „objektivem" Wissen dar, welches nicht für die unmittelbare Handlung, jedoch für deren Reflexion und Relativierung erforderlich ist[36].

Tabelle 11: Gegenüberstellung von Fach- und Handlungssystematik

	Fachsystematik	Handlungssystematik
Herleitung	Analyse und Reduktion der Fachwissenschaften	Analyse und Dokumentation beruflicher Handlungen bzw. Geschäftsprozesse
Lernverlauf	Von Inhalten, Theorien und Strukturen zu Anwendung und Praxis	Aus der Erprobung und Anwendung zu Inhalten, Theorien und Struktur
Lehrplanumsetzung	Direkte Thematisierung von Wissenskomponenten	Realisierung von lernhaltigen, berufsbezogenen Handlungen
Stärken	Stringent, klar, direkte Ableitung, Sicherheit für die Lehrkraft	Berufsrelevant und aktuell, aktivierend und motivierend für Schüler
Schwächen	Berufs-/Praxisbezug muss hergestellt werden, Aktivierung/ Motivierung durch Methoden	Systematisierung erforderlich, aufwendige Herleitung, „Gefahr" für die Lehrkraft

Den beiden hier festgestellten Lernsystematiken (Fach- und Handlungssystematik) entsprechend lassen sich für die Konzeption des Unterrichts zwei prototypische Lerneraktivitäten identifizieren, die sich wiederum konform zum konstruktivistischen bzw. objektivistisch-kognitivistischen Paradigma zeigen:[37]
(1) „Erschließungs- und Erprobungsaktivitäten" in handlungssystematischen Unterrichtssequenzen korrespondieren mit dem konstruktivistischen Paradigma.
(2) „Analyse- und Systematisierungsaktivitäten" in fachsystematischen Unterrichtssequenzen korrespondieren mit dem kognitivistischen Paradigma.

---

[35] Renkl, 1994, Renkl, 1996.
[36] Riedl und Schelten, 2000.
[37] Wie bereits an mehreren Stellen dieser Didaktik erörtert wurde, verstehen sich diese Paradigmen nicht als konträr, sondern – gegenteilig – als ergänzend.

Zu (1): Unter „Erschließungs- und Erprobungsaktivitäten" sind Lernaktivitäten zu verstehen, die in einem engeren Zusammenhang mit beruflichem Tun stehen. Darunter fallen z. B. die formelle Vorbereitung beruflicher Handlungen, die Aufarbeitung bzw. Erstellung beruflicher Informationsmaterialien oder auch die Bearbeitung einer beruflichen Problemstellung. Ein Kennzeichen von Erschließungs- und Erprobungsaktivitäten ist deren handlungslogische Orientierung im direkten Berufskontext. Die Lernenden sollen dabei in vollständigen beruflichen Handlungen eigene Ziele bilden, deren Erreichen überprüfen und ihr weiteres Handeln daran ausrichten. Neben der Vermittlung von Handlungsfähigkeit wird durch diese Aktivitäten auch dem Anspruch der Individualisierung Rechnung getragen.

Zu (2): Unter „Analyse- und Systematisierungsaktivitäten" sind Lernaktivitäten zu verstehen, die in einem engeren Zusammenhang mit fachlichen bzw. wissenschaftlichen Systemen oder Systematiken stehen. Darunter fallen z. B. das erfassende, vergleichende oder abstrahierende Erschließen fachlicher Informationsmaterialien, die Durchführung und Auswertung von Versuchen oder auch die Einbettung fachlicher Teilinformationen in fachwissenschaftliche Ordnungssysteme. Ein Kennzeichen der Analyse- und Systematisierungsaktivitäten ist deren fachsystematische Orientierung, welche eine Relativierung (aber nicht das Verlassen) des direkten Berufskontextes auslöst. Die Lernenden können so ihre bestehenden Wissenssysteme anhand „objektivierten" Wissens (aus Fachbüchern, Tabellenbüchern etc.) aktivieren, überprüfen, ergänzen, erweitern oder auch korrigieren. Neben der Konkretisierung und Stabilisierung des handlungsbezogen erworbenen Wissens wird durch diese Aktivitäten auch dem Anspruch der Fachlichkeit Rechnung getragen.

Wie vorausgehend festgestellt wurde, sind diese Lernaktivitäten hier „prototypisch" dargestellt, also in einer polarisierten Gegenüberstellung, welche impliziert, dass hier das Eine das Andere völlig ausschließt. In der Unterrichtsrealität verschwimmt diese Abgrenzung, zum einen, weil Schüler*innen nie genau so denken und handeln, wie es antizipiert und geplant wurde, zum anderen, weil sich beide Aktivitätsformen nicht gegenseitig ausschließen, sondern ergänzen. In der unterrichtlichen Nachbereitung des fach- bzw. handlungssystematischen Unterrichts (Tabelle 12) wird diese Integrativität deutlich.

Aus vorausgegangenen Darstellungen (u. a. in Tabelle 11 und Tabelle 12) und Grundüberlegungen wird ersichtlich, dass beiden lernsystematischen Ausprägungen Stärken, Schwächen und Implikationen in einem beruflich-technischen Unterricht zuzuschreiben sind und dass beide Ausprägungen für sich alleine zu einem defizitären Unterricht führen. Entsprechend diesen Feststellungen erscheinen nur kombinierte Ansätze der beiden Systematiken in einem beruflich-technischen Unterricht zielführend.

Im Rahmen der vorliegenden Didaktik und des in Band II skizzierten Ansatzes wird diese Kombination als „alternierendes Lernen" bezeichnet. Im Sinne von Dubs sind in der Verknüpfung aus Handlungs- und Fachsystematik grundsätzlich zwei Wege denkbar (Abbildung 12):

Tabelle 12: Grundüberlegungen zur unterrichtsbezogenen Nachbereitung der Fach- und Handlungssystematik

	Nachbereitung fach- und handlungssystematischer Unterrichtssequenzen	
Fachsystematiken	Anwendung	• Übertragung des Wissens auf reale Aufgaben- und Problemstellungen • Aufarbeitung bzw. Lösung komplexer Fälle innerhalb von Arbeits- oder Geschäftsprozessen
	Praxistransfer	• Herausstellen der wichtigsten Praxisbezüge • Fachsprachliche Aufarbeitung • Klärung der Unterschiede zwischen Ideal- und Realsituation
	Dokumentation	• Identifikation und Exzerpt der wichtigsten Informationen • Verfassung aussagekräftiger Unterlagen für den späteren Nachvollzug
Handlungssystematik	Explikation	• Herausstellen der wichtigsten Inhalte und Zusammenhänge • Fachsprachliche Aufarbeitung • Klärung von Missverständnissen, Lücken, …
	Systematisierung	• Aufbau bzw. Einbettung des erworbenen Wissens von/in Fachsystematiken • Anschließen an vorausgehende/übergeordnete Fachsystematiken
	Dokumentation	• Identifikation und Exzerpt der wichtigsten Informationen • Verfassung aussagekräftiger Unterlagen für den späteren Nachvollzug

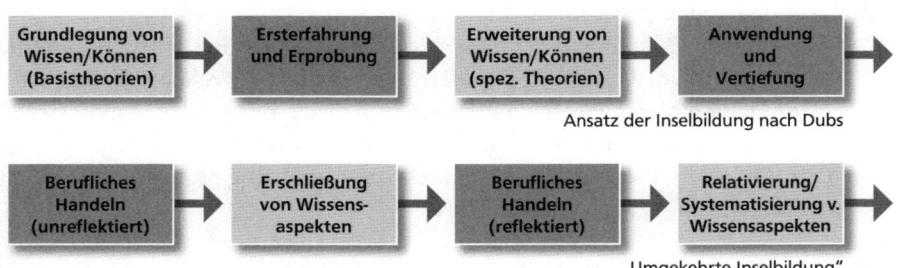

Abbildung 12: Wege und Möglichkeiten der Verknüpfung von Handlungs- und Fachsystematiken in einem technischen Unterricht (in Anlehnung an Dubs, 2001a)

Auf beiden Wegen ist „Wissen und Systematik" von ebenso großer Bedeutung wie die „Handlung und Anwendung". Die beiden Wege unterscheiden sich lediglich in ihrem primären Zugang: Während in der sog. Inselbildung ausgehend von einer (theoretischen) Grundlegung die Anwendung und Vertiefung der Lerninhalte erfolgt, wird in dem von DUBS als „umgekehrte Inselbildung" bezeichneten Weg das Wissen unmittelbar aus beruflichen Handlungen abgeleitet und anschließend vertieft und systematisiert. Damit führt der erstgenannte bzw. obere Weg der Abbildung 12 „vom Wissen zum Handeln". Die „umgekehrte Inselbildung" hingegen geht den Weg „vom Handeln zum Wissen" (Abbildung 13).

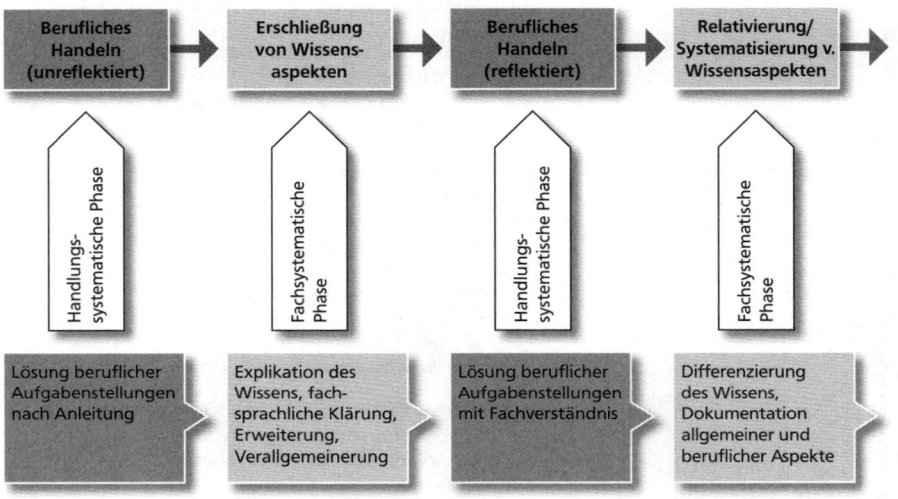

Abbildung 13: Alternierende Aktivitätenplanung mit einer „reifer werdenden" Theoriebasis und einer beruflichen Handlungsfähigkeit im Sinne eines Kompetenzerwerbs.

Für die Konzeption eines „alternierenden Lernens"[38] in einem technischen Unterricht lassen sich folgende Prämissen ableiten:
1) Konzeption handlungssystematischer Teilbereiche:
   - Analyse der Zielkompetenzen (Lernziele) hinsichtlich deren Anwendungsbereich (Berufsfeld, Ausbildungsberuf, regionaler und betrieblicher Kontext etc.)
   - Identifikation professioneller einschlägiger Arbeits- oder Geschäftsprozesse
   - Überführung der Arbeits- oder Geschäftsprozesse in Lern-Arbeits- oder Lern-Geschäfts-Prozesse als methodische bzw. lernhaltig profilierte und akzentuierte Arbeits- bzw. Geschäftsprozesse

---

38 Das vorliegende Kompetenzkonstrukt bedingt gleichermaßen ein reflektiertes Handeln sowie ein handlungsbezogenes Denken. Fachlich-methodische Kompetenzen sind (weitgehend) spezifische Kognitionen, welche eigenständig und flexibel handlungswirksam gemacht werden können. Angesichts dieser unmittelbaren Verknüpfung bzw. Interdependenz von Denken und Handeln kann generell festgestellt werden, dass eine einseitige Vermittlung entweder von Wissen oder von Können nicht zu einer hochwertigen Kompetenz führen kann. Dies gilt in jedem Fall, wenn einer der beiden Aspekte völlig ausgespart wird, absehbar aber auch dann, wenn diese ohne für die Lernenden wahrnehmbare Zusammenhänge und Bezüge erworben werden. Im Wissensmodell von Renkl (Kapitel 3.3.4 in Band I) wird mit dem Aspekt der Kompilierung angedeutet, dass ein enger Zusammenhang zwischen einer handelnden Wissenserschließung und der Wissensqualität besteht.

- Die Profilierung und Ausschnittbildung erfolgen nach Relevanz- und Ressourcenkriterien
- Methodische Akzentuierung:
    - Ausstattung mit Leit- und Lerninformationen
    - Bereitstellung geeigneter Geräte und Medien
- Lernhaltige Akzentuierung:
    - Erweiterung oder Reduktion von Umfang und Komplexität
    - Dimensionierung der Problemhaltigkeit und des Schwierigkeitsgrades

2) Konzeption fachsystematischer Teilbereiche:
    - Analyse der Zielkompetenzen (Lernziele) hinsichtlich ihrer Wissenskomponenten (Berufsfeld, Ausbildungsberuf, relevante Fortbildungsberufe, technischer Wandel)
    - Sach- und Prozesswissen stützen sich rein auf technologische Systematiken
    - Reflexionswissen stützt sich auf technologische und naturwissenschaftliche (bzw. mathematische) Systematiken
    - Klärung der übergeordneten Systematiken
    - Klärung von Spezifität, Vielfalt und Exemplarität
    - Herausarbeitung der angemessenen Ordnungszusammenhänge, Details, Parameter, Faktoren, Kategorien, Bezüge, Terminologien und Übergangs- bzw. Anschlusspunkte zu anderen Bereichen

2.2.2 Lernprodukte

Der Begriff des „Lernprodukts" erscheint aus pädagogischer Sicht zunächst schwierig. Lernen als menschlicher Entwicklungs- und Erkenntnisprozess intendiert generell keine greifbaren Produkte oder Gegenstände. Lernprozesse sind kognitive, emotionale oder motorische Vorgänge, welche immateriell sind und sich in der Regel nur indirekt wahrnehmen bzw. nachweisen lassen. Trotzdem besitzen berufliche Lernprozesse zumeist einen Gegenstandsbezug. So zielen (situierte) Aufgaben- und Problemstellungen gerade auch im berufsbildenden Unterricht häufig darauf ab, dass die Schüler*innen während des Lernprozesses Lernprodukte erstellen[39]. Darüber hinaus orientieren sich Lernende bevorzugt an dem, was sie sinnlich erfassen bzw. sich gegenständlich vorstellen können. Sie machen u. a. während des Lernens Notizen oder skizzieren Zusammenhänge. Gegenteilig ist ein rein abstraktes Denken auch für lern- und denkgewohnte Menschen schwierig. Wenn ein Individuum bewusst versucht, sich etwas anzueignen, verknüpft es diesen Denkvorgang gerne mit Handlungen, zum einen, um etwas zu begreifen und zum anderen, um sich etwas zu merken. Von einfachen Lernstrategien wie dem Memorieren, Aufschreiben, Durcharbeiten, Besprechen, Lösungen erarbeiten bis hin zu komplexen praktischen Tätigkeiten sind hier verschiedenste Lernhandlungen

---

[39] Emmermann und Fastenrath, 2014, S. 37; Leisen, 2011, S. 7.

vorstellbar[40]. Jede dieser Handlungsformen antizipiert spezifische Handlungsergebnisse. Die Lehrkraft steuert diesen Prozess im Unterricht gezielt durch geeignete Aufgabenstellungen, Lernmaterialien, Interaktionsplanungen sowie durch Rückmeldung zum Lernprozess.[41] JANK & MEIER spezifizieren Lernprodukte im Kontext des handlungsorientierten Unterrichts als „die veröffentlichungsfähigen materiellen, szenischen und sprachlichen Ergebnisse der Unterrichtsarbeit."[42] LEISEN betont in diesem Zusammenhang die Bedeutung der Planung, Erstellung, Kontrolle und Reflexion des Lernprodukts für die Entwicklung von Handlungskompetenz und für den Erwerb des korrespondierenden Sach-, Prozess- und Reflexionswissens.[43] Lernprodukte können Freihandzeichnungen, Mind-Maps, Stücklisten, Berechnungen, Arbeitspläne, Kostenkalkulationen, Tabellen, CNC-Programme, Homepages, Portfolios, Ablaufpläne, Zusammenfassungen, Skizzen, Werkstücke, Präsentationen, Wandzeitungen, der Aufbau einer elektrischen Schaltung, ein verlegter Parkettfußboden sein[44].

Im Vollzug von Lernhandlungen erfüllen Lernprodukte unterschiedliche Funktionen: (1) Aktivierung, (2) Konkretisierung, (3) Fixierung oder (4) Dokumentation (Abbildung 14).

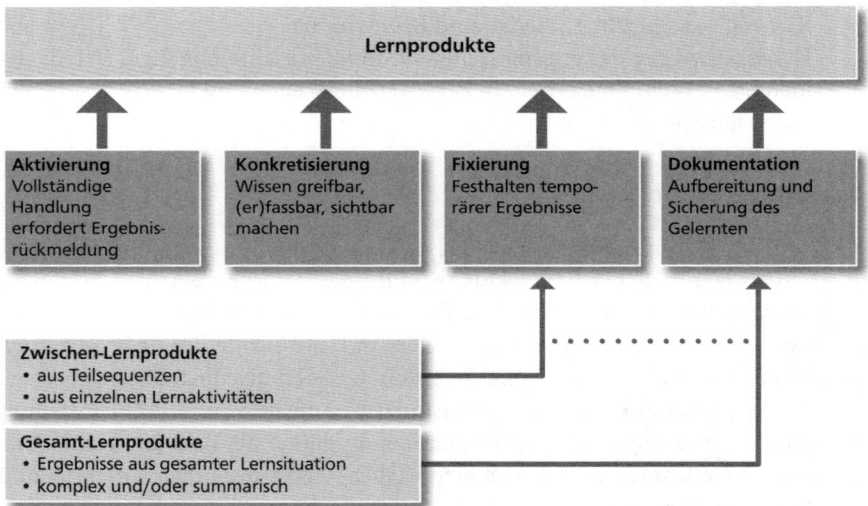

Abbildung 14: Funktionen von Lernprodukten und Differenzierung in Zwischen- bzw. Abschnitts- und Gesamt- bzw. Endprodukte.

Zu 1: Mit der Wahrnehmung dessen, was am Ende einer Lernstrecke entstanden sein soll, muss ein Lernender eine passive Haltung aufgeben, ansonsten würde er sich dem

---

40 Z. B. werden u. a. gerne das Illustrieren, Strukturieren und Exzerpieren als bedeutende Lernstrategien nachgewiesen.
41 Leisen, 2011, S. 8 f.
42 Jank und Meyer, 2014, S. 319.
43 Leisen, 2011, S. 7.
44 Wilbers, 2014, S. 627.

Lehrkonzept widersetzen. Er antizipiert so auch eine vollständige Handlung, an deren Ende eine Ergebnisrückmeldung steht, welche für ihn mit dem Einstieg in das Lernen zu einem konkreten Maßstab wird.

Zu 2: Ein zu lernender Inhalt ist generell abstrakt. Er wird im Menschen (wenn das Lernen gelingt) zu Wissen, was auch wiederum abstrakt ist. Mit dem Zwischenschritt eines Lernprodukts erfährt der Inhalt vor seiner Transformation in Wissen eine sinnlich wahrnehmbare Konkretisierung, was die Transformation erleichtert und auch nachhaltiger macht.

Zu 3: Unterricht produziert fortlaufend Wissen, jedoch häufig in einer Geschwindigkeit, die die Merkfähigkeit Einzelner überfordert. Über adäquate Lernprodukte können temporäre Ereignisse so festgehalten werden, dass den Lernenden in einem Nachvollzug des Unterrichts eine Rekonstruktion dessen möglich ist, was sie dort zunächst gelernt, nicht aber stabil verinnerlicht haben.

Zu 4: Verzichtet man im Unterricht auf Dokumentationen, ist seine Nachbereitung zu einem späteren Zeitpunkt unmöglich. Daher erfüllen Lernprodukte auch eine Speicherfunktion, welche es ermöglicht, Gelerntes über lange Zeiträume so festzuhalten, wie es das einzelne Individuum unmittelbar erfahren hat. Dokumentationen im Sinne von Lernprodukten sind also im Gegensatz zu kopierten Unterlagen oder Lehrmaterial individuell eingebettet, sie zeigen dabei ihren Wert überwiegend retrospektiv, aber auch situativ, denn die Dokumentation ist ein nicht zu unterschätzender Konstruktionsakt, bei dem das Gelernte nicht einfach abgelegt, sondern assimiliert oder akkommodiert werden muss. Die Dokumentation ist somit eine Unterstützung von Wissenskonstruktion und -rekonstruktion.

Neben der Ausprägung bzw. Beschaffenheit der Lernprodukte kann aus sequenzieller Sicht zwischen Lernabschnitts- und Lernendprodukten unterschieden werden (Abbildung 15). Sie sind ein (Teil-)Ergebnis von einzelnen Unterrichtsstunden oder auch ganzer Unterrichtseinheiten (z. B. eines ganzen Lernfeldes).

Lernabschnittsprodukte sind Zwischenergebnisse,[45] welche aus einzelnen Lernschritten oder Lernhandlungen entstehen. In den Phasen der Erschließungs- und Erprobungsaktivität sind dies Informationssammlungen sowie Teil- oder Zwischenstände innerhalb der Gesamttätigkeit.[46] Bei Systematisierungsaktivitäten können dies Sammlungen und Ordnungsschemata von Daten oder Informationen, Arbeitsergebnissen etc. sein[47]. Lernendprodukte hingegen sind (kontrollierbare) Unterrichtsergebnisse, welche die intendierten Unterrichtsziele repräsentieren sollten. In den Phasen der Erschließungs- und Erprobungsaktivität sind dies möglicherweise reale Produkte oder Dienstleistungen[48] bzw. bei Systematisierungsaktivitäten die Ergebnisse übergreifender Aufgabenstellungen[49] (Abbildung 15).

---

45 Teilweise wörtlich übernommen aus Tenberg, 2011.
46 Besteht die Gesamtaufgabe z. B. in der Erstellung einer Steuerung, wären solche Zwischenprodukte z. B. durch die Schüler recherchierte Datenblätter der Baugruppen oder die Lösungen erforderlicher Berechnungen etc.
47 Z. B. ausgefüllte Aufgabenblätter, angefertigte Skizzen oder Rechenergebnisse.
48 Im vorausgehenden Beispiel die fertige und funktionsfähige Steuerung.
49 Z. B. Gesamtpräsentationen einer längeren Gruppenarbeit oder auch die Lösung eines Aufgabenpakets.

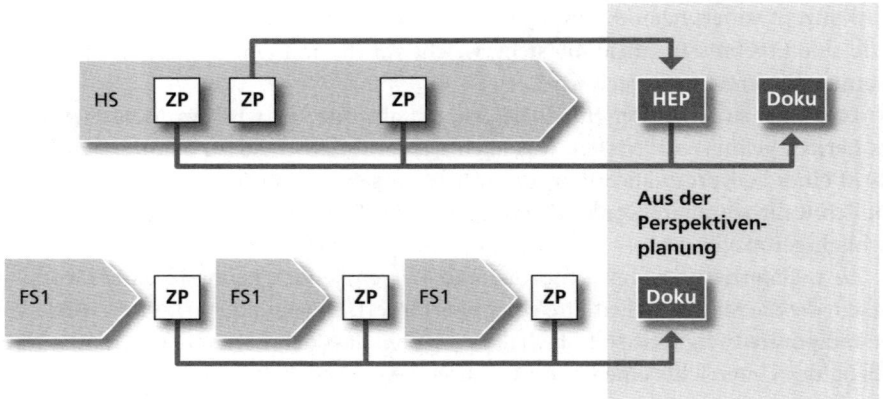

Abbildung 15: Lernprodukte in handlungs- und fachsystematischen Unterrichtssequenzen (ZP = Zwischenprodukt, HEP = Handlungsendprodukt, FS = Fachsystematischer Lernprozess, HS= Handlungssystematischer Lernprozess; Doku = Dokumentation)

Aus der Gegenüberstellung von Lernabschnitts- und Lernendprodukten wird wiederum ein Unterschied zwischen Erschließungs- und Erprobungsaktivitäten sowie Systematisierungsaktivitäten deutlich: So steht bei Erschließungs- und Erprobungsaktivitäten das Lernendprodukt im Zentrum des Geschehens. Die Handlungen der Lernenden unterliegen der zentralen Intention, dieses Endprodukt zu erreichen. Zwischenprodukte werden zwar erstellt, jedoch zunächst nur aus der Einsicht heraus, damit das Endprodukt besser zu erreichen.

Bei Systematisierungsaktivierungen hingegen stehen häufig die Zwischenprodukte im Zentrum des Geschehens. Wenn nicht gerade eine komplexe Methode zur Anwendung kommt, die dann zumeist auch eine größere Lernstrecke zur Folge hat, vollzieht sich der Unterricht in Einzelschritten – und damit über einzelne Zwischenprodukte. Die Lernenden erstellen damit aber nach und nach auch ein Endprodukt. Dieses Endprodukt – z. B. ein Portfolio – ist dann die Summe aller Zwischenprodukte.

Schließlich stellt die Dokumentation der Lernprodukte der Schüler*innen[50] generell ein zentrales Endprodukt (und damit zugleich einen sehr konkreten konzeptionellen Ausgangspunkt) dar. Da die Dokumentation für die Schüler*innen nicht nur das Endresultat des Unterrichts repräsentiert – sondern auch die Unterlage für nachfolgende Vorbereitungen auf folgende Stunden bzw. Prüfungen darstellt –, ist sie sehr gewissenhaft zusammenzustellen. Wie die Dokumentation dann im jeweiligen Unterricht entsteht bzw. erstellt wird, entscheidet sich – je nach Vorgehensweise – im Einzelfall. Von besonderer Bedeutung ist dies auch, wenn weiterführende Lernsituationen im beruflichen Unterricht auf vorherige Lernsituationen aufbauen[51].

---

50 Hefteinträge, Unterlagensammlungen, elektronische Aufzeichnungen etc.
51 Wilbers, 2014, S. 284.

Ein Lehrkonzept kann somit durchaus von einer Schüler*innendokumentation ausgehen. Aus dieser können die Lernzwischenprodukte bestimmt und gestaltet werden. Im Gegensatz zum vorausgehenden Schritt kann dies jedoch nicht „methodenunabhängig" erfolgen. Im Zuge der Festlegung bestimmter Lernzwischenprodukte beginnt innerhalb dieser Didaktik auch die methodische Auseinandersetzung. Aktuell wird schüler*innenaktiver Unterricht anhand spezifischer Aufgabentexte vorbereitet. Wenn diese Aufgaben durch längere Lernstrecken führen sollen (mit geschlossenen Sequenzen aus Planen, Entscheiden, Durchführen und Reflexion), werden sie mit sogenannten „Leittexten" ausgestattet. Durch diese Vorgehensweise, die der „Leittextmethode"[52] entlehnt wurde, werden die Lernenden nicht direkt von einer Lehrperson aktiviert, sondern indirekt über schriftliche Unterlagen. Anhand von Leitfragen bzw. Leithinweisen erschließen die Schüler*innen relevante Informationen für die Bewältigung der vorgegebenen komplexen Aufgabenstellung und setzen diese selbstständig in die Tat um. Dabei entsteht im Zuge der Lernhandlungen eine Reihe von Dokumentationen und Informationssammlungen. Hinzu kommen verschiedene Kontrollunterlagen, in welchen sich die Lernenden Rückmeldungen über ihre Lern- und Aufgabenfortschritte sowie über die Qualität ihrer Lösungen einholen können. Neben diesen dokumentierenden können zudem handlungsbezogene Lernzwischenprodukte erforderlich sein. So kann sich beispielsweise eine komplexe Dienstleistung aus einer Reihe von Einzelleistungen ergeben oder ein Geschäftsprozess kann sich aus einigen Teilprozessen zusammensetzen[53]; bevor ein komplexes Produkt erstellt wird, könnten diesem reduzierte „Übungsprodukte" vorausgehen.

Zusammenfassend erfüllen Lernprodukte den Zweck, den an sich immateriellen Lernprozess für die Lernenden und Lehrenden zu „materialisieren" und damit an bedeutsame Ergebnisse zu knüpfen.[54] Innerhalb der Lehr-Lern-Situation wird das Gelernte greifbar; nach der Lernsituation bleibt es eventuell nachschlagbar, wiederholbar und rekonstruierbar. Anhand von Lernprodukten können Fachgespräche zwischen Lehrkräften und Schüler*innen oder zwischen Schüler*innen geführt werden. Lernprodukte stellen somit für die Lehrenden und Lernenden wichtige Gegenstände der Beobachtung, Beurteilung, Rückmeldung und Kontrolle des Lernprozesses dar. So betrachtet stellt sich ein Lernprozess für Beobachter zum einen in Form von Veränderungen in Verhalten und Interaktion dar, zum anderen aber auch durch eine Reihe von entstehenden (bzw. entstandenen) Lernprodukten.[55]

---

52 Mertens, 1974.
53 Z. B. beinhaltet die Einrichtung einer LAN-Umgebung für einen IT-Systemelektroniker neben der eigentlichen technischen Realisierung alle Einzelschritte, von der Konzipierung und Dimensionierung im Kundengespräch bis zur Übergabe mit Präsentation und Einweisung.
54 Leisen, 2010, S. 10.
55 Z. B. kann das erste Lernprodukt in einem Physikunterricht ein abgelesenes Messprotokoll sein, das zweite Lernprodukt eine daraus hergeleitete Proportionalität bzw. die Formel oder Konstanten, das dritte Lernprodukt eine gelöste Beispielaufgabe, weitere Lernprodukte in weiteren Aufgaben, der daraus entstehende Hefteintrag ein Gesamtlernprodukt einer Lerneinheit, ein mögliches weiteres Lernprodukt ein selbstständig aufgebauter und durchgeführter Schülerversuch ähnlichen Inhalts usw.

2.2.3 Medien und Materialien

Medien werden im Unterricht als technische Hilfsmittel mit dem Ziel eingesetzt, Lehr-/Lernprozesse möglichst lernwirksam zu gestalten[56]. Durch sie werden Sekundärerfahrungen von unterschiedlicher Realitätsnähe (z. B. modellhafte, ikonische oder symbolische Erfahrungen) ermöglicht. Ein Ziel hierbei ist es, das Fehlen von primären Erfahrungen im beruflichen Unterricht zu kompensieren bzw. die realen Erfahrungen, welche die Schüler*innen in der beruflichen Praxis erworben haben, medial zu dokumentieren, zu vertiefen, zu systematisieren und zu reflektieren[57].

Klassifikation von Medien

Aufgrund der hohen Bedeutung der Medien für den Unterricht wurden von verschiedenen Mediendidaktiker*innen Versuche unternommen, die verfügbaren Medien konsistent zu klassifizieren. Dies gelang in der Vergangenheit nur ansatzweise, da sich das für den Unterricht verfügbare Spektrum an Medien kontinuierlich weiterentwickelt, unterschiedliche Medien auch durch die Digitalisierung miteinander verschmelzen (= Medienkonvergenz) und Klassifikationen von Mediendidaktiker*innen unterschiedlich akzentuiert werden (z. B. eingeteilt nach A) der Ebene der methodischen Einbettung in den Unterricht (Lehr-, Lernmedium), B) der Technikebene, C) der Ebene der Sinnesmodalitäten (z. B. auditiv oder visuell) oder auch D) der Realitätsnähe bzw. des Abstraktionsniveaus[58]).

So wird in der Didaktik z. B. in methodischer Hinsicht zwischen Lehr- und Lernmedien unterschieden. Lehrmedien sind alle Medien, welche in der direkten Lehrer*innen-Schüler*innen-Kommunikation zum Einsatz kommen und deren Einsatz von der Lehrkraft kontrolliert und gesteuert wird. Lernmedien sind jene Medien, mit welchen sich die Schüler*innen selbstgesteuert auseinandersetzen können. Ein digitales Whiteboard oder eine Dokumentenkamera ist aus dieser Unterscheidung zunächst als Lehrmedium zu identifizieren, ein Aufgabenblatt oder ein Lehrbuch als Lernmedium. Dies kann sich aber durch Veränderungen im methodischen Konzept relativieren bzw. umkehren. Präsentieren sich Schüler*innen gegenseitig ihre Arbeitsergebnisse mithilfe der Dokumentenkamera, muss diese eher als Lernmedium eingestuft werden. Wird ein Aufgabenblatt von der Lehrkraft den Schüler*innen vorgestellt, ist dieses nun ein Lehrmedium. Präsentationsmedien wie die Tafel, das digitale Whiteboard, das Flipchart und der Beamer werden häufig als Lehrmedien eingestuft, können jedoch ebenso als Basis für den selbstgesteuerten Lernprozess der Schüler*innen dienen und fungieren damit als Lernmedien. Damit kommt zum Ausdruck, dass sich die Gattung von Unterrichtsmedien nicht generell aus der Materialität ergibt, sondern auch mit der jeweiligen Anwendungssituation zusammenhängt. Die Unterscheidung zwischen Lehr- und Lernmedien ist somit eine überwiegend methodische, aber keine objektbezogene (Tabelle 13).

---

[56] Bonz, 2009, S. 377.
[57] Bach, 2018, S. 159; Tulodziecki, Herzig und Grafe, 2010, S. 15 ff.
[58] Tulodziecki, Herzig und Grafe, 2010, S. 31 ff.

Tabelle 13: Methodische Klassifikation von Medien

Methodische Klassifikation von Medien	
Lehrmedien	**Lernmedien**
zur Unterstützung der Lehre. Sie unterliegen temporär der Kontrolle der Lehrkraft	zur Unterstützung des Selbstlernprozesses der Schüler*innen. Sie unterliegen temporär der Kontrolle der Schüler*innen
z.B. Präsentation einer Computersimulation über den Beamer durch die Lehrkraft	z.B. eigenständiges Durchlaufen einer Computersimulation durch die Schüler*innen an Laptops

Weiterhin werden Medien u. a. im Hinblick auf die Technikebene (z. B. Buch, PC, Datenbrille, Beamer), Sinnesmodalität (z. B. auditiv, visuell, haptisch) und auch hinsichtlich ihrer Realitätsnähe kategorisiert. Die nachfolgende Tabelle 14 verdeutlicht dabei, dass die kategoriale Zuordnung nicht exklusiv ist, da Medien immer mehreren Kategorien zugeordnet werden können. Die Bandbreite an verfügbaren Medien ist groß, weil u. a. spezielle didaktische Medien kontinuierlich für den Unterrichtseinsatz entwickelt werden – z. B. technische Lern- und Trainingssysteme, Lernvideos, Schulbücher, Tabellenbücher, Aufgabenblätter, Lern- und Übungsprogramme etc. – und zudem auch, weil Alltagsmedien und Realien, wie z. B. Fachzeitschriften, das Internet, Fernsehen, reale Maschinen und Werkzeuge „didaktisiert" (also methodisch integriert) werden[59]. Nachfolgend wird in Tabelle 14 das verfügbare Medienspektrum im Überblick dargestellt[60].

Zu a): **Audio-visuelle Medien** bezeichnen Medien, die den auditiven Sinn (das Hören) und den visuellen Sinn (das Sehen) ansprechen. Hierzu gehören z. B. Texte, Bilder, Diagramme, Animationen, Verbalisierungen der Lehrkraft oder der Schüler*innen, Videos usw. In der Pädagogischen Psychologie ist das Lernen mit diesen beiden Sinnen am besten erforscht. Relevante Theorien dazu sind z. B. die Kognitive Theorie des multimedialen Lernens, die Theorie der kognitiven Belastung oder das integrierte Modell des Text- und Bildverstehens, welche darauf hinweisen, dass die geeignete zeitgleiche Darbietung von visuellen und auditiven Informationen zu einer Entlastung des Arbeitsgedächtnisses führen und dadurch eine erhöhte Lernleistung durch das Ansprechen mehrerer Sinne beim Lernen erzielt werden kann.[61] Andere Sinne (wie z. B. der olfaktorische, der gustatorische und der haptische Sinn) finden kaum Erwähnung, da diese zu wenig erforscht sind.[62]

---

59 Hüther und Schorb, 2010, S. 234.
60 Die Tabelle erhebt keinen Anspruch auf abschließende Vollständigkeit und Konsistenz.
61 Leutner, 2014, S. 322.
62 Worauf bei der Medienerstellung geachtet werden muss, ist, dass eine kognitive Überlastung des Arbeitsgedächtnisses des lernenden vermieden wird. Hierzu gibt es eine Reihe von Designeffekten, z. B. den Kontinuitätseffekt, Redundanzeffekt, Split-Attention-Effekt (Horz, 2015, S. 133 ff.), die es zu vermeiden gilt und die in den Werken der Pädagogischen Psychologie umfassend nachgelesen werden können (Leutner, 2014, S. 297 ff.).

Tabelle 14: Klassifikation von Medien für einen gewerblich-technischen Unterricht nach unterschiedlichen Gesichtspunkten[63]

Klassifikation nach Sinnesmodalität	Klassifikation nach Authentizität	Klassifikation nach Technologie	
a) audio-visuelle Medien	b) Realien	c) analoge Medien	d) technische Lern- und Trainingssysteme
Verbal • Texte, Sprache **Akustisch** • Ton, Geräusch **Ikonisch** • Bild • Diagramm • Video • Animation **Plastisch** • Anschauungs-/ Funktionsmodell	• Werkzeuge • Messgeräte • Arbeitsmittel • Maschinen • Produkte • digitale Assistenzsysteme • usw.	• Printmedien z. B. Schul-/Tabellenbücher, Technische Zeichnungen, Produktanleitungen, Fachzeitschriften, Arbeitsblatt usw. • Analoge Präsentationsmedien z.B. Tafel, analoges Whiteboard, Metaplanwand usw.	• Schulungsfahrzeug mit geführter Fehlersuche • technische Lernsysteme und (experimentelle) Aufbauten, z. B. zur Energietechnik, Steuerungstechnik, Materialkunde • Lernfabriken • usw.
Klassifikation nach Technologie			
e) Medienhardware	f) Mediensoftware	g) internet- und netzwerkbasierte Medien	
• Laptop, Tablet, PC • Smartphone, Smartglasses, Smartwatch • Dokumentenkamera • Beamer • digitales Fernsehen und Video • digitale Tafel • Router, Server usw.	• Lern- und Übungsprogramme • (intelligente) tutorielle Systeme • Simulationssoftware • Standardsoftware (Tabellenkalkulation, Office-Software, Zeichenprogramme, …) • branchenspezifische Software • Serious Games • Virtual- und Augmented-Reality-Anwendungen usw.	• Learning Management Systeme (Moodle, StudiP, BLoK, …) • Portfoliosysteme, z. B. Mahara • Videoportale, Fotoportale • Kollaborative Software (z. B. MindMaster, Google Docs, …) • Suchmaschinen • Onlinespeicher (z. B. Dropbox,…) • (Experten-)Blogs, Wikis • Internetforen und soziale Netzwerke (Facebook, Elektrotechnik360.de usw.)	

Zu b): Mit **Realien** sind konkrete Objekte aus der Arbeitswelt oder dem Alltag gemeint, z. B. Werkzeuge, Messgeräte (z. B. Drehmomentschlüssel, Multimeter), Produkte (z. B. Holzverbindung, Schweißnaht), Materialien (z. B. Bodenbeläge), technische Zeichnungen und zugehörige Softwareanwendungen, die als Anschauungsobjekte oder zur Um-

[63] Bach, 2018, S. 160.

setzung von handlungs- und problemorientierten Lernsituationen in den beruflichen Unterricht integriert werden. Didaktisches Begleitmaterial liegt dazu in der Regel nicht vor. Es obliegt der Expertise der Lehrkraft, diese in den technischen Unterricht zu integrieren bzw. didaktische Materialien dazu zu entwickeln[64].

Zu c) **analoge Medien**: Printmedien wie das Schulbuch, Tabellenbücher, Arbeitsblätter und Fachzeitschriften haben immer noch eine hohe Bedeutung im berufsschulischen Unterricht[65]. Häufig liegen diese klassischen Printmedien auch in digitaler Form vor. Doch das Bedürfnis von Lehrenden und Lernenden, ein Buch beim Lehren und Lernen in der Hand zu halten, darin zu blättern und ggf. Anmerkungen zu machen, scheint so groß zu sein, dass digitale Bücher die analogen bisher noch nicht vom Markt verdrängt haben. Auch analoge Präsentationsmedien wie die Kreidetafel, das Whiteboard, das Flipchart, die Metaplanwand etc. kommen weiterhin regelmäßig zum Einsatz (allerdings zunehmend in Kombination mit digitalen Medien). Angesichts der immer besser und „humaner" werdenden digitalen Medien sowie der zunehmenden „Veralterungsproblematik" analoger Medien in einer hochdynamischen Informationsgesellschaft könnten diese bald Vergangenheit sein. Insbesondere die Unterlegenheit konkret-manifester Informationen gegenüber virtuell-dynamischen Informationen spielt hier eine entscheidende Rolle, denn ein Buch kann nicht multimedial arrangiert und über Hypertexte vernetzt werden, seine Anschlusspunkte in andere Informationsräume müssen vom Leser selbst identifiziert, weiterverfolgt und realisiert werden. Neue Inhalte können digital und „just in time" implementiert werden, ohne dass es vom Lernenden wahrgenommen wird, während im Druckwerk nur der Weg über die nächste Auflage möglich ist.

Zu d): **Technische Lern- und Trainingssysteme** werden in der Regel nicht von den Lehrpersonen selbst, sondern von Lehr-Lernmittel-Anbietern hergestellt. Sie erheben den Anspruch darauf, die Umsetzung möglichst praxisnaher Lehr-/Lernprozesse in der beruflichen Bildung zu ermöglichen – unter Einbezug didaktisch aufbereiteter analoger und digitaler Begleitmedien, Materialien, Aufgaben und vorgegebener Lern- und Lösungswege.[66] Dabei reduzieren technische Lern- und Trainingssysteme in der Regel komplexe reale Technologien, wodurch der Zugang zu und das Verständnis für diese Systeme und Strukturen erleichtert werden kann (z. B. Fehlerdiagnose am Kraftfahrzeug durch entsprechend präparierte Schulungsfahrzeuge, zugehörige webbasierte Lernmodule, Arbeitsaufträge und Begleitbücher[67]). Das Konzept der **Lernfabriken** geht noch einen Schritt weiter, hierbei werden komplexe betriebliche Arbeitsumgebungen bzw. Produktionsstrecken unter Berücksichtigung des Stands der Technik (Maschinen, Anlagen, Geräte etc.) räumlich nachgestellt und simuliert.[68] Ziel der technischen Lern-

---

[64] Stemmann, 2016.
[65] Frei nach dem Motto von Goethes Faust: „Was man schwarz auf weiß besitzt, kann man getrost nach Hause tragen".
[66] Lach, 2016, S. 286.
[67] Weitere Beispiele dafür sind u. a. Trainingspakete in der Steuerungstechnik, welche in der Regel modular aufgebaut sind und u. a. an Stellwänden befestigt werden können, den Aufbau von Schaltungen ermöglichen, deren Funktionsprüfung und Messung ermöglichen, begleitet durch (digitale) Selbstlernmaterialien.
[68] Zinn und Wyrwal, 2014, S. 23.

und Trainingssysteme sowie der Lernfabriken ist es, den Lernenden Rahmenbedingungen bereitzustellen, in welchen sie komplexe Fach- und Problemlösekompetenzen in realitätsnahen Lernumgebungen erwerben können.[69] Problematisch hierbei sind zum einen die hohen finanziellen Aufwendungen, um diese Systeme an beruflichen Schulen bereitzustellen, zum anderen die hohe Innovationsgeschwindigkeit, welche dazu führt, dass die Ausstattung kontinuierlich aktualisiert werden muss. Ebenso müssen die Lehrkräfte in der Lage sein, die Systeme kompetenzförderlich in den Unterricht zu integrieren.

Zu e–g): **Computer- und internetbasierte Medien** lösen im beruflichen Unterricht zunehmend analoge Medien ab. Dem kompetenten Umgang mit ihnen wird große Relevanz beigemessen. Darüber hinaus verspricht man sich von dem Einsatz digitaler Medien in Lehr-Lern-Prozessen eine besonders hohe lernförderliche Wirkung und flexible, individuell angepasste didaktische Einsatzmöglichkeiten. Eine aktuelle Metaanalyse zur Wirksamkeit digitaler Medien in technisch-naturwissenschaftlichen Unterricht der Sekundarstufe II (MINT) bestätigt diese Hypothese und belegt, dass sich der Einsatz digitaler Medien im Vergleich zu Unterricht ohne Einsatz des jeweiligen digitalen Mediums lern- und motivationsförderlicher auswirkt[70]. Die Studie zeigt ebenfalls, dass sich eine intendierte lernförderliche Wirkung nur bei sorgfältiger Auswahl des digitalen Mediums, einer durchdachten Mediengestaltung und einer auf die Zielgruppe bzw. die Kompetenzziele angepassten Medienintegration in berufliche Lehr-Lern-Prozesse entfaltet[71]. Unabhängig von dem Anspruch eines „besseren Lernens" mit digitalen Medien sind diese – wie vorausgehend erörtert – analogen inzwischen funktional weit überlegen, insbesondere durch die fortschreitende Verbreitung digitaler Endgeräte. Das Spektrum an digitalen Medien ist sehr breit. Auf Hardwareebene lassen sich verschiedene Geräte unterscheiden: z. B. PC, Laptop, Tablet, Smartphone, Smartglasses, Beamer, Dokumentenkamera, digitale Tafeln, Server-Internet-Netzwerkstruktur.

Mobile Medien wie Tablets, Smartphones und aktuell Wearables haben in den zurückliegenden Jahren eine Renaissance des „Computerlernens" ausgelöst. Die internetfähigen computerbasierten mobilen Medien sind klein, leicht und umfassend dafür geeignet, unterschiedliche Arten von Software unmittelbar in der Bedarfssituation zur Anwendung zu bringen (z. B. Präsentationssoftware, Office-Programme, branchenspezifische Software, Augmented Reality (= erweiterte Realität), Learning Management Systeme usw.). Es gibt vielfältige Varianten von Lehr-Lern-Software bzw. Lernapps, von denen eine Auswahl folgend im Überblick vorgestellt wird:
- **Web Based Trainings (WBT)** beinhalten in der Regel instruktionsorientierte Lerneinheiten, Animationen und abschnittsbezogene Lernerfolgsüberprüfungen, die die Lernenden schrittweise durchlaufen. Es gibt auch reine Übungsprogramme ohne Instruktionseinheiten, diese werden jedoch nur noch selten vertrieben. In aktuellen empirischen Studien bzw. Metaanalysen werden sog. „intelligente tutorielle Systeme" als besonders lernförderlich identifiziert. Sie bieten nicht nur Lernein-

---

[69] Bach, 2018, S. 160.
[70] Hillmayr et al. 2018.
[71] Hillmayr, Ziernwald, Reinhold und Reiss, 2018.

heiten und Lernstandsüberprüfungen, sondern auch Möglichkeiten, um die weiteren Lernangebote an die individuellen Lernstände der Nutzer*innen anzupassen[72].
Simulationsprogramme, Virtual-Reality- und Augmented-Reality-Anwendungen (= VR und AR) ermöglichen es, z. B. authentische Arbeitsprozesse und -umgebungen, elektrische Maschinen oder naturwissenschaftliche Prozesse zu simulieren. So können u. a. durch virtuelle Experimente die realen Wirkmechanismen von physikalischen Prozessen, die Funktionsweisen von Maschinen oder technischen Systemen sowie die Arbeitsabläufe in Industriebetrieben unter kontrollierten, kostengünstigen und gefahrlosen Bedingungen durchgeführt, modifiziert, nachvollzogen, veranschaulicht und geübt werden[73]. Der Unterschied zwischen Virtual Reality und Augmented Reality (AR) ist dabei, dass bei VR-Anwendungen die Realität möglichst originalgetreu simuliert wird, wohingegen bei AR-Anwendungen die Realität[74] erweitert wird. Mit VR werden authentische Wahrnehmungs- und Handlungsräume geschaffen, die Realität ist dabei ausgeschaltet. AR überlagert die Realität, erweitert sie durch Projektionen, Applikationen und Informationen. AR-Anwendungen kommen häufig über mobile Medien wie Tablets oder Smartphones zum Einsatz und dienen auch als Assistenzsysteme für das Lernen/Problemlösen im Prozess der Arbeit. Der Vorteil von Simulationen, VR- und AR-Anwendungen ist ihre räumlich-zeitliche Unabhängigkeit sowie ihre Anpassungsfähigkeit für sehr spezifische Lernsituationen. Als problematisch kann sich – neben dem Kostenfaktor – der Transfer auf die betriebliche Realität erweisen, hier müssen die Schüler*innen ggf. weitere Faktoren bei der Problemlösung berücksichtigen (z. B. Körperkraft, Geschicklichkeit, komplexere Umgebungsbedingungen), die durch die Simulation nicht immer ersichtlich werden[75].
- **Internet- und netzwerkbasierte Medien** bieten ebenfalls eine ganze Bandbreite an Möglichkeiten zur Unterstützung von gewerblich-technischen Lehr-Lern-Prozessen. So eröffnen Learning Management Systeme wie z. B. Moodle, BLoK, Stud.IP oder lo-net² passwortgeschützte virtuelle Räume im Internet. Hier können Lehrende Informations- und Lernmaterialien, virtuelle Kommunikations- und Arbeitsforen, Rollenzuweisungen für Teilnehmer*innen, eine zeitgesteuerte Informationsauslieferung, Lernstandsüberprüfungen und die Integration von WBTs, Autorensystemen, Wikis etc. den Lernenden zur Verfügung stellen. Je nach Rollenzuweisung, didaktischer Orientierung der Lehrenden, Kompetenzzielen und individueller Ausgangslage können die Lernenden den virtuellen Lernraum mehr oder weniger angeleitet bzw. weitestgehend selbstgesteuert zeit- und ortsunabhängig für ihren Kompetenzerwerb nutzen.[76] Ebenso können diese Learning Management Systeme sowohl von Lehrkräften als auch von Ausbilder*innen zur gegenseitigen

---

72 Hillmayr, Ziernwald, Reinhold und Reiss, 2018.
73 Beispiel hierfür ist u. a. das Schreiben eines CNC-Programms durch Schüler*innen, das daraufhin anhand einer Computersimulation auf seine Funktionsfähigkeit überprüft wird (Schütte und Mansfeld, 2013, S. 304).
74 Z. B. durch Zusatzinformationen in Form von Texten, Videos, Abbildungen.
75 Bach, 2018, S. 162.
76 Bach, 2018, S. 162.

Information, Abstimmung oder für die Umsetzung gemeinsamer Projekte genutzt werden. So wird die Lernortkooperation in der dualen Erstausbildung virtuell unterstützt. Weiterhin bieten kollaborative Anwendungen (z. B. MindMaster, Google Docs, Wikis) die Möglichkeit, dass Schüler*innen in Echtzeit – also simultan – an einer Mind-Map, einem Wiki, an einer Tabelle oder an einem Text arbeiten und diese im Unterricht unmittelbar vorstellen können.

Materialien
Im Gegensatz zu den Medien sind „Materialien" methodisch eindeutig einzuordnen. Sie nehmen im schüler*innenaktiven Unterricht eine zentrale Rolle ein, ohne sie ist dieser nicht umsetzbar. Als Materialien werden alle Unterlagen bezeichnet, welche die aufgabenbezogene Kommunikation bzw. Interaktion in einem schüler*innenaktiven Unterricht leiten und tragen. Sie werden von der Lehrkraft selbst erstellt oder ggf. von Verlagen als Begleitmaterial zur Verfügung gestellt. Solche Aufgabenstellungen, Leittexte, Kompetenzraster, Checklisten, gestufte Hilfen, Lernkontrollen[77] etc. unterstützen selbsttätige Lernprozesse z. B. im Rahmen von Wochenplanarbeit oder Projektunterricht und bieten insbesondere in Erschließungs- und Erprobungsaktivitäten bedarfsgerechte Orientierungshilfen und Unterstützung bei der Regulation der Lernprozesse der Schüler*innen. SLOANE konstatiert darüber hinaus, dass Materialien im beruflichen Lernen eine Brücke zwischen Unterricht und Berufskontext herstellen können. Indem sich Materialien an Originalunterlagen aus betrieblichen Aufgabenkontexten orientieren, bestimmen sie die Authentizität von Lernsituationen entscheidend mit. Sie unterstützen die situative Adäquatheit sowie die Prozessorientierung[78]. Somit nehmen Materialien eine bedeutende Rolle im technischen Unterricht ein. Sie führen in und durch Lernhandlungsräume – und dies in einer Form, in der eine Überforderung der Schüler*innen in offenen Lehr-Lern-Settings vermieden wird[79].

Die Festlegung und Gestaltung von Materialien steht in einem direkten Zusammenhang mit deren didaktischer Nutzung. Die alleinige Konfrontation der Lernenden mit Medien könnte zwar – bei guter Qualität für sehr selbstständige Lernende – auch wirksame Lernprozesse initiieren. Dabei wäre aber kaum absehbar, in welche Richtungen diese Lernprozesse bei jedem Einzelnen führen würden. Schwächere Schüler*innen wären damit überfordert. Materialien haben damit neben ihrer ein- und anleitenden auch eine fokussierende bzw. eingrenzende Funktion.

Bezugspunkte für die Gestaltung von Materialien sind die Lernziele, die Lernmedien und die erwünschten Lernprodukte. In Anlehnung an die zugrunde liegende Aktivierungsform verfasst die Lehrkraft Unterlagen, welche die Lernenden zu einer fokussierten und produktiven Auseinandersetzung mit den Medien anleiten sollen.

Im Zentrum der Gestaltung von Materialien stehen die darin an die Lernenden herangetragenen Aufgaben. Hier ist generell zwischen beruflich-akzentuierten Aufgaben (anwendungsbezogen) und Lernaufgaben (systematisierungsbezogen) zu unter-

---

[77] Riedl, 2011, S. 250f.
[78] Sloane, 2003, S. 12.
[79] Leutner, 2014, S. 303.

scheiden. Beruflich-akzentuierte Aufgaben adressieren primär die Auseinandersetzung mit Sach- und Prozesswissen, sie sollten nicht zu eng gefasst sein, um der (hinsichtlich Vorwissen und kognitiver Kapazität) heterogenen Schülerschaft individuelle Entwicklungsräume bereitzustellen[80]. Lernaufgaben adressieren die Auseinandersetzung mit Sach- und Reflexionswissen. Sie sind sehr spezifisch zu formulieren, um der hier vorliegenden Intention einer Objektivierung und Vertiefung von Wissen gerecht zu werden.

Für längere und komplexe Lernstrecken werden häufig sog. Leitfragen bzw. Leithinweise formuliert. Durch Textmaterialien mit systematisch angeordneten, komplexen Fragestellungen und Anregungen sollen die Lernenden dazu motiviert und aktiviert werden, bestimmte Informationen zu akquirieren, um aus deren Verständnis berufsbezogene Problemstellungen lösen zu können. RIEDL stellt für die praktische Gestaltung von solchen Unterlagen drei zentrale Elemente fest und erklärt ihre Zusammenhänge:

> „In einem Leittext gibt die Leitlinie einen Überblick über die gesamte Aufgabenstellung, einzelne Arbeitsschritte, Teilhandlungen und Teilprozesse bei der Lernarbeit. Als ‚roter Faden' im Leittext liefert sie den Lernenden eine Orientierung über geforderte oder bereits durchlaufene Lernhandlungen. Sie lässt sich als ‚Checkliste' auch zur Kennzeichnung von bereits bearbeiteten Lernschritten verwenden. In groben Zügen bildet die Leitlinie wesentliche Handlungsschritte und damit Lernphasen aus dem Handlungsregulationsschema für einen solchen Unterricht ab.
>
> Leitaufgaben lenken die Aktivitäten und die Aufmerksamkeit der Lernenden. Sie unterteilen eine komplexe Gesamtaufgabe in einzelne Lernschritte und strukturieren den Lernverlauf. Leitaufgaben verlangen z. B. die Nutzung und Auswertung von Informationsquellen. Sie fordern zur Kooperation, Diskussion und Interaktion zwischen den Lernenden auf. Aus den Leitaufgaben resultieren Arbeits- und Lernergebnisse der Lernenden. Sie enthalten Aufforderungen zur Dokumentation und Sicherung der Lernergebnisse, um die erarbeiteten Wissensinhalte systematisch schriftlich festzuhalten.
>
> Lernkontrollen können Zusammenstellungen von Lernzielen enthalten, an denen Lernende eigenverantwortlich bisher erworbene Kenntnisse und Fertigkeiten reflektieren. Sie liefern ihnen durch eine mögliche Gegenüberstellung einen Überblick über geforderte und aktuell verfügbare Kompetenzen. Im Hinblick auf eine die Lerneinheit abschließende Leistungsfeststellung können dadurch Lernende offene Kompetenzbereiche erkennen und Lücken eigenverantwortlich oder zusammen mit einer betreuenden Lehrkraft schließen"[81].

Im Folgenden wird die Rolle von Medien und Materialien in Erschließungs- und Erprobungsaktivitäten im Unterricht näher erläutert.

Medien und Materialien in Erschließungs- und Erprobungsaktivitäten

Erschließungs- und Erprobungsaktivitäten erfolgen in längeren zusammenhängenden Lernstrecken. Damit diese angemessen medial unterstützt werden, muss eine umfang-

---

[80] In einer empirischen Studie hat Künsting (2007, S. 164) nachgewiesen, dass „das Setzen unspezifischer im Vergleich zu spezifischen Problemlösezielen gleichzeitig einen höheren Lernerfolg, einen geringeren *cognitive load* und eine häufigere Strategienutzung bewirkt".
[81] Riedl, 2004, S. 79.

reiche Ausstattung an Lernmedien (1) und Materialien (2) vorliegen, um den Lernprozess zu strukturieren und um ihn inhaltlich und handlungsbezogen zu gewährleisten. Hinzu kommen Einrichtungen bzw. Geräte z. B. in Form von Realien oder technischen Lernsystemen (3), welche das Handlungslernen ermöglichen (Abbildung 16).

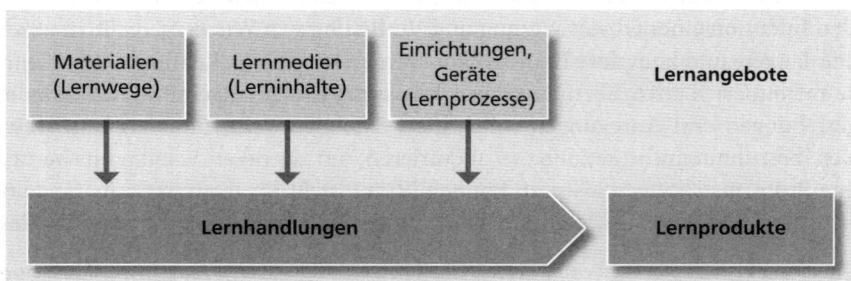

Abbildung 16: Beeinflussung und Unterstützung der Lernhandlungen in Erschließungs- und Erprobungsaktivitäten

Zu (1): Während der Umsetzung einer Lernsituation im beruflichen Unterricht sollten den Lernenden möglichst authentische Informationsmedien zur Verfügung stehen (z. B. Originalformulare, Internetseiten von Lieferanten bzw. Herstellern, Datenbanken, Zeichnungen, Maßblätter, Tabellen etc.), denn, um ein berufsbezogenes Problem professionell zu lösen und den Transfer des Erlernten sicherzustellen, sollten die Schüler*innen überwiegend auf Informationen zugreifen, welche sie in ihrem beruflichen Umfeld vorfinden. Da dies jedoch nicht ausreichen kann, um den theoretisch-reflexiven Anspruch eines derartigen Unterrichts zu gewährleisten, müssen den Schüler*innen zusätzlich Fach- bzw. Lehrwerke (analog oder digital) zur Verfügung gestellt werden, in denen Theorie- und Basiszusammenhänge verständlich dargestellt, praxisgerecht erläutert und reflektiert werden.

Zu (2): Materialien implizieren (von der Lehrperson) vorgedachte Lernwege in Form von mehr oder weniger komplexen Aufgabenstellungen, welche in einem Apparat aus Fragen, Hinweisen und Anregungen zusammengestellt sind. Über die Lösung der Teilaufgaben wird die Gesamtproblemstellung erarbeitet und die theoretische Auseinandersetzung gesichert. Hinzu kommen Reflexions- und Kontrollaufforderungen an die Lernenden, um den Lernprozess bzw. die Lernfortschritte zu explizieren, das Erreichen bestimmter Lernziele zu gewährleisten sowie die Dokumentation zu unterstützen. Aufbau und Gestaltung solcher Unterlagen hängen von der geplanten Lernsituation ab sowie von der methodischen Grundidee.

Zu (3): Ein beruflich-professioneller Kontext kann im technischen Unterricht durch ein Arrangement aus realen oder realitätsnahen Praxiselementen (zumindest ausschnittartig) hergestellt werden, beispielsweise durch den Einsatz von Realien, technischen Lernsystemen oder einer Simulationssoftware sowie durch die entsprechenden Räumlichkeiten (Büros, Labors, Praxen, Werkstätten etc.) und Apparaturen, Maschinen, Werkzeuge oder Messgeräte. So arbeiten z. B. in einer Lernfirma die Schüler*innen mit Computern und der branchenspezifischen Firmensoftware oder in einem handlungsorientierten Steuerungstechnik-Unterricht wird eine Sortierstrecke mit Originalbauteilen realisiert. Besonders bedeutsam ist der Einsatz von (im Zuge der fortschreitenden Multimedialität von Computern zunehmend besser werdenden) Simulationen. Da es kaum vorstellbar erscheint, authentische berufliche Szenarien in die Schule hineinzutragen, bieten sich z. B. computergestützte Simulationen als deren Ersatz an. In den letzten Jahren wurden von entsprechenden Lehrmittelanbietern aufwendige Simulationen und Tutorials für die ausbildungsstarken gewerblich-technischen Ausbildungsberufe entwickelt, die in beruflichen Lehr-Lern-Prozessen nutzbar gemacht werden können.

Komplexe Erschließungs- und Erprobungsaktivitäten erfordern umfassende Medienarrangements, welche die Lehrperson – in enger Korrespondenz mit den Materialien – vorbereiten muss. Über diese werden die Schüler*innen aktiviert und auch dazu motiviert, sich mit den Aufgabenstellungen auseinanderzusetzen, Informationsmedien zu nutzen, die Fachliteratur zu erschließen und mit entsprechenden Geräten, Maschinen oder der entsprechenden Software usw. zu arbeiten. Die Qualität der medial-materiellen Ausstattung bemisst sich an:

(1) der Stringenz, Flexibilität, aber auch Angemessenheit der Materialien,
(2) der Authentizität, Vielfalt, aber auch Einschlägigkeit der Informationsmedien,
(3) der Anschaulichkeit und Zugänglichkeit der Fach- bzw. Lehrwerke,
(4) der Aktualität, Authentizität, Menge, aber auch Unterrichtstauglichkeit der Geräte, Räumlichkeiten etc.

Zu (1): Stringenz bedeutet in diesem Zusammenhang, dass die Anregungen, Leitfragen bzw. -hinweise etc. in klaren, einfachen Schritten durch den handlungsorientierten Lernprozess führen sollen. Diese Schritte entsprechen weitgehend den wichtigsten Teilzielen. Demgegenüber steht der Anspruch an eine diesbezügliche Flexibilität. Die Leitmaterialien sollten keinen Rezeptcharakter aufweisen, keine kleinschrittigen Ketten bilden, sondern vielmehr unterschiedliche Handlungswege sowie Lernprozesse berücksichtigen bzw. ermöglichen. Angemessenheit bedeutet hier, dass die Leitunterlagen sowohl dem Ausbildungs- und Erfahrungsstand als auch den sprachlichen Fähigkeiten der Lernenden gerecht werden sollten. Um dieses Ziel zu erreichen, müssen in heterogenen Lerngruppen ggf. Aufgaben mit abgestuftem Schwierigkeitsgrad bzw. Aufgaben mit gestuften Hilfen angeboten werden, damit eine angemessene Differenzierung im Unterricht gewährleistet werden kann.

Zu (2): Setzen sich Schüler*innen selbstständig mit beruflichen Informationsmedien auseinander, sollte der Weg zu diesen Medien ebenso authentisch sein wie die Medien selbst. Das heißt, dass z. B. nicht die Ausschnitte eines Maßblatts auf einem kopierten Arbeitsblatt bereitgestellt werden sollten, sondern besser die Schüler*innen dieses Maßblatt im Internet finden und von dort einsehen bzw. ihre Informationen entnehmen sollten. Dabei stellen Vielfalt und Einschlägigkeit ein Kontrastpaar dar, ohne sich gegenseitig auszuschließen. Nur bei vielfältigen Informationsmaterialien sind auch vielfältige Zugänge, Lern- und Lösungswege denkbar.

Zu (3): Um eine selbstständige theoretische Erschließung, Reflexion und einen darauf aufbauenden Erkenntnisgewinn durch Schüler*innen zu ermöglichen, müssen Fach- bzw. Lehrwerke mit einem hohen didaktischen Anspruch zur Verfügung gestellt werden. Es kann also nicht ausreichen, ein beliebiges (Bau-)Physik-, Fach- bzw. Werkstoffkunde-, Rechnungswesen- oder auch Lernfeldbuch eines bestimmten Ausbildungsberufs zur Verfügung zu stellen. Vielmehr muss gewährleistet sein, dass die dort erläuterten Inhalte, Konzepte und Theorien für die Lernenden verständlich dargestellt und aufbereitet sowie mit entsprechenden Beispielen, ggf. niveaugestuft mit Übungsaufgaben und Umsetzungshilfen versehen sind. Sind solche Werke (in Buchform oder in digitaler Form) nicht verfügbar, kann dies durch zusätzliche Lernunterlagen kompensiert werden[82]. Gleiches gilt für den Einsatz von Lernsoftware. Die Lehrkraft muss diese im Vorfeld sichten und im Hinblick auf ihre didaktische und fachliche Qualität überprüfen.

Zu (4): Wird ein Geschäfts- oder Handlungsprozess in einen beruflichen Unterricht transformiert, geschieht dies durch die Nutzung entsprechender betrieblicher bzw. betriebsähnlicher Geräte, Maschinen, Einrichtungen und technischer Lernsysteme. Diese sollten mit jenen möglichst identisch sein, welche die Lernenden auch im Betrieb vorfinden. Bei technischen Anlagen und Maschinen kommen Sicherheitsaspekte für Menschen und Materialien hinzu. Die Nutzbarkeit solcher Medien im Unterricht schränkt sich in dem Maße ein, in welchem ihre Bedienung Gefahren für die Schüler*innen bedingt bzw. wie empfindlich sie hinsichtlich möglicher Fehlbedienungen sind. Ähnlich bedeutend sind die verfügbaren Räumlichkeiten. Dabei gilt es wiederum, didaktische Aspekte und organisatorische Aspekte ins Auge zu fassen. So sollten die Räume ein Nebeneinander von Gruppen-, Individual-, Theorie- und Handlungslernen ermöglichen. Dabei muss eine Beaufsichtigung aller teilnehmenden Schüler*innen gewährleistet sein[83].

Medien und Materialien in Systematisierungsaktivitäten
Bei Systematisierungsaktivitäten können sowohl Lehrer*innen- als auch Schüler*innenaktivitäten im konzeptionellen Fokus stehen. Das bedeutet, dass diesbezügliche Medienarrangements Lehrmedien ebenso wie Lernmedien beinhalten können. Die Lernmedien bilden dabei den methodischen Ausgangspunkt. Sie können sich auf Lernhandlungen der Schüler*innen beziehen, aber auch auf Instruktionen der Lehrpersonen.

Maßgeblich ist hier nicht mehr eine maximale Authentizität, sondern eine angemessene. Der berufliche Kontext muss erkennbar sein, steht aber nicht im Zentrum der Gestaltung; diese fokussiert eher inhaltliche, motivationale, instruktionale oder kommunikative Überlegungen.

In Phasen mit Systematisierungsaktivitäten können Lernmedien zu Lehrmedien werden, wenn die Lehrkraft einen Selbstlernprozess auflöst bzw. aussetzt, um diesen zu unterstützen bzw. zu intervenieren. Für solche Situationen zusätzlicher Erläuterungen,

---

[82] Bzw. durch eine entsprechende Lehrer*inneninstruktion.
[83] Z. B. in einem sog. „integrierten Fachunterrichtsraum" (Riedl, 2004, S. 114).

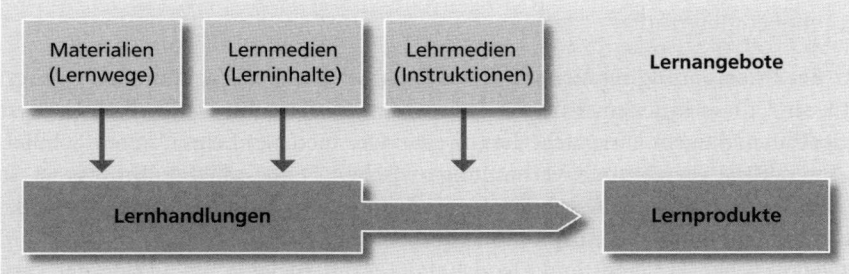

Abbildung 17: Beeinflussung, Unterstützung und Ergänzung der Lernhandlungen bei Systematisierungsaktivitäten

Vor- oder Nachbesprechungen, Vorführungen, Reflexionen, gemeinsamer Versuche etc. gelten die vorausgehenden Aussagen über Lernmedien.

Eigenständige Lehrmedien liegen dann vor, wenn diese explizit für lehrer*innenaktive Phasen konzipiert werden. Dies sind z. B. geplante Lehrer*innenversuche, Instruktionen, Vorträge, Vorführungen etc. Im Gegensatz zu den Lernmedien orientieren sich diese Medien nicht nur an deren Zugänglichkeit für die Schüler*innen, sondern auch an deren Handhabbarkeit für die Lehrkraft. Diese Unterscheidung kann belanglos sein, wenn diese „Handhabung" auf Kommunikationsebene erfolgt, wie z. B. bei der Besprechung eines Schaubilds. Sie kann aber auch deutlich zum Ausdruck kommen, wenn komplexere Lehrer*innenaktivitäten anstehen. So ist z. B. ein Schüler*innenversuch – bei gleicher Durchführung – anders vorzubereiten als ein Lehrer*innenversuch.

Die Qualität der Medien korrespondiert mit der Qualität der Instruktion. Hier stehen Aspekte wie Einfachheit, Anschaulichkeit, Mehrdimensionalität, Wiederholbarkeit, Multimedialität etc. im Vordergrund. Ein Lehrmedium ist immer nur so gut, wie es eine jeweilige Instruktion unterstützen kann bzw. wie es den Lernenden hilft, die Instruktion zu verstehen, ihr zu folgen und ihre Details zu erfassen.

Zusammenfassend ist für Lehr- und Lernmedien festzustellen, dass sie sowohl für Erschließungs- und Erprobungsaktivitäten als auch für Systematisierungsaktivitäten eine bedeutende Rolle einnehmen. Sie tragen bzw. unterstützen den modernen technischen Unterricht in hohem Maße. Medien besitzen spezifische, aber auch übergreifende Qualitätskriterien. Generell sollten alle Medien für die jeweilige Schüler*innengruppe zugänglich, angemessen, versteh- und erfassbar sein und eine möglichst große Nähe zum jeweiligen beruflichen Kontext aufweisen. Lehrmedien unterliegen in erster Linie den Aspekten der Anschaulichkeit, der Verständlichkeit oder der sinnlichen Vielfalt. Lernmedien unterliegen eher Aspekten der Erschließbarkeit, Authentizität etc. Zu medienbezogenen Details bzw. zu deren methodischer Spezifikationen halten die Mediendidaktik (medienbezogen), die Fachdidaktiken (methodenbezogen) oder auch die Pädagogische Psychologie vielfältige Aussagen und Empfehlungen bereit.

2.2.4 Lehr-Lern-Interaktion

Trotz der Priorisierung schüleraktiver, selbsttätiger Lernprozesse innerhalb dieser Didaktik sind diese in jedem Fall von Lehrprozessen gerahmt. Da auch in hochgradig schüler*innenaktivem Unterricht die (direkte oder mediale) Lehrer*innen-Schüler*innen-Interaktion die zentrale Verbindung zwischen Lehr- und Lernprozess ist, kann Unterricht nur in dem Maße gelingen, in dem diese Interaktion produktiv verläuft. Um dies zu sichern, muss sie antizipiert und vorbereitet werden.

Gedanklicher Ausgangspunkt ist dabei die intrapersonale Interaktion der Lernenden. So soll im Unterricht erreicht werden, dass sich die Schüler*innen möglichst intensiv und wirksam mit bestimmten Inhalten auseinandersetzen. Im Sinne von Jean PIAGET entspricht dies dem Prozess der Äquilibration, aus kognitionspsychologischer Sicht findet dabei die grundlegende Bewertung und Bearbeitung von Reizen statt. Wissen und Erkennen entsteht – gemäß dieser beiden Konzepte – durch Eigenaktivität, nämlich indem selbstorganisierte Beziehungen zu bereits bestehenden individuellen Zuständen und kognitiven Strukturen entwickelt werden. Diese Selbstorganisation von Beziehungen kann jedoch nicht von außen diktiert oder manipuliert, sondern bestenfalls beeinflusst bzw. unterstützt werden. Das bedeutet, dass Unterricht intendiert, durch eine (unmittelbar) plan- und steuerbare interpersonale Interaktion die (nur mittelbar beeinflussbare) intrapersonale Interaktion zu fördern.

Diese Förderung der intrapersonalen Interaktion kann auf drei verschiedenen Wegen erfolgen: (1) durch Schüler*innen-Medien-Interaktion, (2) durch Lehrer*innen-Schüler*innen-Interaktion und (3) durch Schüler*innen-Schüler*innen-Interaktion. Da diese drei Interaktionsformen im Unterricht aufeinander bezogen sind und ineinandergreifen sollten, ist auch deren Planung nur integrativ durchführbar.

Interaktion ist ein wechselseitiger, reaktiver Prozess zwischen eigenständigen Individuen, was generell eine strikte, lineare bzw. algorithmische Interaktionsplanung ausschließt[84]. So gilt es (zunächst), einerseits Interaktionsräume zu schaffen und zu gestalten und andererseits die Nutzung und Ausschöpfung dieser Räume zu gewährleisten bzw. zu unterstützen. Dies kann durch Maßnahmen der Organisation, der Koordination, der Moderation, der Instruktion etc. erfolgen. Eine Schüler*innen-Medien-Interaktion und eine Schüler*innen-Schüler*innen-Interaktion erfordern Materialien, die Lehrer*innen-Schüler*innen-Interaktion strukturelle und inhaltliche Vorlagen. Handlungsleitend sind hier – vor dem Hintergrund der Unterrichtsziele – eine adäquate Aktivitätenplanung, definierte Lernprodukte sowie konkrete Lernmedien und Lernmaterialien.

Da diese Didaktik von einem schüleraktiven Unterricht ausgeht, wird den Instruktionsformen generell eine nachgeordnete Planungsposition zugewiesen. Dies soll jedoch nicht im Sinne einer verringerten Bedeutung dieses Aspekts interpretiert werden. Vielmehr müssen Instruktionen als Ausnahmeelemente eines überwiegend lernerzentrierten Unterrichts besonders gut begründet und gestaltet sein. Neben direkten Instruktionen interagieren die Lehrenden insbesondere in der Moderation und Betreuung der selbsttätig Lernenden. Da diese jedoch hochgradig situativ und individuell

---

[84] Auch wenn dies im fragend-entwickelnden Unterricht hartnäckig versucht wurde.

"stattfindet", kann sie nicht exakt geplant werden, sondern muss situativ gehandhabt werden.

Unterrichtsgespräch und Instruktion
Im Gegensatz zu der gut plan- und vorbereitbaren Schüler*innen-Medien-Interaktion stellt sich deren flankierende Unterrichtsinteraktion im Planungsvollzug schwieriger dar. Das hängt zum einen damit zusammen, dass diese überwiegend verbal erfolgt, zum anderen aber auch damit, dass sie eine hohe Varianz aufweisen kann und sich damit einer konkreten Planung bedingt entzieht. Lehrer*innen interagieren in ihrem Unterricht ständig auf Basis ihrer Kompetenzen, Erfahrungen, ihrer situativen Wahrnehmung und Emotionen. Dieser „Fluss" setzt sich aus schwächer und stärker situationsvarianten Elementen zusammen. Erste sind zumeist Instruktionen, Unterrichts- oder Fachgespräche. Diese können explizit geplant werden. Zweite sind begleitende, moderierende oder auch kontrollierende Interaktionen, welche weitgehend reaktiv gehandhabt werden. Generell ist die Lehrer*innen-Schüler*innen-Interaktion als Ergänzung der Schüler*innen-Medien-Interaktion vorzusehen. In Phasen mit Erschließungs- und Erprobungsaktivitäten könnte es erforderlich sein, besonders schwierige Zusammenhänge durch eine direkte Instruktion effektiver oder effizienter zu vermitteln bzw. bei Maschineneinsatz damit Sicherheitsaspekten Rechnung zu tragen[85]. In Phasen mit Systematisierungsaktivitäten können direkte Instruktionen in Form von Vorträgen, Referaten oder Präsentationen stattfinden.

Unterrichtsvortrag und Instruktion werden immer noch diskreditierend mit dem sogenannten „Frontal- oder Klassenunterricht" in Verbindung gebracht. Diesen Organisationsformen wird die „Vernachlässigung sozialerzieherischer Gesichtspunkte, Verstärkung der autoritären Bindung an den Lehrer, Nichtberücksichtigung der Individualität der Schüler, Förderung rezeptiven Lernens" vorgeworfen.[86] Diese Vorwürfe sind nicht neu und schon mit den Bildungsreformen der 1960er-Jahre etablierte sich eine Reihe von „Unterrichtsgesprächskonzepten", welche den „Frontalunterricht" abschaffen sollten. Als besonders förderliche Gesprächsform galt über drei Jahrzehnte der sogenannte fragend-entwickelnde Unterricht. Dass auch dieser Ansatz schon gegen Ende der 1970er-Jahre in eine ähnliche Kritik wie der reine Vortragsunterricht geriet, hängt mit dem gemeinsamen Ausgangspunkt beider Ansätze zusammen, nämlich der Lehrer*innenzentrierung. Ob ein Vortrag ohne Rückfragen gehalten wird oder ob die Lehrkraft ab und zu eine Frage an die Klasse richtet, hat sich als relativ unbedeutend erwiesen. Auch eine Vortragsform mit eingestreuten Fragen an die Zuhörenden kann ein Erschließen des Wissens in Eigeninitiative durch die Lernenden nicht ersetzen. Anstatt ihre individuelle Logik umzusetzen, müssen sich die Lernenden in die der Lehrperson „eindenken", ihr folgen, sie nachvollziehen etc. Sie können sie jedoch nicht entscheidend beeinflussen, verändern, individualisieren, also unmittelbar in ihre subjektive Logik transformieren.

---

[85] Z. B. muss der selbstständigen Benutzung einer Werkzeugmaschine im Unterricht eine gründliche Einweisung in diese vorausgehen, v. a. im Hinblick auf die damit zusammenhängende Unfallgefahr.
[86] Terhart, 2005, S. 143.

Daran konnte auch eine Reihe von Ansätzen nichts ändern, welche forderten, anstelle von Erschließungsfragen der Lehrkraft sog. „Impulse" zu setzen[87]. Durch „offen gehaltene" Fragen sollte den Schüler*innen ein größerer Antwort- bzw. Lösungsraum zukommen und damit die gängelnde Wirkung eines kleinschrittigen, „Frage-und-Antwort-Spiels" aufgehoben werden. Dies ist jedoch infrage zu stellen, da auch die offenste Frage immer zu einer Restriktion wird, wenn die Antwort beim Fragenden schon vorliegt.[88] Anstelle von behavioristischen Frage-Antwort-Ketten treten im „Impulsunterricht" Antwortsituationen, in denen Lehrkräfte aus den eingehenden Reaktionen auf ihren Impuls eben jene auswählen, die in ihre vorgedachte und vorbereitete Lehrlogik passen, um diese zu bestätigen und weiter fortzuführen. Dabei fühlen sich die Schüler*innen mit teilweise „lächerlichen" Fragen unterschätzt bzw. unterfordert[89], teilweise auch im Unklaren gelassen bzw. an der Nase herumgeführt[90]. BAUMERT identifiziert solche „Unterrichtsgespräche" als „stressinduzierende Choreografien", in denen die Lehrer*innen gegenüber den Schüler*innen in erheblich höherem Maße gefordert seien[91]. Dieses mühsame „Zusammentragen" von Schüler*innenantworten innerhalb des vorher festgelegten Ziel- und Zeitrahmens wurde von vielen Praktikern als ihre „Lehrkunst" verstanden, da ihre Beherrschung lange Zeit nicht nur gute Außenbewertungen[92] mit sich brachte, sondern auch zu einer guten situativen Kontrollwahrnehmung und einer damit einhergehenden Befriedigung führte. Inzwischen sind der fragend-entwickelnde Unterricht und der Impulsunterricht im Rückzug, was durch die Verbreitung schülerorientierter Lehrformen bedingt ist.

Einem Unterricht, in welchem Instruktionen bzw. Vorträge dominieren, wurde und wird aktuell die Vernachlässigung des sozialen Lernens, ein hierarchisches Lehrer*innen-Schüler*innen-Verhältnis sowie die Nichtberücksichtigung der Schüler*innenindividualität und eine Förderung des rezeptiven Lernens vorgeworfen. Daran konnten auch Unterrichtsgesprächskonzepte wenig ändern. Trotzdem besitzen solche Ansätze in der Praxis nach wie vor eine erhebliche Bedeutung, welche sich nicht nur durch ihre große Verbreitung begründen lässt. ASCHERSLEBEN[93] führt dafür drei bedeutsame Gründe an:

(1) Höhere Lehrökonomie, da viel „Stoff pro Zeit" erarbeitet werden kann,
(2) Lehrpersonenzentrierter Unterricht ist generell einfacher vorzubereiten als schüler*innenzentrierter,
(3) In lehrpersonenzentrierten Settings ist ein höheres Maß an äußerer Ordnung im Unterricht gegeben, die Wahrscheinlichkeit von unterrichtsfremdem bzw. störendem Verhalten bei den Schüler*innen ist geringer und der Umgang damit einfacher.

---

[87] Z. B. in Huber, 1972.
[88] Gegenteilig steigt der Druck bei Lehrpersonen und Schüler*innen gleichermaßen, da die Wahrscheinlichkeit, dass die richtige und damit weiterführende Antwort gefunden wird, proportional zum Grad der Unschärfe des Fragenimpulses sinkt.
[89] „Stellen wir uns einfach mal ganz dumm!"
[90] „Warum sagen Lehrer*innen nicht einfach, was sie wollen?"
[91] Baumert, 2002, S. 33.
[92] In Lehrproben, Beurteilungen etc.
[93] Aschersleben, 1987, S. 33 ff.

Was zudem als weiterer Vorteil eines Vortragsunterrichts zu nennen wäre, ist dessen geringe Wahrscheinlichkeit von schwierigen Problemkonfrontationen der Lehrenden.
(4) Problematisierende Auseinandersetzungen treten bestenfalls in sehr verkürzter Form auf, werden dabei (von Lehrpersonen und Lernenden) eher als Intervention denn als konstruktives Element wahrgenommen und können knapp und pragmatisch „gelöst" werden.

Diese Argumente sind jedoch wenig tragfähig bzw. auch verkürzt. Zu (1) ist festzustellen, dass die Unterrichtseffizienz nicht dadurch steigt, dass möglichst Vieles thematisch angesprochen wird. Je mehr Inhalte pro Zeit vorgetragen werden, desto weniger Lernende können dem Stoff folgen. Effizienz entsteht so nur dann, wenn die Lernenden das hier letztlich nur Wahrgenommene, aber nicht Verstandene intensiv nachbereiten. Dann stellt sich allerdings die Frage, wozu überhaupt vorgetragen wird, wenn das eigentliche Lernen erst im Nachgang stattfindet.

Argument (2) ist generell tragfähig, denn für eine Aktivierung der Lernenden müssen deutlich mehr Medien und Materialien vorbereitet werden. Hier spielt jedoch der Qualitätsanspruch der Lehrpersonen eine entscheidende Rolle, denn auch einen lehrpersonenzentrierten Unterricht kann man in hohem Maße medial ausstatten, sodass der Vorbereitungsaufwand deutlich stärker mit den persönlichen Ansprüchen, Kompetenzen und Ressourcen der Lehrpersonen variiert als mit der Interaktionsform.

Argument (3) transportiert ein rückständiges Bild von Unterrichtsdisziplin, die sich darin äußert, dass die Schüler*innen möglichst ruhig sind und dabei aufmerksam der Lehrkraft zuhören. Der Gewinn an äußerer Ordnung wird jedoch mit dem Verzicht auf eine lebendige Kommunikation unter Lernenden erkauft, „produktive Störungen" (die aus konstruktivistischer Perspektive äußerst bedeutsam sind) werden weitgehend ausgeschlossen. Die für Lehrpersonen möglicherweise angenehme Unterrichtsatmosphäre erfordert bei den Lernenden nicht nur einen höheren Aufmerksamkeitsaufwand, sondern auch Resilienz gegenüber der Langeweile, die sich dann einstellt, wenn Verständnis oder Interesse im reinen Zuhören verloren gehen.

Zu (4): Wenn man die Wahrscheinlichkeit problematisierender Auseinandersetzungen verringert, entsteht zunächst Sicherheit für die Lehrperson, da damit auch die Wahrscheinlichkeit abnimmt, ein Problem der Lernenden nicht lösen zu können. Wie unter (3) aber bereits angedeutet wurde, liegt in „produktiven Störungen" ein enormes Lernpotenzial. Der „Preis" für diese Absicherung der Bequemlichkeit, aber auch der Glaubwürdigkeit von Lehrpersonen ist somit ein hoher, denn selbst wenn einschlägige Probleme im jeweiligen Themenzusammenhang „vor der Klasse" aufgearbeitet werden, sind dies nur die Problemstellungen, die die Lehrperson antizipiert, nicht aber die realen Problemzusammenhänge, die die Lernenden wahrnehmen.

KUHN bemängelt angesichts wissenschaftlich-fragwürdiger Belege, welche die Wirksamkeit direkter Instruktionen bestätigen, die Anmaßung, „that their claims about how best to teach and learn are universally applicable, irrespective of what is being thought to whom or why"[94]. Ein „genereller Frontalunterricht" ist somit nicht abzulehnen, weil

---

[94] Kuhn, 2007, S. 109.

er Instruktionen beinhaltet, sondern weil er ausschließlich auf diesen aufbaut. Wie jede Form von Methodenmonismus kann dies für die Schüler*innen weder motivierend noch effektiv sein. Umgekehrt steht fest, dass das „methodische Element Instruktion" eine durchaus große Bedeutung im verfügbaren Spektrum besitzt. In angemessenen Situationen ist Instruktion eine wichtige und wertvolle, teilweise sogar unverzichtbare Interaktionsform[95].

Sie kann
(a) maximale fachlich-inhaltliche Korrektheit bei hoher Systematik, Stringenz und Verbindlichkeit sichern;
(b) die Lernenden an eine Lehrperson binden und ihnen damit Richtung, Sicherheit und Vorbild geben;
(c) den Lernaktivitäten der Schüler*innen Lehraktivitäten gegenüberstellen und damit ein methodisches Gleichgewicht herstellen und
(d) einen sozialen Sicherheitsraum schaffen, in welchem Gruppenprozesse relativiert bzw. temporär aufgehoben werden.

Zu (a): Im Gegensatz zu den Schüler*innen besitzt die Lehrkraft das exakte fachliche Wissen. Davon ausgehend baut sie eine klare Systematik auf und folgt dieser stringent. Ihre Aussagen sind fundiert, sicher und damit verbindlich. Dies wird gerade dann bedeutend, wenn eine schüleraktive Auseinandersetzung mit der Thematik auch bei guter methodischer Aufbereitung nicht zu einem angemessenen Verständnis führt. Dies kann z. B. dann der Fall sein, wenn besonders abstrakte oder komplexe Probleme gelöst werden müssen, wenn neue und schwierige Terminologien aufgebaut werden müssen oder auch dann, wenn gute Lernmedien fehlen. Unabhängig davon, zu welchem Grad die Schüler*innen eine Instruktion verstanden haben, können sie sich danach zumindest sicher sein, dass das, womit sie sich auseinandergesetzt haben, richtig dargestellt wurde. Eventuelle Verständnisprobleme werden hier also nicht mit einer Skepsis gegenüber dem, was man selbst oder mit den Mitschüler*innen erarbeitet hat, verbunden, sondern ausschließlich mit der Schwierigkeit der Thematik.

Zu (b): Gegenüber einem Selbst- oder Gruppenlernprozess weist eine Instruktion bzw. ein Unterrichtsgespräch eine wesentlich höhere Lehrer*innenbindung auf. Dies soll jedoch nicht wie vorausgehend in (3) im Sinne von Disziplinierung verstanden werden, sondern vielmehr als Aspekt des Modelllernens. In der Art und Weise, wie Lehrer*innen eine Thematik vortragen, besprechen, aufarbeiten, vormachen bzw. illustrieren, werden die Lernenden nicht nur mit den Inhalten konfrontiert, sondern auch mit dem professionellen Umgang damit. So können zwar in einem Schülerexperiment eigenständig Erkenntnisse gewonnen werden, aber die Schüler*innen erleben dies eher in einer situativen Unsicherheit. Dies ist generell sinnvoll und an sich wünschenswert, da nur so die individuelle, aktive Auseinandersetzung mit dem Versuch gewährleistet ist. Trotzdem fehlt den Schüler*innen die Erfahrung, wie der Versuch professionell

---

[95] Seifried weist in einer empirischen Studie (2006) nach, dass die Vermittlung des Rechnungswesens an kaufmännischen beruflichen Schulen weitgehend lehrer*innenzentriert stattfindet, dieser Unterricht jedoch als strukturiert und gleichermaßen interessant bewertet wird.

durchgeführt wird, also welche Abfolge von Handlungen die effektivste und effizienteste ist. Wie wird eine Verkabelung vorbereitet? Wie werden generell Messgeräte in welcher Reihenfolge an welchen Messstellen angeschlossen? Wie fasst man ein bestimmtes Bauteil an?

Zu (c): Nicht nur aus motivationsbedingten Gründen schließen die meisten aktuellen Didaktiken den Methodenmonismus aus. Ausschließlich systembezogener Unterricht muss ebenso skeptisch angesehen werden wie ausschließlich erschließender bzw. erprobender Unterricht. Schüler*innen, die über einen längeren Zeitraum in schüleraktiven Unterrichtsformen arbeiten, äußern in empirischen Untersuchungen den Wunsch nach lehrer*innenaktivem Unterricht. Dadurch wird deutlich, dass ihnen der methodische Gegenpart fehlt, welches aus lernpsychologischer Perspektive wichtig erscheint. Erst die sinnvolle Kombination aus (umfassenden) Schüler*innenaktivitäten und (gezielten) Lehrer*innenaktivitäten lässt ein methodisches Gleichgewicht erwarten. Ein zu lehrer*innenaktiver Unterricht geht über die lernenden Individuen hinweg, ein zu schüleraktiver Unterricht bleibt hingegen flächig, unscharf und wenig verbindlich. Angesichts des kognitionspsychologisch begründeten „Selbsterschließungsprimats" sollte Instruktion maßvoll und dabei versiert gehandhabt werden.

Weitgehend unwirksam ist Instruktionsunterricht in sozialer Hinsicht, denn eine Lernkollektivierung wird bei einem Unterricht im Klassenverband ausgeschlossen und damit auch der Erwerb sozial-kommunikativer Kompetenzen. Allein die Kollektivierung kann jedoch keineswegs ein Garant für soziales Lernen sein. Schüler*innenaktives Lernen in Kleingruppen muss in dieser Hinsicht nicht selbstverständlich produktive Wirkungen entfalten, es kann sogar zu defizitären sozialen Prozessen führen. Hingegen ist ein lehrpersonenorientierter Unterricht sozial zumindest „neutral". Schüler*innen, die Probleme mit ihrer Rolle oder ihrem Rang im Klassengefüge haben, fühlen sich hier sicherer.

WITTWER & RENKL konnten aus einer Metaanalyse empirischer Untersuchungen eine Reihe von Instruktionsfehlern zusammenfassen, wobei als zentrales Problem beschrieben wurde, dass Lehrende generell das eigene Verständnis eines Zusammenhangs zum Modell des Erklärens machen[96]. Die Wirksamkeit einer Instruktion hängt daher zentral von der Diagnosefähigkeit der Lehrperson ab, da nur eine genaue Einschätzung eines Verständnisproblems eine Unterstützung für dessen Lösung ermöglichen kann. Instruktion ist somit nicht als eine Form des Belehrens zu handhaben, sondern als gezielte Unterstützungsinteraktion, die – wie jede pädagogische Interaktion – nicht in einem einzigen Kommunikationsakt erfolgen muss, sondern durch die Reaktionen der Lernenden, durch ihre Antworten, aber auch durch ihre Fragen präzisiert, modifiziert und variiert werden kann. „There is evidence suggesting that, for example, more successful teachers possess more knowledge about typical misconceptions that students might have in a certain domain or are better able to monitor students' understanding and adapt their goals for diverse students"[97]. Hinzu kommt die generelle Vorstellung von Wissen und Wissenserwerb einer Lehrperson. Je komplexer und anspruchsvoller

---

[96] Wittwer und Renkl, 2008, S. 58.
[97] Wittwer und Renkl, 2008, S. 58.

deren epistemologische Überzeugungen („Beliefs") sind, desto individueller und adaptiver sind ihre Erklärungsansätze. Umgekehrt neigen Lehrpersonen mit naiven „Beliefs" zu unspezifischen Belehrungen: „teachers with naive beliefs were more likely to deliver information in a didactic manner without addressing students' knowledge prerequisites in further detail"[98]. Im Hinblick auf diese Befunde erscheint es fatal, dass gerade Lehrpersonen mit „naiven Beliefs" zu einer verstärkten Instruktionsorientierung tendieren[99].

Für Instruktionen, Vorträge, Referate, Präsentationen, Versuchsdemonstrationen etc. ist eine Fülle an Konzepten und Vorlagen in der fachdidaktischen bzw. -methodischen Literatur vorzufinden.

Als „Scaffolding" wird eine sehr spezifische Interaktionsform beschrieben, welche zwischen lehrpersonenaktivem und schülerorientiertem Unterricht liegt bzw. vom einen zum anderen führt. Scaffolding integriert die direkte Instruktion und indirekte Beratung bzw. Moderation. Die Bezeichnung stammt aus dem Amerikanischen und bedeutet so viel wie Unterstützung oder Hilfestellung (Kapitel 4.1.3 in Band I bzw. Cognitive Apprenticeship in Kapitel 2.1.3 in diesem Band)[100]. Dubs beschreibt „Scaffolding" als ein verbales Lehrer*innenverhalten, welches die Lernenden befähigt, „ein Problem zu lösen, eine Aufgabe auszuführen oder ein Ziel zu erreichen, was ohne die gezielte Hilfe einer Lehrkraft für sie nicht möglich wäre. […] Es ist anspruchsvoll kommunikativ, weil die Fragen und Rückfragen, die Denkanstöße, die Hinweise und Tipps sowie die Anmerkungen der Lehrkraft (und der Mitschüler) dazu dienen müssen, das Denken der Lernenden von der ‚Zone der proximalen Entwicklung'[101] her anzuregen und im weiteren Unterrichtsverlauf zu fordern, damit Neues verstanden und immer selbständiger angewandt werden kann."[102] Dubs konstatiert dabei, dass sich dies als eine verbale Gratwanderung darstellt: Sind die Hinweise oder Denkanstöße zu direkt oder ausführlich, nimmt die Lehrkraft den Denkprozess vorweg, bleiben sie zu vage, kann kein lernförderlicher Dialog entstehen. Scaffolding wird also als ein lehr-lern-kommunikativer Ansatz beschrieben, für den es methodische bzw. kommunikative Regeln gibt. Es orientiert sich an der Grundidee einer verbalen „Brückenbildung" zwischen dem vorhandenen Wissen der Lernenden und den intendierten Lehrzielen sowie einer mehr oder weniger konkreten Abgrenzung zum „behavioristischen" fragend-entwickelnden Unterrichtsgespräch:

- Diesem gegenüber sollen keine theatralisch-perfekten Dialoge aus kleinschrittigen Frage-Antwort-Ketten geführt werden;
- Antworten erfolgen nicht auf Abruf, sondern nach Denkpausen;
- Fehler und Missverständnisse sollen nicht ignoriert, übergangen oder unterdrückt werden, sondern aufgegriffen und für das weitere Lernen fruchtbar gemacht werden;

---

[98] Wittwer und Renkl, 2008, S. 59.
[99] Seifried und Sembill, 2007 oder auch Hartinger, Kleickmann und Hawelka, 2006.
[100] Straka, 2001, S. 18–20.
[101] Vygotskij, 1978.
[102] Dubs, 2009, S. 138.

- Das Gespräch erfolgt nach dem Minimalprinzip, mit dem Bestreben, es möglichst schnell zu erübrigen und den Lernprozess völlig auf die Schüler*innen zu übertragen;
- Längere Gesprächssequenzen sollten vermieden werden; sinnvoll sind vielfältige, kurze Einzelinterventionen, abhängig von den Schüler*innenhandlungen und -fortschritten;
- Die Interventionen gehen von immer neuen, angepassten Ziel- bzw. Teilzielbildungen aus und besitzen anregenden, motivierenden, jedoch keinen kontrollierenden Charakter.[103]

Jede methodische Vorlage für die Instruktions- bzw. Gesprächstechnik ist gleichzeitig auch eine Vorlage für deren Vorbereitung. Gedanken werden zusammengefasst und stichpunktartig festgehalten, Fragen werden vorformuliert, Argumentationslinien werden skizziert, erwünschte Antworten oder evtl. Rückfragen werden antizipiert usw. Zudem wird notiert, wann, wie und wo dieses Segment in den Gesamtunterricht eingepasst wird bzw. wo es in eine Folgephase übergeht. Die Betrachtung eines Unterrichtsgesprächs im Sinne von „Scaffolding" zeigt jedoch, dass die direkte Planbarkeit von Lehrer*innen-Schüler*innen-Interaktionen auch schnell an ihre Grenzen stößt. Zwar können auch hier noch wichtige Kernaspekte vorbereitet werden, weite Anteile der Interaktion muss die Lehrkraft jedoch situativ regulieren.

Vortrag und Vorführung
Wie die vorausgehenden Betrachtungen über intrapersonale Interaktionen verdeutlichten, stehen ein Lehrvortrag und eine konstruktivistische Auffassung von Lernen nicht im Widerspruch. So belegen Wissenschaft und Praxis deutlich, dass hochwertige Vorträge bzw. Vorführungen bei entsprechender Qualität und angemessenem Einsatz sehr lernwirksam sein können. Dies ist z. B. der Fall, wenn Individualisierungen nicht sinnvoll oder möglich sind (z. B. zu viele Zuhörer), nur Einblicke oder ein Überblick bzgl. einer Thematik gegeben werden sollen (Randaspekte, -themen), eine hohe Effektivität bzw. Effizienz in der Darstellung erforderlich ist (Zeitdruck, Fehlen entsprechender Lern- oder Infomaterialien), schwierige Terminologien vorliegen (Fachsprache, Aussprache und Anwendung von Begriffen) oder ein wichtiger Zusammenhang zwischen der vortragenden Person und den Inhalten besteht (affektive und emotionale Aspekte).

Gemäß diesen Grundintentionen lassen sich verschiedene Vortragsformen unterscheiden bzw. gegenüberstellen:

Der inhaltsorientierte Vortrag intendiert eine effiziente Vermittlung von Inhalten mit geringem Schwierigkeitsgrad und untergeordneter Bedeutung. Im Zentrum des Vortrags stehen strukturelle, quantitative und inhaltliche Überblicke. Der Aufbau ist sachlogisch und flächig. Die Vermittlung erfolgt möglichst klar, direkt, darstellend und zusammenfassend. Der erklärungsorientierte Vortrag intendiert eine effektive Vermittlung von entscheidenden Inhalten mit höherem Schwierigkeitsgrad. Im Zentrum des Vortrags steht ein möglichst genaues Erklären, evtl. mit Einzelfällen oder Beispielen.

---

[103] Dubs, 2009, S. 138.

Der Aufbau ist sachlogisch und punktuell. Die Vermittlung erfolgt möglichst analytisch und antizipiert einen optimalen gedanklichen Nachvollzug. Der sprachlich akzentuierte Vortrag intendiert die Vermittlung sprachlicher Aspekte und Terminologien. Im Zentrum des Vortrags stehen hier eine Fachsprache und deren Anwendung. Der Aufbau ist begriffsbezogen, also so angelegt, dass die entscheidenden Begriffe akzentuiert und verständlich gemacht werden. Die Vermittlung erfolgt sprachlich klar und akzentuiert in einem Zusammenhang zwischen Begriffen und Inhalten. Der affektiv akzentuierte Vortrag intendiert eine Verbindung von Inhalten und Werten bzw. Gefühlen. Im Zentrum des Vortrags stehen spezifische Inhalte, welche eine affektive bzw. emotionale Hinterlegung erfordern. Der Aufbau ist dramaturgisch. Die Vermittlung erfolgt engagiert unter Anwendung rhetorischer Mittel.

Im berufsschulischen Kontext ist den beiden ersten Varianten die größte Bedeutung beizumessen. Sprachlich und affektiv akzentuierte Vorträge erfordern nicht nur entsprechende Lehrziele, sondern auch spezifische Kompetenzen bei den Vortragenden.

Die Vorbereitung eines Vortrags bezieht sich auf drei Bereiche: Den Vortragstext (1), eine unterstützende Präsentation (2) und Unterlagen für die Schüler*innen (3).

Zu (1): Fachliche Vorträge werden nach gängigen Strukturvorgaben zusammengestellt (z. B. Motivierung, Einleitung, Hinführung / Hauptteil(e), Schwerpunkt(e) / Zusammenfassung, Abschluss). Dies erfolgt überwiegend in Stichpunkten oder Argumentationsskizzen, selten in verbaler Ausformulierung. Die Inhaltsauswahl und Schwerpunktsetzung erfolgt gemäß der Vortragsintention (inhalts- oder erklärungsorientiert) und sollte sich darauf möglichst beschränken. Zehn Minuten Vortragszeit sollten in der Schule nur in Ausnahmefällen überschritten werden.

Tabelle 15: Gegenüberstellung verschiedener Vortragsformen

Vortrag	inhaltsorientiert	erklärungs-orientiert	sprachlich akzentuiert	affektiv akzentuiert
Schwerpunkt	Viel Inhalt/Zeit	Möglichst genaues Erklären	Aussprache und Bedeutung der Begriffe	Verbindung von Inhalten und Gefühlen
Inhalte	Überblicke, Strukturen, Quantitäten	Qualitäten, Einzelfälle, Beispiele, ...	Quantitäten, Qualitäten, Fachsprache	Spezifische Inhalte
Aufbau	logisch, fachsystematisch, flächig	logisch, fachsystematisch, punktuell	logisch, fachsystematisch, etymologisch	Dramaturgisch
Stil	klar, zusammenfassend, darstellend	gedanklicher Nachvollzug, analytisch	Zusammenhang zwischen Begriffen und Inhalten	Verwendung rhetorischer Mittel

Zu (2): Ein moderner Vortrag nutzt die verfügbaren Präsentationsmedien produktiv. Es sollte daher generell versucht werden, den Vortrag visuell zu unterstützen, dies jedoch nicht nach dem Maximalprinzip, sondern in einer einschlägigen und angemessenen Weise. Ferner ist hier eine Reihe mediendidaktischer Überlegungen einzubeziehen, deren Erläuterung diesen Rahmen jedoch überschreiten würde. Generell gilt dabei, dass ein schlecht strukturierter Vortrag auch durch die besten visuellen Effekte nicht besser werden kann, dass die Präsentation das Gesagte unterstützen, hinterlegen, betonen, nicht aber ersetzen kann[104], dass Grafiken, Diagramme oder Bilder gegenüber Texten zu bevorzugen sind, dass ein Mittelweg zwischen „zu viel" und „zu wenig" gefunden werden sollte und dass mit bunten und bewegten Elementen vorsichtig und gezielt umgegangen werden sollte.

Zu (3): Schulische Vorträge erfordern generell eine Bereitstellung von Schüler*innenunterlagen. Dies begründet sich zum einen in der hohen Menge und Dichte der herangetragenen Informationen, zum anderen in der Gefahr einer mangelnden situativen Aufmerksamkeit. Im Gegensatz zur Selbsterarbeitung bleibt im Vortrag keine Zeit für die Schüler*innen, sich eigene Unterlagen anzulegen. Sie müssen mit allen Informationen des Vortrags versorgt werden, um sich darin dann entsprechende Anmerkungen und Notizen machen zu können. Die motorische und kommunikative Passivität der Schüler*innen während eines Vortrags birgt immer die Gefahr eines „Ausblendens" oder „Abschaltens". Durch entsprechende Unterlagen können, neben der Dokumentation, auch Aktivierungsimpulse gesetzt werden, welche die Schüler*innen zu einer intensivierten Auseinandersetzung mit dem Vortrag führen. Über diesen Weg kann auch die Fähigkeit geschult werden, Vorträgen zu folgen und deren Aussagen zu erfassen und zu dokumentieren.

Nicht nur ein späterer Zugang zu den höheren Bildungsbereichen setzt bei angehenden Facharbeiter*innen die Fähigkeit voraus, aus Vorträgen zu lernen. In der immer bedeutender werdenden beruflichen Weiterbildung sowie im computerunterstützten Lernen bzw. Fernlernen ist solchen Kompetenzen eine große Bedeutung beizumessen. D. h. allerdings nicht, dass beruflicher Unterricht sich nun verstärkt dem Vortrag zuwenden sollte, sondern soll vielmehr zeigen, dass auch diese didaktische Form ein spezifisches, nicht unbedeutendes Wirkungsspektrum aufweist und sehr produktiv eingesetzt werden kann.

Abschließend soll die Vorführung noch als eine Sonderform des erklärungsorientierten Vortrags angesprochen werden. Für sie gelten grundlegend alle diesbezüglich vorausgehend getroffenen Feststellungen, wobei der Präsentationskomponente noch einmal eine zusätzliche Bedeutung beizumessen ist. In der Vorführung wird versucht, eine aktive, besonders enge Verbindung zwischen Vortrag und Medium herzustellen. Somit besteht ein fließender Übergang zwischen Vortrag und Vorführung. Je mehr der Vortrag mit der Präsentation interagiert, desto mehr wird er zur Vorführung[105]. Eine Vorführung bedingt in jedem Fall entsprechende Gegenstände, Einrichtungen oder

---

[104] Rednertext = Präsentationstext in PowerPoint-Charts.
[105] Z. B. wird in einem Vortrag eine kurze Animationssequenz sehr genau und detailliert kommentiert oder ein physikalischer Versuch wird vor Ort ausgeführt, beschrieben, erklärt etc.

Medien und intendiert eine ursächliche, fundierte, aber auch authentische Herleitung bzw. Entwicklung von Zusammenhängen. Der/die Vortragende muss sich immer bewusst sein, hier über die Erklärung hinaus als persönliches, praktisches und terminologisches Modell zu wirken. Gelingt dies, können die inhaltlichen und verständnisbezogenen Zielperspektiven des einfachen Vortrags um die „Komponente Handlung" erweitert werden. Also sollte somit ein erklärungsorientierter Vortrag immer so weit wie möglich als Vorführung geplant werden.

2.2.5 Reflexions- und Kontrollelemente[106]

Die Gestaltung der „Reflexions- bzw. Kontrollelemente" müsste innerhalb dieses Konzepts nicht zwingend am Schluss erfolgen. Da Reflexion gem. der vorliegenden Didaktik alle Lernprozesse durchdringen sollte, erscheint es generell möglich, deren Gestaltung immer in Verbindung mit dem jeweiligen methodischen Schritt zu vollziehen. Da aber in jedem Fall auch abschließende, zusammenfassende Kontrollen und Reflexionen vorzusehen sind, könnte es effizienter sein, alle derartigen Elemente komplett am Ende der Konzeption zu verfassen. Unter Reflexions- und Kontrollelementen sind Maßnahmen zu verstehen, welche Rückmeldungen für die Lehrenden bzw. Lernenden über einen zurückliegenden Lehr-Lern-Prozess möglich machen. Wie die terminologische Unterscheidung zwischen Reflexion und Kontrolle deutlich machen soll, liegen hier für ähnliche Elemente zwei unterschiedliche Intentionen vor. Ein Selbstbewertungsbogen zeigt beispielsweise den Schüler*innen, ob bzw. wie gut sie eine Aufgabe gelöst haben; ein Test gibt der Lehrkraft Informationen über den aktuellen Leistungsstand einer Klasse. Die meisten dieser Elemente können (mit unterschiedlichen Schwerpunkten) beide Zwecke erfüllen. Eine Klassenarbeit kann der Lehrkraft den Stand der einzelnen Schüler*innen zu erkennen geben und diesen gleichermaßen eine Rückmeldung geben, ob sie etwas gelernt und inwiefern sie dieses verstanden haben.

Ohne Rückmeldungen bleibt ein Lehr-Lern-Prozess aus (1) lerntheoretischer und (2) interaktionstheoretischer Sicht defizitär.

Zu (1): Lernen erfordert sowohl aus kognitivistischer als auch konstruktivistischer Perspektive vielfältige Rückmeldungen. Unabhängig von der Frage, ob Lernen eine Form der Assoziation oder der Problemlösung ist, bedingen beide Ansätze bestätigende Rückmeldungen. Wir lernen durch die Verarbeitung neuer Eindrücke, indem wir die von uns vorgenommenen Interpretationen bzw. Zuordnungen überprüfen.

Zu (2): Grundsätzlich erscheint ein Lehren ohne Rückmeldungen zwar möglich, kommunikationsbezogen aber nur als wenig sinnvoll. Unabhängig davon, ob direkt (im Gespräch) oder indirekt (durch schriftliche Anweisungen), unmittelbar (im Handeln) oder mittelbar (über Medien) Einflüsse auf Lernprozesse ausgeübt werden: In jedem Fall kann nur durch Rückmeldungen eine permanente Anpassung im Lernprozess erfolgen. Wie vorausgehend festgestellt wurde, ist Lernen ein unabhängiger, individueller Prozess, auf welchen das Lehren nur Einflüsse ausüben kann. Somit entspricht es einem Regelkreis, in welchen hinein interveniert wird, um anschließend die damit erreichten

---

[106] Im Folgenden teilweise wörtlich übernommen aus Tenberg, 2011.

Veränderungen zu erheben und daran die nächste Intervention auszurichten. Verließe das Lehren diesen Regelkreis, würde es sich vom Lernprozess abkoppeln[107]. Auch die Qualität des Lehrens hängt somit mit der Qualität der darin integrierten Rückmeldungen eng zusammen.

Die Bedeutung bzw. Notwendigkeit von Reflexions- bzw. Kontrollelementen für Lehren und Lernen steht außer Frage. Innerhalb geschlossener Lehr-Lern-Prozesse besitzen sie für die Lehrenden und Lernenden eine regulierende Funktion. Am Ende von Lernsequenzen gewinnen sie zusätzliche Bedeutung.

Lehrkräfte holen sich Rückmeldung über die Wirksamkeit ihres Unterrichts ein, die Schüler*innen sollen erfahren, was sie gelernt haben bzw. gelernt haben sollten. Für beide Seiten entsteht damit eine Explikation der eingetretenen (oder auch ausgebliebenen) Entwicklung. Für beide Individuen lassen sich daraus Folgehandlungen ableiten, nämlich für Lehrer*innen der Folgeunterricht (nachtragend, ergänzend oder aufbauend), für Schüler*innen die Nacharbeitung, Aufarbeitung, Übung, Umsetzung bzw. Anwendung im Betrieb (inkl. Kompetenzentwicklung).

Reflexion
Die Anbahnung von Kompetenzen verläuft in großen Teilen implizit. Dies bedingt das (eingangs dargestellte) Reflexionsproblem, welches darin besteht, dass ein Individuum mit unbewussten Wissensbeständen, Fähigkeiten oder Fertigkeiten deutlich weniger anfangen kann als mit bewussten. Es genügt nicht, nur etwas Bestimmtes „in irgendeiner Form" zu können bzw. zu wissen. Darüber hinaus ist es auch erforderlich, zu wissen wann bzw. zu welchen Grad man etwas kann und wodurch sich das Können begründet. Von den Schüler*innen werden Lernprozesse mit ihren vielfältigen, emotional eingefärbten Tätigkeits-, Interaktions- und Verständigungsprozesse situativ erlebt. Den Lernenden ist es kaum möglich, diese Prozesse komplett zu analysieren bzw. zu transzendieren[108]. Schüler*innenaktiver, problemlösender Unterricht in Kleingruppen beinhaltet daher im Normalfall systematische Aufbereitungs- und Zusammenfassungsphasen, in welchen die inhaltlichen Aspekte der zurückliegenden Lernsequenzen expliziert, „richtiggestellt", geklärt, systematisiert und dokumentiert werden. Damit wird auch versucht, der bekannten Finalorientierung[109] des problemlösenden Unterrichts entgegenzuwirken. Dann erst wissen die Schüler*innen, welches Wissen sie im Zusammenhang mit welchen Aufgaben oder Tätigkeiten entwickelt haben. Über ihre Vorgehensweisen, Zugangswege, Interpretations- und Lösungsstrategien können sie dabei

---

[107] Dies kann auch bei einem sehr mittelbaren Lehren nicht der Fall sein: z. B. überarbeiten Schulbuchautoren ihre Bücher regelmäßig auf Basis ihrer damit selbst gemachten Lehrer*innenerfahrungen oder diesbezüglicher kollegialer Rückmeldungen. Ein anderes Beispiel wäre Fernunterricht. Auch dessen Qualität steht und fällt mit der Erhebung seiner Wirkungen über Prüfungen und Teilnehmerbefragungen.
[108] Für diesen Aspekt gibt es eine Reihe empirischer Belege, welche nicht nur ein fehlendes Bewusstsein der Schüler*innen in handlungsorientiertem Unterricht bzgl. ihrer spezifischen Kompetenzentwicklung belegen, sondern darüber hinaus auch bzgl. ihres darin erworbenen Fachwissens (= Faktenwissen).
[109] Im handlungsorientierten Unterricht wurde in empirischen Untersuchungen eine sog. „Finalorientierung" (= Streben nach Aufgabenlösung, Abschluss, Ergebnis etc.) festgestellt. So versuchen die Lernenden häufig, eine bestimmte Aufgabe möglichst schnell, direkt etc. zu lösen, anstatt sich fundiert mit Theorien und der damit zusammenhängenden Wissensentwicklung auseinanderzusetzen.

zunächst nur vage Aussagen treffen[110, 111]. Um die kompetenzrelevanten Verknüpfungen zwischen Wissen und Handeln weiter zu verbessern, sind ferner metakognitive Auseinandersetzungen (Kapitel 2.3.1.3) erforderlich.

Kontrolle
Innerhalb der Lernerfolgskontrolle kommen sowohl qualitative als auch quantitative Erhebungsverfahren aus der empirischen Sozialforschung zur Anwendung, also mündliche und schriftliche Prüfungen, spezifiziert auf die jeweilige Schüler*innengruppe zum jeweiligen Thema[112].

Aufgrund der unterrichtlichen Rahmenbedingungen können diese Methoden jedoch nur eine geringe empirische Güte[113] herbeiführen. Zu kleine Kohorten, unscharfe, fragmentarische Instrumentarien, eine Orientierung an Mittelwerten und Wunschdurchschnitten, der Halo- bzw. Pygmalioneffekt etc. sind nur einige Schlaglichter auf die Realität der schulischen Leistungsmessung. Dabei hat sich eine langjährige Anwendungspraxis etabliert, welche sich vor allem im Zusammenhang mit der Erhebung von Faktenwissen bewährt hat. Immer dann, wenn Leistungsmessung darüber hinausgehen soll, stößt sie schnell an ihre Grenzen[114].

Ein weiteres Problem besteht in der Leistungsbewertung. Weil sie in Form von Noten über die Unterrichtszusammenhänge hinaus die Rolle einer gesellschaftlich akzeptierten Bezugsnorm einnimmt, wird ihr ein besonders hohes Gewicht beigemessen. Da sich die Lehrkräfte individuell sowie situativ jedoch an verschiedenen, optionalen Bezugsnormen[115] orientieren, summieren sich zu den Unsicherheiten der Leistungsmessung noch jene einer unstandardisierten (und damit hochgradig varianten) Bewertung.

In den zurückliegenden Jahrzehnten der curricularen Lehrpläne bezogen sich Reflexions- und Kontrollelemente überwiegend auf kognitive Lernziele. Zwar wurde immer wieder die Erhebung nicht-kognitiver Lernziele angemahnt, da diese jedoch innerhalb der Lehrpläne nur präambelartig als sog. „Leit- und Richtziele" erschienen, geriet ihre Reflexion noch stärker in den Hintergrund als ihre Vermittlung. Daher stellt sich aktuell im Zusammenhang mit den Lernfeldlehrplänen eine Kompetenzdiagnostik als besondere Herausforderung hinsichtlich der Reflexion und Kontrolle von Lernergebnissen dar[116].

---

110 Schneider, 1985, S. 57 f.
111 Dies hängt zunächst von deren individuellem Entwicklungsstand bzw. Intelligenz ab. Empirische Untersuchungen haben metakognitive Fähigkeiten als Prädiktor für Intelligenz identifiziert.
112 Ausführlich in spezifischer Fachliteratur und vor allem in den Fachdidaktiken.
113 Objektivität, Validität, Reliabilität.
114 Z. B. die Bewertung von verfassten Texten, konstruktiven, gestalterischen Leistungen oder Einstellungsveränderungen.
115 Erfolgt die Notenvergabe nach einer sachlichen Bezugsnorm, orientiert sich die Lehrkraft an Lehrzielen, -inhalten und diesbezüglich definierten Kriterien. Erfolgt die Notenvergabe nach einer sozialen Bezugsnorm, orientiert sich die Lehrkraft an dem Gesamtdurchschnitt einer Klasse oder eines Jahrgangs. Erfolgt die Notenvergabe nach einer individuellen Bezugsnorm, orientiert sich die Lehrkraft an der angenommenen persönlichen Leistungsfähigkeit einzelner Schüler*innen.
116 U. a. diskutiert in Pittich, 2013.

Der aktuelle berufliche Unterricht muss den Anspruch erheben, dass die Lernenden in der Lage sind, das erworbene Wissen auf andere, nicht mit der Ausgangssituation identische Anwendungssituationen zu übertragen. Die darin enthaltene grundlegende Problematik eines Lerntransfers wurde im Kapitel 4.1.5 bereits erörtert. Um nun den Anspruch einer einfachen Performanzmessung zu überschreiten und dabei nicht in den unscharfen Raum der Transferaufgaben zu geraten, sind Reflexions- und Kontrollelemente erforderlich, die sich an einem Kompetenzkonstrukt orientieren. Es muss sich daher um Verfahren handeln, in welchen eine jeweilige Performanz und das damit zusammenhängende Wissen korrespondierend überprüft werden.

Kompetenzdiagnostik im Unterricht

Ein Lernziel ist aus performativer Perspektive dann erreicht, wenn eine berufliche Handlung richtig ausgeführt wird und/oder eine berufliche Aufgabe erfolgreich gelöst wird (Ergebnis/Produkt erreicht). Um dies zu diagnostizieren, sind Verfahren zur Beobachtung und zur Ergebnisbeurteilung erforderlich. Aus kognitiver Sicht ist ein Lernziel dann erreicht, wenn das intendierte Wissen von den Lernenden reproduziert, erläutert bzw. in themenspezifischen Aufgaben angewandt werden kann. Um dies zu diagnostizieren, sind mündliche oder schriftliche Tests angemessen. Da für eine Kompetenz jedoch der Anspruch besteht, Handeln und Verstehen zu integrieren, ist ein Lernziel erst dann vollständig erreicht, wenn eine berufliche Handlung richtig und erfolgreich ausgeführt wird und die Lernenden in der Lage sind, diese Handlung fachlich korrekt und verständnisfundiert zu reflektieren. Um dies zu diagnostizieren, sind integrative Diagnoseverfahren erforderlich (Tabelle 16).

Tabelle 16: Grundansätze für eine Kompetenzdiagnostik

Lernziel-herleitung	Kompetenz-verständnis	Diagnose-kriterien	Diagnose-ansatz
Ziele des LoLP	performativ	Arbeits-/Lösungs-verhalten, Produkt/Ergebnis	I) observativ, analytisch
Inhalte des LoLP	kognitiv	Wiedergabe und Anwendung des Wissens	II) introspektiv
Korrespondierende Ziele und Inhalte	integrativ	Handlungsqualität und Handlungs-verständnis	III) observativ, analytisch und introspektiv

Zu Diagnoseansatz I): Observation heißt Beobachtung und Beurteilung des Könnens. Die Kriterien beziehen sich hier auf das unmittelbare Tun, also z. B. auf die dabei erkennbare Sicherheit, Folgerichtigkeit, Entscheidungsfähigkeit, Voraussicht, Ruhe etc. Analyse heißt Begutachtung eines Produkts. Die Kriterien beziehen sich hier auf wesentliche Gütemerkmale der im Lernzusammenhang entstandenen Artefakte, also z. B.

auf die Erfüllung der gesetzten Anforderungen, auf die Funktionalität, das äußere Bild, das Einhalten von Toleranzen, die Wirtschaftlichkeit und Sauberkeit. Die Stärke dieser diagnostischen Zugänge besteht in der unmittelbaren Outcome-Orientierung; der Handlungsvollzug und das Handlungsergebnis stehen im Zentrum. Man kann so sehr sicher beurteilen, was ein Individuum kann. Die Schwäche dieses Ansatzes liegt im fehlenden Einbezug des Handlungsverständnisses; es bleibt unklar, wie der Handlungserfolg erzielt wird, also a) tatsächlich auf Basis einer kognitiven Durchdringung, b) weil die Aufgabe bekannt ist und geübt wurde oder c) durch Versuch und Irrtum? Um von Kompetenz sprechen zu können sind jedoch der korrekte Handlungsvollzug inklusive Endergebnis, als auch die kognitive Durchdringung und Reflexion zwingend.

Zu Diagnoseansatz II): Über Introspektion werden die Kognitionen der Lernenden diagnostiziert. Die Kriterien für Tests bzw. mündliche Prüfungen orientieren sich an den jeweiligen Inhalten und deren Verarbeitungsanspruch, also z. B. an der genauen Wiedergabe von Begriffen, an Definitionen, Zusammenhängen, Mechanismen etc. oder an der verbalen bzw. mathematischen Lösung von Anwendungs- und Umsetzungsaufgaben. Die zentrale Stärke dieser Diagnose ist die genaue Erschließung des Handlungsverständnisses, also der Ausschluss von aktionistischem Handeln, ihre Schwäche besteht hingegen in der Unklarheit über die konkrete Handlungsfähigkeit und damit der Gefahr, dass hier „träges Wissen" als Kompetenz überschätzt wird.

Zu Diagnoseansatz III): Kombiniert man beide Ansätze, entsteht eine integrative Diagnostik, wobei diese in zwei unterschiedlichen Formen erfolgen kann: 1. in einem Nebeneinander beider Ansätze und 2. in einer Verschränkung beider Ansätze. Die Stärke von 1. liegt weitgehend in einer Überschreitung der singulären Ansätze I) oder II). Sachverständnis und Handlungsverständnis sind hier jedoch diagnostisch weitgehend unabhängig, was als Unschärfe einzuordnen ist. Im Fall von 2. muss das konkrete Handeln reflexiv hinterlegt werden. Hier sind wiederum zwei Grundformen unterscheidbar: a) ein unmittelbares Kommentieren während der Lernhandlung und b) ein rekonstruierendes Kommentieren nach der Lernhandlung.

Der Ansatz IIIa ist skeptisch einzuschätzen, denn wenn eine berufliche Handlung unmittelbar in deren Vollzug kommentiert wird, kann dies erhebliche Einschränkungen – sowohl für die Kommentierung als auch für den Handlungsvollzug – mit sich bringen. Dies ist in den Ansätzen von IIIb nicht der Fall, aber auch hier treten Probleme auf. Will man berufliche Handlungen rekonstruieren, kann dies a) auf eine audiovisuelle Aufnahme der eigenen Handlung bezogen sein, b) auf eine audiovisuelle Aufnahme der Handlungen von Mitlernenden oder c) in unmittelbarer Beobachtung von Mitlernenden. Der zweite Fall ist jedoch problematisch, weil er wiederum keine klare Aussage über die konkrete Handlungsfähigkeit treffen lässt. Der dritte Fall scheidet weitgehend aus, da dies auch hier gilt und zudem erhebliche situative und personelle Varianzen hinzukommen – also bleibt bislang als einziger überzeugender Ansatz die Kommentierung der audiovisuellen Aufnahme der eigenen Handlung von Lernenden.

Wie die vorausgehenden Überlegungen zeigen (Abbildung 18), lassen sich zwar einige Varianten für eine unterrichtsnahe Kompetenzdiagnostik konstruieren, jedoch ist letztlich nur ein Ansatz diagnostisch so überzeugend, dass er die gesetzten Ansprüche zumindest theoretisch erfüllen kann, denn empirische Befunde über dessen Validität und Reliabilität wurden bislang nicht veröffentlicht. Über die Gründe für dieses Desiderat kann man spekulieren. Fakt ist, dass sich ein solches Verfahren in der konkreten Schulpraxis kaum als praktikabel darstellt, denn dazu muss für alle einzelnen Schüler*innen einer Lerngruppe eine videografische Aufnahme über eine längere Lern- oder Prüfungsaufgabe erstellt werden und diese wiederum mit jeder/m Einzelnen gründlich durchgesprochen werden. Kompetenzdiagnostik im beruflich-technischen Unterricht erweist sich somit als ein aktuell ungelöstes Problem. Man kann sie im Schulalltag nur mit diagnostischen Abstrichen handhaben, also durch ein Nacheinander von handlungsbezogenen und verständnisbezogenen Zugängen. Will man sich einer validen Diagnostik annähern, steigt der Aufwand so enorm an, dass man einen größeren Zeitraum für das Verfahren einplanen muss, es also eventuell am Ende eines Schuljahres in einmaliger Durchführung platziert (Abbildung 18).

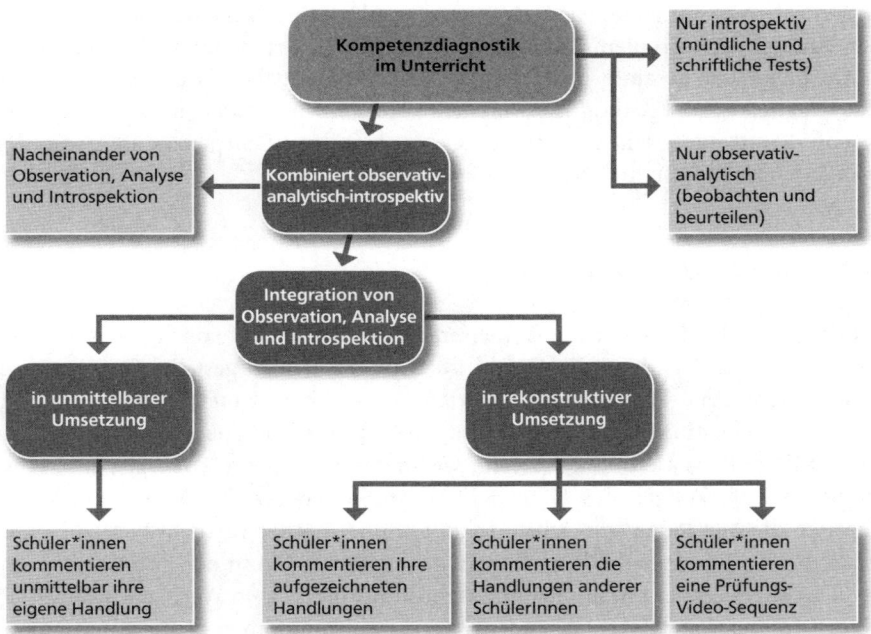

Abbildung 18: Varianten einer unterrichtsnahen Kompetenzdiagnostik

Fest steht, dass die Ansätze einer kombiniert observativ-analytischen Kompetenzdiagnostik als Fortschritt gegenüber der aktuell immer noch dominanten verkürzten Lerndiagnostik durch mündliche und schriftliche Tests im beruflich-technischen Unterricht einzuschätzen sind. Authentizität im Lernprozess entsteht für die Lernenden weitgehend durch die Kontextualisierung des Unterrichts und durch berufsnahe Aufgaben- und Problemstellungen, in einer nachfolgenden reinen Wissensabfrage wird sie jedoch wieder relativiert. Daher intendiert eine unterrichtsnahe Kompetenzdiagnostik nicht nur eine komplexere Erhebung des Gelernten, sondern auch eine konsequente Weiterführung des Kompetenzanspruchs in dessen Reflexion und Kontrolle.

In der aktuellen Schulpraxis haben einzelne Lehrpersonen sog. Fachgespräche[117] als multifunktionale Segmente implementiert. Sie erfolgen in methodischer Anlehnung an eine leittextgestützte betriebliche Ausbildung, in welcher nach Abschluss komplexer Aufgabenstellungen über die erreichte Qualität, aber auch über evtl. Mängel oder Fehler gesprochen wird. Teilnehmende sind hier die Ausbildungspersonen, einzelne Auszubildende oder Gruppen von Auszubildenden. Wie BUCHALIK feststellt, werden Fachgespräche im beruflichen Unterricht gegenüber der betrieblichen Form kognitiv erheblich angereichert. Wenngleich sie sich auf einen Handlungskomplex oder auf Handlungsergebnisse beziehen, stehen in deren Fokus doch das Handlungsverständnis und die dahinterliegenden Theorien und Terminologien. In der Praxis wird das Fachgespräch jedoch nicht nur zur Lerndiagnose, sondern auch zur Steuerung des Lernprozesses genutzt, indem sie bei den Lernenden individuelle Reflexions-, Denk- und Verstehensprozesse initiieren. Hier zeigt sich eine adäquate Lösung des oben angesprochenen Authentizitätsproblems, denn mit dieser kombiniert steuernd-diagnostischen Funktion bleibt der gesamte Unterricht in einer konsequenten Kontextualisierung. Welche diagnostische Leistung hier letztlich erreicht wird, hängt jedoch in hohem Maße von den diagnostischen Kompetenzen der einzelnen Lehrperson ab sowie vom Aufwand, den sie hierfür zu leisten bereit ist.

2.3 Methodische Ausgestaltung

Der vorliegende Band setzt sich aus mehreren Gründen nicht explizit mit den Lehrmethoden auseinander. Zentraler Grund ist, dass der hier vorgestellte Gesamtansatz eines alternierenden, kompetenzorientierten technischen Unterrichts methodisch schon viele Implikationen aufweist. Damit bleibt nur ein begrenzter Spielraum für das, was früher oft als Methodik bezeichnet wurde und welchem – bezogen auf Wahrnehmung und Wirkungen des Unterrichts – großes Potenzial beigemessen wurde. Wenngleich die Methodenvergleichsforschung immer wieder versucht hat, „die gute" oder „die bessere" Lehrmethode zu finden, hat sie (vor allem in der Praxis) nie überzeugt, denn angesichts der multiplen und wenig kontrollierbaren Wechselwirkungen in Lehr-Lern-Interaktionen (Interdependenz, Kontingenz und Emergenz) – mit ihren unzähligen internalen und externalen Einflussfaktoren – verlieren sich solche Effekte bzw. werden im „empirischen Nachweis" unglaubwürdig. Andererseits steht fest, dass ein zentrales Merkmal von Unterricht ein gezielter und reflektierter Methodengebrauch ist. So schwierig es ist, „die richtige" Methode zu bestimmen, so einfach ist es, eine „falsche" bzw. defizitäre Methode zu identifizieren. Somit ist Methodengebrauch für Lehrpersonen keine Option, sondern obligatorisch. Um sich hiermit vertieft auseinanderzusetzen, gibt es die vielfältige Methodenliteratur, die der vorliegende Band nicht ersetzen will bzw. kann. In den nachfolgenden Ausschnitten (Kapitel 2.3.1) wird erläutert, wie

---

[117] Näheres dazu in Buchalik, 2009.

überfachliche Kompetenzen methodisch in einem kompetenzorientierten Unterricht adressiert werden können. In Kapitel 2.3.2 „Methoden zur Anreicherung des technischen Lehrens" werden – ausgehend von einer Differenzierung im Kontext der Unterrichtsmethoden – die Projektmethode als Vorläufer konstruktivistisch akzentuierter beruflicher Lehr-Lern-Konzepte sowie die Methode des „Kooperativen Lernens" als ein aktueller Ansatz konsequenter Schülerorientierung vorgestellt.

2.3.1 Methodische Rahmung zum Erwerb überfachlicher Berufskompetenzen

Die bisherigen Überlegungen zur Unterrichtsvorbereitung beziehen sich zentral auf die Vermittlung fachlich-methodischer Kompetenzen, die damit zusammenhängende Grundstruktur und die Hauptkomponenten des Kapitels 2.2: Lernprodukte, Medien, Materialien und Interaktionsplanung. Nach Festlegung dieser Kernaspekte folgt die methodische Ausgestaltung, in welcher die Umsetzung der didaktisch-methodischen Orientierungskonzepte (Kapitel 1.8) fortgeführt wird. Unter Einbezug der jeweiligen lehrer*innen-, schüler*innen- und rahmenbezogenen Spezifika entsteht so konkret die Lernumgebung. Dabei wurde bislang allerdings ein bedeutsamer Aspekt noch nicht berücksichtigt: Der Erwerb sozial-kommunikativer und personaler Kompetenzen. In den Überlegungen zum Erwerb sozial-kommunikativer und personaler Kompetenzen (Kapitel 4 des Bandes I) wurde bereits festgestellt, dass dieser in hohem Maße habituell erfolgt, ohne jedoch kognitive Aspekte völlig auszuklammern. Im Zentrum des Kompetenzerwerbs steht dabei weniger das handlungsrelevante Wissen als vielmehr die Verknüpfung von explizitem und implizitem Wissen mit emotionalen und affektiven Komponenten. Dies führte zur planerischen Schlussfolgerung, dass überfachliche Kompetenzen nicht in expliziten Lerneinheiten vermittelt werden können, sondern ein übergreifendes Methodenkonzept erfordern, welches jedoch mitunter von einzelnen wissensbezogenen Schwerpunkteinheiten flankiert bzw. getragen wird[118].

Im Rahmen eines sozial-kommunikativen und personalen Kompetenzerwerbs können – je nach Beruf und Ausbildungsjahr – verschiedene und durchaus unterschiedlich gewichtete Lernziele vorliegen, sodass sich das vorliegende Lehrbuch beispielartig auf die drei Schwerpunktthemen beschränkt:
1) Kommunikation in Gruppen (Kapitel 2.3.1.1)
2) Handlungs-, Lern-, und Leistungsmotivation (Kapitel 1.8.6)
3) Lernstrategien (Kapitel 2.3.1.3)

Alle drei Themen sind für die aktuellen technischen Ausbildungsberufe von besonderer Bedeutung: Das erste ist ein Teilausschnitt der sozial-kommunikativen Kompetenzen, das zweite und dritte sind Teilausschnitte der personalen Kompetenzen[119]. Entscheidend ist hierbei, dass jene Kompetenzen, bei deren Vermittlung weniger das Wissen im

---

118 Diese Einheiten dienen der Vermittlung von Wissen und der Einsicht in soziale, kommunikative, motivationale und emotionale Zusammenhänge.
119 Es kann hier aus Platzgründen kein vollständiger und in sich geschlossener Ansatz für die methodische Einbettung dieser Aspekte dargestellt werden.

Zentrum steht, nicht völlig informell und implizit gehandhabt werden, sondern dass auch hier eine kognitive Auseinandersetzung stattfindet. Wissen zeigt sich bei überfachlichen Kompetenzen als notwendig, um 1) bei den Lernenden ein Bewusstsein für diese Entwicklungsprozesse zu erzeugen, 2) die darauf bezogenen eigenständigen Reflexionsprozesse aufzubauen und diese für ein lebenslanges Lernen nutzbar zu machen. Ausgangspunkt für jenen Teil der folgenden drei methodischen Skizzen ist die Perspektivplanung (Kapitel 1.7), in der die überfachlichen Kompetenzen konkretisiert sind.

2.3.1.1 Kommunikation in Gruppen

Für die konkrete methodische Ausgestaltung des Aspektes „Kommunikation in Gruppen" im Rahmen sozial-kommunikativer Kompetenzen lassen sich die in Kapitel 1.6.2 skizzierten Ansätze und Grundprinzipien der Anreicherung von Performanzen über Wissensanteile nutzbar machen (Tabelle 17).

Tabelle 17: Perspektivplanung sozial-kommunikativer Kompetenzen im Segment „Kommunikation".

Sozial-kommunikative Kompetenzen, Industriemechaniker, 1. Ausbildungsjahr	
Performanz	**Bezugswissen**
Die Lernenden sind in der Lage, bei der Bearbeitung von Arbeitsaufgaben angemessen und produktiv zu kommunizieren	Grundlagen der Kommunikation, Kommunikationsregeln, Kommunikationsstörungen
etc.	

Um die hier umrissene Performanz zu realisieren, müssen generell Sozialformen wie Partner*innen- und Gruppenarbeit regelmäßig im Unterricht eingeplant werden[120]. Im 1. Ausbildungsjahr wird dabei generell von einem niedrigen sozial-kommunikativen Entwicklungsstand der Lernenden ausgegangen[121]. Daher sollte die Komplexität der Sozialformen im Zuge eines Schuljahres (nur) langsam gesteigert werden. Am Anfang sollte überwiegend Partner*innenarbeit stattfinden, die nach und nach mit Kleingruppenarbeit ergänzt werden kann. Diese informelle Basis für sozial-kommunikative Prozesse ist durch formelle Interventionen zu ergänzen. Hier gibt es eine Reihe von Möglichkeiten, z. B. können kleine Kommunikationstrainings durchgeführt werden.

Entscheidend ist dabei, dass die Lernenden kommunikative Aufmerksamkeit und Reflexivität entwickeln. Sie lernen einfache Kommunikationsregeln, indem sie selbst überlegen, was für sie in der Kommunikation wichtig und notwendig bzw. unangenehm und störend ist. Daraus entwickeln die Lernenden ein lebendiges Regelwerk, das sie auch modifizieren und weiterentwickeln können.

---

120 Das schließt Phasen der Einzelarbeit nicht aus, gegenteilig werden durch diese nicht nur eigenständige Lernziele erreicht, sondern auch Akzente zu den kollektiven Arbeitsformen gesetzt.
121 Das kann in Ausnahmefällen sicher relativiert werden.

Beispiel:
- In vollständigen Sätzen reden!
- Laut und deutlich sprechen!
- Kurz und präzise argumentieren!
- Beim Thema bleiben, die Frage beachten!
- Meinungen bzw. Behauptungen begründen!
- Gut zuhören, wenn andere reden!
- Auf Vorredner*innen Bezug nehmen!
- Beim Reden die Mitschüler*innen anschauen!
- Das Wort an Mitschüler*innen weitergeben!
- Niemanden auslachen oder herabsetzen!
- Nebengespräche bzw. Störungen vermeiden!

Wenn Kommunikationsregeln bekannt sind und umgesetzt werden, wird die kommunikationsbezogene Reflexion bedeutsam. Diese „Kommunikation über Kommunikation" wird als Metakommunikation bezeichnet[122]. Die beteiligten Individuen unterbrechen eine Kommunikationssituation bzw. verlassen diese, um die Kommunikation selbst zum (retrospektiven) Gegenstand ihrer nun folgenden Kommunikation zu machen. Die fachlichen Themen verlieren dabei an Bedeutung, die Sachebene wird verlassen. Zentrale Bestandteile der Metakommunikation sind z. B. Struktur, Aufbau, Dramaturgie, Verlauf und Authentizität der Lernkommunikation.

An dieser Stelle kann eine gezielte Wissensvermittlung stattfinden, die jedoch nicht übertrieben werden sollte. Als Grundlagen der Kommunikation sollten die Lernenden das „Sender-Empfänger-Modell" und das „Vier-Botschaften-Konzept" von SCHULZ VON THUN kennenlernen[123]. Damit wird nicht nur ihr Wissen erweitert, sondern auch ihre Reflexionsfähigkeit in den Phasen der Metakommunikation gefördert. Ein ambitioniertes Konzept könnte später – speziell dann, wenn Konfliktfälle auftreten – auch den „Ansatz der Ich-Botschaften" von GORDON[124] miteinbeziehen. Ein Beispiel[125]: Die unterrichtliche Umsetzung derartiger Kommunikationskonzepte stellt sich aufwendig dar und erfordert mindestens zwei bis drei Unterrichtseinheiten. Dieser Aufwand kann sich aber in Form einer verbesserten und angenehmeren Kommunikation bzw. einer Reduzierung von Konflikten im schulischen Alltag auszahlen. Die Lernenden führen eine komplexe Metakommunikation in einer kognitiv-emotionalen Überschneidungszone durch. Dabei setzen sie sich nicht nur sehr intensiv mit den stattfindenden Kommunikationsformen und -wegen auseinander, sondern auch mit deren Folgen in eigener emotionaler Betroffenheit. Langfristig zeigt diese Methode sehr förderliche Wirkungen auf den Lehrer*innen-Schüler*innen- bzw. Schüler*innen-Schüler*innen-Umgang im Unterricht[126].

---

[122] Begriffliche Ursprünge beim Gestaltpsychologen Wolfgang Metzger.
[123] Fittkau, Müller-Wolf und Schulz von Thun, 2007, S. 17.
[124] Gordon, 2012, S. 34 f.
[125] Nachfolgender Abschnitt: Gordon, 2012.
[126] Empirisch nachgewiesen z. B. in Erpenbeck und Sauter, 2007.

Wie bereits im Zusammenhang mit dem Orientierungskonzept der Kollektivierung (Kapitel 1.8.7) erörtert wurde, wird der sozial-kommunikative Entwicklungsbereich mitunter unterschätzt bzw. auf simple Zusammenhänge verkürzt. Dies geschieht einerseits, weil häufig bei Lernenden zu wenig Wissen über die komplexen und vielfältigen Zusammenhänge sozial-kommunikativer Kompetenzen vorliegt. Andererseits geschieht dies, weil auch bei den Lehrenden bzw. in deren Professionalisierungsprozessen selten eine diesbezüglich angemessene Kompetenzunterstützung umgesetzt wird. Daher sind die Hinweise, welche im Rahmen des Orientierungskonzepts der Kollektivierung formuliert wurden von besonderer Relevanz (siehe Kapitel 1.8.7).

2.3.1.2 Leistungsmotivation

Für die konkrete methodische Ausgestaltung des Aspektes „Leistungsmotivation" im Rahmen personaler Kompetenzen lassen sich die in Kapitel skizzierten Ansätze und Grundprinzipien der Anreicherung von Performanzen über Wissensanteile nutzbar machen (Tabelle 18).

Tabelle 18: Perspektivplanung personaler Kompetenzen im Segment „Leistungsmotivation".

Personale Kompetenzen, Industriemechaniker, 1. Ausbildungsjahr	
Performanz	Bezugswissen
Das Lernen und Handeln der Lernenden wird von der Leistungsmotivation bestimmt, sie haben einen hohen Anspruch an die eigene Arbeit	Begriff und Bedeutung der Leistungsmotivation, Erfolgssuche und Misserfolgsvermeidung
etc.	

Um die hier umrissene Performanz zu realisieren, müssen generell und häufig Situationen inszeniert werden, in welchen die Lernenden Leistung erbringen können. Dabei ist jedoch zu beachten, dass dies personenspezifisch, ohne Druck und unter angemessener Betreuung erfolgen sollte (siehe hier auch Band I): Wenn Aufgaben gestellt werden, sollte deren Schwierigkeitsspektrum so angelegt sein, dass die Mehrzahl der Lernenden darin ihren persönlichen „mittleren Schwierigkeitsgrad" innerhalb einer angemessenen Auswahl vorfinden kann[127]. Die Aufgaben sollten „leistungsattraktiv" sein, also auf Themen und Zusammenhänge bezogen sein, die für die Lernenden leistungsrelevant sind. Dazu gehört alles unmittelbar Berufliche, aber auch Problemstellungen, die dazu hinführen, oder darüber hinausgehen. Fantasieaufgaben oder weit hergeholte Themen sind hier ebenso irrelevant wie Spiele. Förderlich ist dabei eine moderate Erfolgsverstärkung bzw. eine Misserfolgsbemängelung[128]. Zusätzliche Anreize oder Strafen wir-

---

[127] D. h. einen Schwierigkeitsgrad, der für sie herausfordernd, aber noch lösbar ist.
[128] Dies wird häufig schon allein durch die Klärung/Richtigstellung der Lösung ausgelöst.

ken sich eher kontraproduktiv aus[129]. Betreuung sollte generell auf Anfrage erfolgen, um eine gezielte Hilfestellung leisten zu können. Zudem gilt es, jene Lernenden zu identifizieren, die keine Leistungsmotivation aufbauen. Im gemeinsamen Arbeiten und Problemlösen kann eine Lehrperson mit diesen Lernenden bilateral oder auch in Kleingruppen Motivationsdefizite thematisieren und aufarbeiten. Entscheidend ist dabei, dass sich diese Lernenden an Leistungssituationen gewöhnen und diese nach und nach nicht mehr als unangenehm empfinden.

Ausgehend von solchen Erfahrungen kann gemeinsam mit allen Lernenden die Bedeutung von Leistungsmotivation erschlossen werden[130]. Zum Jahresbeginn und zum Halbjahr können die Lernenden einen Leistungsmotivationstest absolvieren und damit klären, „wo sie individuell stehen". In Gruppengesprächen können die Ergebnisse gemeinsam diskutiert werden. Die Lernenden erhalten dabei nicht nur eine Rückmeldung über ihren Motivationsstand, sondern auch über den der anderen Lernenden. Für Lernende, die sich hier nicht entwickeln, sollten Beratungsmöglichkeiten bereitgehalten werden, da diese Defizite absehbar ihre Ausbildung, aber auch ihre spätere Berufstätigkeit gefährden können.

2.3.1.3 Lernstrategien

Entsprechend den Darstellungen des Bandes I und des Lernstrategieansatzes von KAISER & KAISER[131] sind Lernstrategien generell als explizit festzustellen, also offen und im Bewusstsein der Lernenden. Hinzu kommt, dass Lernstrategien immer im Zusammenhang mit einem problembasierten Erwerb des fachlichen Wissens vermittelt werden. Dies zieht eine Reihe von Implikationen und Konsequenzen nach sich:[132]
- „Die verschiedenen Strategien müssen überhaupt erst einmal in ihrer jeweiligen Eigenart bekannt sein.
- Sie sollen dann von den Lernenden selbst auf ihre Effizienz hin beurteilt werden.
- Neben der Verwendung von Strategien ist auch die Kontrolle des Zugriffs einzubeziehen. Von daher müssen auch Überwachungsstrategien vermittelt werden, etwa die explizite Prüfung, ob alle vorhandenen Informationen genutzt sind, ob die Ergebnisse Sinn machen, welche Alternativlösungen bestünden, aus welchen Gründen sie nicht weiterverfolgt werden.
- Da eine Aufgabe immer mit dem Einsatz affiner Strategien angegangen werden sollte, muss spezifisches Strategiewissen in breitem Umfang vermittelt werden. Es ist einsichtig zu machen, wie dieselbe Strategie bei unterschiedlichen Problemlagen anwendbar ist, wo die Grenzen einer spezifischen Strategie liegen, auf welche anderen spezifischen Strategien bei gegebener Problemlage zurückzugreifen ist."

---

[129] Strafe führt leicht in Misserfolgsvermeidung. Es wurde zudem vielfältig nachgewiesen, dass externale Anreize intrinsische Motive korrumpieren, dass also das tatsächliche Interesse an einem Erfolg sinkt, wenn für dessen Erreichen eine Belohnung angekündigt wird.
[130] Sowohl für die Qualität ihrer Arbeit als auch für deren Wahrnehmung, Erleben und Bewertung.
[131] Kaiser und Kaiser, 1999, S. 125 ff.
[132] Nachfolgend Kaiser und Kaiser, 1999, S. 125.

Auch hier lassen sich für die konkrete methodische Ausgestaltung von „Lernstrategien" als Bestandteil der personalen Berufskompetenzen die in Kapitel 1.6.1 skizzierten Ansätze und Grundprinzipien der Anreicherung von Performanzen über Wissensanteile nutzbar machen (Tabelle 19).

Tabelle 19: Perspektivplanung personaler Kompetenzen im Segment „Lernstrategien".

Personale Kompetenzen, Industriemechaniker, 1. Ausbildungsjahr	
Performanz	Bezugswissen
Die Lernenden verfügen über die Lernstrategie des Elaborierens und sind sich bzgl. der Nutzung ihrer Lernstrategien bewusst	Allgemeine Lernstrategien, Bedeutung von Elaboration beim Lernen
etc.	

Um die hier umrissene Performanz zu realisieren, muss das Lernen vielfältig und facettenreich thematisiert werden. D.h. zunächst, dass explizite – auf das Thema ausgerichtete – Lernsituationen innerhalb des Unterrichts stattfinden müssen. Daraufhin können metakognitive Auseinandersetzungen situativ erfolgen („erkläre bitte, wie du hier die Lösung gefunden hast") oder retrospektiv („wie hast du dir die Zusammenhänge hier erschlossen und eingeprägt?")[133].

Ausgehend von einem Kognitionsbegriff, der alle geistig-mentalen Vorgänge zusammenfasst, bezeichnet die „Metakognition"[134] die Auseinandersetzung mit den eigenen kognitiven Prozessen (Kapitel 3.3.6 in Band I). Das Resultat von Metakognition ist primär ein „Wissen über das eigene Wissen"[135]. Metakognition präzisiert ferner den Begriff der „Selbstreflexion". Für selbstregulatives Lernen ist sie eine notwendige Bedingung, da dieses nur dann erfolgen kann, wenn die Lernenden „Bewusstheit" bezüglich ihrer Lernprozesse aufbauen. Ging FLAVELL im Jahre 1976[136] noch von nur zwei Hauptkomponenten aus, dem „Wissen über eigene kognitive Funktionen, Produkte und Ziele" und der Kontrolle der eigenen kognitiven Aktivitäten, so konstatierte HASSELHORN[137] ein komplexes integratives Klassifikationsschema, welches Metakognition übergreifend in systematisches und epistemisches Wissen aufteilt[138]. Metakognitive Fähigkeiten sind eine Grundvoraussetzung für einen Lerntransfer, kennzeichnen „gute

---

133 In der ersten Form wird der Unterricht kaum unterbrochen, in der zweiten Form deutlich.
134 Ursprünglich aus dem Amerikanischen: metacognition by John H. Flanell, Stanford-University, Henry M. Wellman, University of Michigan, Ende der 1970er-Jahre.
135 Damit gehen unbedingt auch emotionale und affektive Prozesse einher, die hier jedoch unberücksichtigt bleiben.
136 Flavell, 1976, S. 82 f.
137 Hasselhorn, 1992, S. 35 f.
138 „Systemisches Wissen" beinhaltet Funktionsgesetze, Einflussfaktoren, Stärken und Schwächen der eigenen Kognition. „Epistemisches Wissen" beinhaltet eigenes Wissen und seine Lücken, Wissenserwerb, Verwendung von Wissen, aktuelle kognitive Verfassung und Lernbereitschaft.

Schüler*innen" und sind nachweislich Prädiktor für die schulische Leistung[139]. Schüler*innen, die über metakognitive Fähigkeiten verfügen, stellen sich bei der Lösung von Aufgaben u. a. folgende Fragen:
- Was weiß ich über dieses Thema?
- Wie viel Zeit brauche ich, um diesen Zusammenhang zu lernen?
- Gibt es einen guten Plan, nach dem ich diese Aufgabe bewältigen kann?
- Wie kann/soll ich die Ergebnisse meiner Anstrengungen voraussagen bzw. abschätzen?
- Wie soll ich meine Vorgehensweise ändern?
- Wie entdecke ich einen Fehler, falls ich einen mache?

Unabhängig davon, ob man dies nun auf den Lernzusammenhang eingegrenzt als ein „Lernen des Lernens" identifiziert oder darin den Weg von Noviz*innen zu Expert*innen[140] sieht, steht fest, dass sich derartige Kognitionen in ihrer Entwicklung durch entsprechende Reflexion erheblich fördern lassen.

Metakognition erfolgt also im Reflektieren über Wissen, im Wissenserwerb und in Lösungsprozessen, wobei hier besonderes Interesse in Bezug auf 1) die Vorgänge der Informationsgewinnung, -selektion und -aufarbeitung, 2) den Einsatz von Erfahrung und Logik, 3) die Entstehung und Umsetzung von Lösungsideen sowie 4) die Überlegungen hinsichtlich der Umsetzung und Anwendung von neuem Wissen besteht.

Durch Metakognition ist über die Förderung von Personalkompetenzen hinaus eine zusätzliche, indirekte Förderung von fachlich-methodischen Kompetenzen zu erwarten. Der unmittelbare Lernprozess verliert seine Eindimensionalität, er wird transparent, variabel und seine Ergebnisse in Form von Wissen bzw. angebahnten fachlich-methodischen Kompetenzen werden relativiert und durch Metawissen (als Bestandteil personaler Kompetenzen) bereichert. Unabhängig davon, ob zunächst das Bewusstsein über die eigenen Defizite zu einer Ernüchterung führt oder sich nach und nach Sicherheit durch ein wachsendes Bewusstsein über das eigene Wissen einstellt, kann Metakognition generell das Selbstbild fördern, indem sie dieses zunächst klärt[141]. Damit sind ihr auch sekundäre Wirkungen hinsichtlich der Förderung von Personalkompetenzen zuzuschreiben.

Metakognition ist für den Einzelnen nur sinnvoll und ertragreich, wenn er dabei nicht bewertet oder gar bemängelt wird. Eine Gruppe profitiert dann von einer gemeinsamen metakognitiven Reflexion, wenn die einzelnen Gruppenmitglieder individuell beschreiben oder berichten – und so die Erfahrungen aller Beteiligten eingebracht und denen der anderen gegenübergestellt werden können. Je vielfältiger die Lernsituationen

---

139 Schneider, 1985, S. 111 f. Der (nicht sehr hohe) Korrelationswert (r = .41) erklärt sich dabei aus der Feststellung, dass Metakognition erst dann wirksam werden kann, wenn schulische Leistung überhaupt im Zusammenhang mit selbstständigen Lernprozessen steht. Zudem entwickelt sie ihre stärkste Wirkung bei Aufgaben mittleren Schwierigkeitsgrades.
140 Die sog. „Experten-Novizen-Forschung" versucht, aus dem Vergleich zwischen Individuen, welche einen komplexen Heurismus beherrschen, und jenen, welche diesen erst erlernen, Aufschlüsse über die dabei stattfindenden Lernvorgänge und den Heurismus selbst zu gewinnen.
141 Dies gilt nicht, wenn (wie vorausgehend erörtert) die Schüler*innen aufgrund von störenden bzw. hinderlichen Emotionen Abwehrhaltungen einnehmen oder Blockaden aufbauen.

und -zusammenhänge, aus denen heraus Metakognition stattfindet, desto ertragreicher können deren Ergebnisse bei den einzelnen Lernenden sein. Im Rahmen der metakognitiven Auseinandersetzung sollten die Lernenden auch erfahren, was Lernstrategien sind, welche es gibt, wie sie sich voneinander unterscheiden und worin deren Stärken oder Schwächen bestehen. Insbesondere das „Elaborieren" sollte als die zu bevorzugende Lernstrategie hervorgehoben werden, da sie Verständnis fordert und fördert.

Um dies in die Praxis umzusetzen, schlagen KAISER & KAISER u. a. das CoRT-Programm von DE BONO[142] vor, das Verfahren des „Lauten Denkens" und die Selbstbefragungstechnik.

Das CoRT[143]-Programm wurde von DE BONO bereits 1976 entwickelt. Es stellt sich bis heute als weitentwickelter und sehr umfassender Ansatz dar, der darauf abzielt Wissen über kognitive Strategien und Fähigkeiten zur Steuerung und Kontrolle kognitiver Prozesse zu erwerben. Die sog. „TEC[144]-Sequenzen" entsprechen einem konsequent reflektierten Problemlösungsprozess:

- „Target (Schwerpunkt setzen): Target bezeichnet den ersten Schritt im Denkprozess, in dem die Aufmerksamkeit auf das eigentliche Thema gelegt und der Schwerpunkt des Denkens bestimmt wird. Die Erschließung und Unterteilung des Themas erfolgt zunächst durch Setzung drei unterschiedlicher Schwerpunktarten,"[145] einen generellen Schwerpunkt, mehrere spezifische Schwerpunkte und diesbezügliche Sub-Schwerpunkte. Dies führt zu einer expliziten Aufgliederung des Problems in das Gerüst einer Mind-Map.
- „Expand (Ausweiten): Die im ersten Schritt festgelegten Sub-Schwerpunkte sind nun mit Informationen anzureichern. Dies erfolgt auf drei verschiedenen Wegen, durch Ausweitung in der Tiefe und Breite sowie über das Aufstellen von Alternativen"[146]. Dabei sollen die Lernenden das Thema analysieren, unterteilen und beschreiben (Tiefe), dessen Umfeld und Kontext erschließen, Assoziationen zum Thema suchen und dessen Konsequenzen aufzeigen (Breite) sowie versuchen, das Thema bzw. die damit zusammenhängenden Konsequenzen aus verschiedenen Perspektiven zu betrachten (Alternativen).
- „Contract (Zentrieren): Die Zentrierung beinhaltet mehrere Vorgänge"[147]: Die ermittelten Fakten werden dabei verdichtet bzw. vereinfacht (Zusammenfassen), zusammengeführt, synchronisiert (Verbinden/Kombinieren) und hinsichtlich ihres spezifischen Nutzens ausgewählt und priorisiert (Auswählen). Dann soll das Ergebnis aufgezeigt werden[148].

Der metakognitive Anspruch des CoRT-Programms besteht überwiegend in der Explikation einer Herangehensweise an Problemstellungen des Lernens. An keiner Stelle

---

142 De Bono, 1987.
143 „Cognitive Research Trust".
144 „Target – Expand – Contract".
145 Kaiser und Kaiser, 1987, S. 127.
146 Kaiser und Kaiser, 1987.
147 Kaiser und Kaiser, 1987, S. 128.
148 Näheres dazu in Kaiser und Kaiser, 1999.

werden die Lernenden direkt mit Metakognition konfrontiert. Durch die Umsetzung der vorgegebenen Systematik wird eine derartige Auseinandersetzung eingeleitet, ohne aber dabei von der eigentlichen Problemlösung abzulenken. Das heißt, dass die Schüler*innen einen für sie erkennbar strukturierten Problemlösungsprozess durchlaufen und damit nicht nur Hilfestellung in der eigentlichen Problemlösung erhalten, sondern darüber hinaus diese Strategie verinnerlichen und mit jedem weiteren Durchlaufen ausweiten und vertiefen können. Treten beispielsweise in einem Handlungslernprozess Schwierigkeiten auf, verlieren sich die Schüler*innen nicht in seiner allgemeinen Problemsuche, sondern können einzelne Arbeitsschritte kritisch reflektieren und eventuell nochmals durchlaufen. Dabei ist jedoch davon auszugehen, dass dieses Verfahren nur im Zusammenhang umfangreicher Problemstellungen effektiv und effizient ist. Zudem erfordert es ein adäquates sprachliches und kognitives Ausgangsniveau der Lernenden.

„Lautes Denken" stellt sich dem vorausgehenden Ansatz gegenüber als vereinfachtes Verfahren zur expliziten Vermittlung metakognitiver Strategien dar, indem Vorgänge, welche eigentlich im Menschen ablaufen, expliziert und ausgesprochen werden. Dabei verbalisiert entweder ein Experte seine/eine Expertin ihre kognitiven Vollzüge im Umgang mit einer Aufgabe oder zwei problemlösende Individuen verbalisieren permanent ihre Gedanken und Schlüsse („Pair-Problem-Solving"). Im CoRT-Programm können Lernende die kognitiven Strukturen von Experten erschließen, beim „Lauten Denken" können sie ihre eigenen denen von anderen Lernenden gegenüberstellen[149]. Je nachdem, wie unterschiedlich das Niveau der jeweiligen Schüler*innenpaare bzw. -gruppen ist, entspricht der Lernvorgang mehr der Expert*innensituation oder mehr dem Pair-Problem-Solving. In beiden Fällen wird intensiv darüber kommuniziert, wie man denkt und wie man die Gedanken der/s anderen Lernenden interpretiert. Im Gegensatz zum CoRT-Programm wird hier keine Struktur vorgegeben und somit die Möglichkeit eines Scheiterns am Problem bzw. eines Aufbaus dysfunktionaler kognitiver und metakognitiver Strukturen erhöht. Andererseits besteht hier die Chance, individuelle und spezifische Strukturen offenzulegen und damit erschließbar zu machen. Daher muss „Lautes Denken" generell stärker moderiert werden. Als typisches Beispiel ist hier die verbreitete Erarbeitung von Lern- und Problemlösungsstrategien im Vorfeld schülerselbsttätiger bzw. handlungsorientierter Unterrichtssequenzen zu erwähnen.

In Anbetracht der Vielfalt von Ansätzen zur Vermittlung metakognitiver Kompetenzen entsprechen die hier vorgestellten Konzepte nur einem beispielartigen Ausschnitt der Thematik. Dabei sollte das CoRT-Programm zeigen, wie Lernende einen reflektierten Zugang zu einer Problemstellung finden können. Das „Laute Denken" kann speziell die Gegenüberstellung schülerspezifischer Metakognitionen mit denen anderer Expert*innen (oder gleichwertiger Personen) unterstützen.

Die drei hier vorgestellten Ansätze einer Vermittlung sozial-kommunikativer und personaler Kompetenzen durch methodische Anreicherung, gestützt durch kognitive Impulse, sind letztlich nur Beispiele. Sie sollen andeuten, wie eine Vermittlung überfachlicher Kompetenzen sinnvoll und angemessen in den Hauptstrang der Vermittlung fachlich-methodischer Kompetenzen (Kapitel 1.6.1) eingebettet werden kann. Ange-

---

[149] Kaiser und Kaiser, 1987, S. 130.

sichts der Vielfalt und der habituellen Ausprägungen, die mit den Sammelbegriffen sozial-kommunikativer und personaler Kompetenzen einhergehen, ist jedoch zu erahnen, wie wenig davon im Verlauf der kurzen Ausbildungszeit umsetzbar ist. Daher soll der im Zusammenhang mit der Perspektivplanung getroffene Hinweis, sich hier „begründet zu fokussieren", an dieser Stelle nochmals herausgestellt werden. Anders ausgedrückt: Entscheidungen darüber, welche Schwerpunkte im Bereich der überfachlichen Kompetenzen adressiert werden sollen, sind von den Lehrenden zum einen individuenbezogen zu treffen (also ausgerichtet am eigenen Kompetenzstand) sowie am Stand und Bedarf der Lernenden. Zum anderen sind diese berufsbezogen zu treffen (also ausgerichtet an dem, was ein jeweiliger Beruf spezifisch erfordert).

2.3.2 Methoden zur Anreicherung des technischen Lehrens

Methodenvielfalt im Unterricht ist als ein zentrales Merkmal von Unterrichtsqualität anerkannt[150]. Wobei es bei Methodenvielfalt nicht darum geht, möglichst viele unterschiedliche Methoden einzusetzen, sondern eine gute Passung zu finden zwischen a) den individuellen Voraussetzungen der Schüler*innen (z. B. Vorwissen, verfügbare Lernstrategien, Intelligenz), b) den Lernzielen und Kompetenzentwicklungszielen (z. B. Befähigung zur Teamarbeit, Förderung der Selbstorganisationskompetenzen, c) dem Erwerb von Sach-, Prozess- und Reflexionswissen, aber auch d) der Reflexion von Normen und Werten), den individuellen Voraussetzungen der Lehrkraft (z. B. methodische Vorlieben und Kompetenzen), den verfügbaren Ressourcen (z. B. Ausstattung mit Software und technischen Lernsystemen), der Zeit und dem methodischen Vorgehen. So beurteilt GOLD beispielsweise das Methodenranking von HATTIE als nicht hilfreich und konstatiert:

„Im Prinzip lässt sich mit allen Unterrichtsmethoden guter Unterricht machen, soweit es den Lehrern dabei gelingt, die Schüler zum Denken herauszufordern und ihre individuellen Lernprozesse konstruktiv zu unterstützen. Dabei den Schülern informative Rückmeldungen zu ihren Lernfortschritten zu geben und die Ergebnisse der formativen Lernstandserhebungen für die eigene Unterrichtsgestaltung zu nutzen. Und eine Klasse so zu führen, dass disziplinarische Interventionen möglichst überflüssig werden. Für jede einzelne Unterrichtsmethode ist deshalb die Frage zu stellen: Wie sehr wird bei ihrer Anwendung den Qualitätsdimensionen (also den Tiefenstrukturen) guten Unterrichts Rechnung getragen? Kognitiv aktivieren kann ein Lehrervortrag am Ende genauso wie das Arbeiten mit Fallbeispielen. Und ein mehr oder weniger wertschätzender Umgang mit den Schülern hängt auch nicht von der Auswahl einer bestimmten Lehrmethode ab. [Es kommt weniger] auf die Auswahl der Methode als vielmehr auf die Qualität ihrer Umsetzung an"[151].

Dennoch sollte eine Lehrkraft unterschiedliche Methoden zur Gestaltung des Unterrichts kennen, damit sie auf ein breites Methodenrepertoire zurückgreifen kann und dieses zur motivierenden und situationsadäquaten Ausgestaltung des technischen Leh-

---

[150] Helmke, 2014, S. 265.
[151] Gold, 2015, S. 148 f.

rens und Lernens einsetzen kann. Um die vorherrschende Methodenvielfalt systematisch zu beschreiben, wird im folgenden Kapitel ein Überblick über ein Ordnungsraster methodischer Entscheidungen gegeben. Dieses wurde von MEYER entwickelt und wird von mehreren Autor*innen in der beruflichen Bildung rezipiert[152]. Anschließend werden einzelne für die berufliche Bildung relevante Methoden im Überblick vorgestellt.

2.3.2.1 Differenzierungen im Kontext der Unterrichtsmethoden

„Nirgendwo in der Pädagogik ist der Begriffs- und Konzeptewirrwarr größer als in der Unterrichtsmethodik"[153]. Aufgrund dessen schlägt Meyer die Einteilung von unterrichtsmethodischen Entscheidungen in 1) Makromethoden, 2) Mesomethoden und 3) Mikromethoden vor (Abbildung 19). Wobei die jeweils höhere methodische Ebene die nachfolgenden miteinschließt.

Abbildung 19: Einordnung und Gegenüberstellung von Makro-, Meso-, und Mikromethoden.

Zu 1): *Makromethoden* lassen sich als eine übergeordnete strategische Planungsebene und als methodische Großformen (wie z. B. Projektmethode, Fallarbeit oder instruktionsorientierte Lehrgangmethode) charakterisieren. Diesen methodischen Großformen werden eine große Reichweite und curriculare Verankerung (z. B. in lernfeldorien-

---

[152] Riedl, 2011, S. 241; Mersch und Pahl, 2013, S. 297; Eder, 2016, S. 347.
[153] Meyer, 2016, S. 74.

tierte Rahmenlehrpläne)[154] zugeschrieben. So wird beispielsweise durch die lernfeldorientierten Rahmenlehrpläne der handlungsorientierte Unterricht als (methodisches) Konzept vorgegeben. Ein weiteres Merkmal von Makromethoden ist, dass sie über längere Zeiträume (z. B. mehrere Stunden, Tage oder Wochen zur Umsetzung einer ganzen Lernsituation oder ggf. eines ganzen Lernfeldes) realisiert werden und im Hinblick auf die Lern-/Kompetenzziele und Unterrichtsinhalte in sich geschlossen organisiert sind[155]. Sie bilden damit einen methodisch-organisatorischen Überbau, dessen konkrete Ausgestaltung durch Meso- und Mikromethoden[156] erfolgt.

Zu 2): *Mesomethoden* werden als Varianten des methodischen Handelns von mittlerer didaktischer Reichweite und Dauer (Stunden, Minuten) charakterisiert. Sie werden in der Regel innerhalb einer Unterrichtsstunde oder ggf. im Rahmen einer Doppelstunde umgesetzt[157]. Die Prozessplanung obliegt der Lehrkraft. Dabei werden unterschiedliche Handlungsmuster/Aktionsformen[158] ausgewählt (z. B. ein technisches Experiment, ein Lehrer*innenvortrag, ein Gruppenpuzzle, eine Literaturrecherche, ein Rollenspiel oder auch Stationenlernen). Diese Handlungsmuster/Aktionsformen beinhalten unterschiedliche Sozialformen, welche die Beziehungs- und Interaktionsstruktur der unterrichtlichen Lehr-Lern-Prozesse in den einzelnen Phasen bestimmen[159]. Bei der Planung der Unterrichtsstunde teilt die Lehrkraft gemäß der gewählten Methode den Unterricht in einzelne Phasen ein, z. B. wenn die vollständige Handlung in der verfügbaren Zeit komplett vollzogen werden kann, dann wäre das z. B. Einstiegsszenario, Informationsphase, Planungsphase, Entscheidungsphase, Durchführungsphase, Kontrollphase und Bewertungsphase. Weiterhin sind Methoden nur umsetzbar, wenn auch die zugehörigen Medien erstellt, vorbereitet oder bereitgestellt werden (z. B. Aufgabenblätter, technische Lernsysteme, Tabellenbücher, Metaplanwand usw.)[160].

Zu 3): Mikromethoden werden mitunter auch als Lehrgriffe oder Inszenierungstechniken bezeichnet. Sie stellen sehr kurze, grundlegende Handlungen der Lehrenden dar: z. B. das Stellen von Fragen, Aufzeigen von Diskrepanzen, Geben von Impulsen, Visualisieren, Vormachen etc.[161]. Sie sind häufig routiniert und werden spontan im Unterricht eingesetzt[162].

Im Folgenden soll aufgrund ihrer besonderen Bedeutung in der beruflichen Bildung die Projektmethode näher erläutert werden. Die Projektmethode ist als methodische Großform den Makromethoden zuzuordnen.

---

154 Meyer, 2016, S. 146.
155 Eder, 2016, S. 347.
156 Mersch und Pahl, 2013, S. 297.
157 Eder, 2016, S. 348.
158 Meyer schätzt die Anzahl an verfügbaren Handlungsmustern auf 250 (Meyer, 2016, S. 75).
159 Meyer, 2016, S. 136.
160 Meyer, 2016, S. 146.
161 Bonz, 2006, S. 37.
162 Meyer, 2016, S. 76.

2.3.2.2 Projektmethode

Die Projektmethode hat in der beruflichen Bildung eine lange Tradition und findet insbesondere zur Umsetzung des schüler*innenaktivierenden (handlungsorientierten) Unterrichts Anwendung[163]. Die Grundidee ist, dass die Lernenden möglichst selbstständig das Gesamtspektrum von „Projekten" bearbeiten. Forciert durch die Diskussionen um einen handlungsorientierten Unterricht und der zunehmenden Subjektorientierung in der beruflichen Bildung wurde auch die Projektmethode verstärkt proklamiert und verbreitet[164], sodass aktuell viele unterschiedliche Ausprägungen der Projektmethode feststellbar sind. Traub stellt beispielsweise fünf etablierte Ansätze (u. a. von Gudjons, Frey, Lenzen) im Rahmen ihrer Dissertation gegenüber und untersucht, inwieweit die vorgestellten Ansätze den Kriterien des selbstgesteuerten Lernens entsprechen[165]. Eine besondere Variante der beruflich ausgestalteten Projektmethode ist die (betriebliche) Leittextmethode, welche in den 1970er-Jahren in der betrieblichen Bildung in Zusammenarbeit mit dem Bundesinstitut für Berufsbildung und mit Betrieben der Automobilindustrie entwickelt wurde[166].

Reich definiert die Projektmethode wie folgt: Die Projektmethode umfasst „das selbstständige Bearbeiten einer Aufgabe oder eines Problems durch eine Gruppe von der Planung über die Durchführung bis zur Präsentation des Ergebnisses. Projektarbeit ist eine Methode demokratischen und handlungsorientierten Lernens, bei der sich Lernende zur Bearbeitung einer Aufgabe oder eines Problems zusammenfinden, um in größtmöglicher Eigenverantwortung immer auch handelnd-lernend tätig zu sein"[167]. Die Definition von Bonz ist ähnlich – nur knapper – formuliert: „Die Projektmethode setzt bei komplexen Aufgaben aus der Lebens- und Arbeitswelt an, die die Lernenden selbständig bearbeiten"[168]. Da die Projektmethode das Prinzip der Handlungsorientierung fokussiert und vor allem die Bedeutung des planvollen Handelns betont, orientiert sie sich an den Phasen der vollständigen Handlung: Planung – Ausführung – Kontrolle[169]. In ausdifferenzierter Form sind es die Phasen: Informieren – Planen – Entscheiden – Durchführen – Kontrollieren – Bewerten[170]. Ausgangspunkt eines Projekts ist zudem ein vorgegebener bzw. ein von den Schüler*innen selbstgewählter Arbeitsauftrag. Frey beschreibt ebenfalls die Grundmuster der Projektmethode: Projektinitiative mit dem Ergebnis einer Projektskizze, Projektplanung, Projektdurchführung und Projektabschluss[171], die mit den Phasen der Leittextmethode harmonieren. Da diese Phasierungen entweder deckungsgleich sind oder sich sinnvoll ergänzen, werden sie nun synoptisch dargestellt. Eine ähnliche Phasierung präferieren Hahne & Schäfer,

---

[163] Riedl und Schelten, 2013, S. 219; Pahl, 2013, S. 213; Bonz, 2009, S. 119.
[164] Riedl und Schelten, 2013, S. 219.
[165] Traub, 2012.
[166] Riedl, 2011, S. 241.
[167] Reich, 2008, S. 1.
[168] Bonz, 2009, S. 226.
[169] Bonz, 2009, S. 227.
[170] Riedl, 2011, S. 244.
[171] Frey, 2010, S. 55.

welche die Projektmethode als vollständige Gruppenhandlung begreifen[172]. Folgende Schritte werden so bei der Projektmethode im beruflichen Unterricht in der Regel durchlaufen bzw. diese Phasen müssen von der Lehrkraft bei ihrer Unterrichtsplanung berücksichtigt werden:

Aufgabenstellung/Projektinitiative: Ausgangspunkt für Projekte in der gewerblich-technischen Berufsbildung sind häufig Probleme/Aufgaben im technischen Arbeitszusammenhang. Diese können durch Einstiegsszenarien situiert werden, welche z. B. reale oder fiktive Kundenaufträge enthalten oder durch eine Problem-/Anforderungssituation im Betrieb gekennzeichnet sind. Wichtiges Kriterium hierbei ist die Schüler*innenorientierung; das Projektthema soll sich daher auf den Lebens-/Arbeitskontext der Schüler*innen beziehen[173]. Beispiele für Projektinitiativen/Aufgaben sind z. B. die Optimierung von technischen Arbeitsabläufen, die Neugestaltung eines Bauteils oder eines Raumes, das Drehen eines Erklärvideos (Konstruktions- und Gestaltungsaufgaben) oder Produktions-/Dienstleistungsaufträge, z. B. die Planung, Herstellung, Verlegung eines Bodenbelags, die Entwicklung und Erstellung einer Biegevorrichtung (Fertigungsaufgabe), das Programmieren einer Steuereinheit (Programmieraufgabe), die Auswahl von Werkstoffen anhand bestimmter notwendiger Eigenschaften (Technische Analyse)[174] usw. Das Ausgangsproblem wird häufig von der Lehrkraft oder der Ausbilder*in in der beruflichen Bildung aufgrund der Planungsvorgaben (Zeit, Ressourcen, Vorgaben durch die (lernfeldorientierten) Lehrpläne/Ausbildungsordnungen) ganz oder teilweise vorgegeben[175]. Die Grundidee der Projektmethode nach FREY ist es, über die tatsächliche Durchführung und Ausgestaltung hinaus auch die Projektinitiative weitestgehend durch die Schüler*innen bestimmen zu lassen. Ziel dieser eigenständigen Entscheidung ist, die Selbstorganisations-, Mitbestimmungsfähigkeit und Identifikation der Schüler*innen mit dem Projekt zu stärken. „Für die Projektmethode ist es entscheidend, dass die Initiative eine offene Ausgangsposition darstellt. Es geht um mehr als nur um die Anwendung von vorhandenem Wissen oder Lösungsalgorithmen. Die Schüler sollen ein Gebiet selber strukturieren lernen"[176]. Dazu sollen sie sich intensiv mit der Projektinitiative auseinandersetzen und eine Vision bzw. eine konkretere Projektskizze entwickeln[177]. Eine völlig freie Auswahl der möglichen Projektinitiativen ist in der beruflichen Bildung jedoch nicht immer möglich, aufgrund der oben genannten Restriktionen und wenn eine enge Bindung eines Projekts an die Umsetzung einer Lernsituation / eines bestimmten Lernfeldes besteht[178]. Bei weniger curricular gebundenen Projekten sollte dieser Aspekt jedoch mehr Berücksichtigung finden. Im Zuge der Lernortkooperation kann die Projektinitiative auch von einem rea-

---

[172] Hahne und Schäfer, 2011, S. 36.
[173] Traub, 2012, S. 64.
[174] Ott, 2011, S. 130.
[175] Riedl, 2011, S. 220.
[176] Frey und Frey-Eiling, 2015, S. 175.
[177] Frey, 2010, S. 57.
[178] Mersch und Pahl, 2013, S. 220.

len „Kunden" von außerhalb an eine Klasse herangetragen werden[179]. Im Modellversuch ELKo[180] beispielsweise kooperiert eine Berufsschule in Stade im Ausbildungsberuf Parkettleger*in mit der überbetrieblichen Ausbildungsstätte. Der Kunde ist hier der gemeinnützige Verein „Alter Hafen e. V.", welcher einen neuen Fußbodenbelag für ein denkmalgeschütztes Schleusenwärterhaus benötigt[181]. Die Projektinitiative erfolgt hier von außen. Weiterhin ist es natürlich auch möglich, den Schüler*innen Aufgaben textbasiert, filmvermittelt oder z. B. als WebQuest zu präsentieren. Dies hängt vom medienpädagogischen Geschick bzw. den medialen Zugangsmöglichkeiten der Lehrkraft ab.

Informationsphase im Projekt: Nach dem Wahrnehmen der Problem-/Aufgabenstellung durch die Lernenden geht es im ersten Schritt darum, die Problem-/Aufgabenstellung zu verstehen und vollständig zu erfassen. Aus lernpsychologischer Perspektive geht es also darum, eine innere Repräsentation der Problemsituation bzw. der Aufgabenstellung aufzubauen und die damit verbundenen Lern-/Arbeitsziele zu erkennen. Darauf aufbauend können dann Lösungsschritte zur Erledigung/Bewältigung des Problems / der Aufgabe entwickelt werden. Wenn eine Problemsituation bzw. Aufgabenstellung sehr unübersichtlich gestaltet ist, geht es zusätzlich auch darum, die Zielstellung des Problems / der Aufgabe durch die Schüler*innen in Einzel-, Partner*innen- oder Gruppenarbeit klar herauszuarbeiten, zu visualisieren und notwendige Zusatzinformationen – z. B. durch das Lesen von Fachbüchern oder Plänen, durch Internetrecherchen, Befragungen von Fachexperten – zu beschaffen, zu ordnen und auszuwerten[182]. Wenn z. B. der gewünschte Zielzustand schlecht definiert ist oder mehrere Ziele angestrebt werden, die sich ggf. gegenseitig widersprechen, gilt es hier, z. B. durch die Recherche von Zusatzinformationen Klarheit zu schaffen[183]. Damit hier keine Überforderung in dieser Phase entsteht, wird z. B. im Rahmen der Leittextmethode die Informationsrecherche durch schriftliche Leitfragen strukturiert. „Leitfragen [initiieren] die gedankliche Beschäftigung mit der Aufgabe und informieren über Inhalte und Ziele einer Lerneinheit. Sie provozieren ein gründliches Durchdenken einer gestellten Aufgabe und sind der eigentlichen Aufgabenbearbeitung vorgeschaltet"[184]. Kurze arbeitsbezogene Zusatzinformationen können ebenfalls als Hilfestellungen bereitgestellt werden. Im Rahmen der Leittextmethode werden diese Leitsätze genannt. In der Physikdidaktik gibt es auch Unterstützungsstrategien: z. B. Aufgaben mit gestuften Hilfen, welche Zusatzinformationen enthalten, die den Problemlöseprozess bzw. die Aufgabenbewältigung der Schüler*innen erleichtern. So können leistungsstarke und leistungsschwache Schüler*innen während der Informationsphase gleichermaßen individuell unterstützt bzw. gefordert werden[185]. Werden solche Hilfen gegeben, muss überlegt werden, welche Strategien gerade den intendierten Lernzielen mehr entsprechen. Bei sehr umfängli-

---

179 Frey, 2010, S. 54.
180 Remmert, Zimmermann und Kock, 2003.
181 Remmert, Zimmermann und Kock, 2003, S. 102.
182 Riedl, 2011, S. 244.
183 Wittmann und Edelmann, 2012, S. 191.
184 Riedl, 2011, S. 247.
185 Wodzinski, 2013.

chen Hilfestellungen ist der Grad der Lehrer*innenlenkung erhöht und die Möglichkeiten zur Selbststeuerung durch die Schüler*innen sind reduziert.

Planungsphase im Projekt: Nach der Informationsphase geht es darum, auf Basis der gewonnenen zusätzlichen Informationen die Konstruktions-, Gestaltungs- und die zugehörigen Arbeits-/Ausführungspläne zu erstellen, den Material-, Maschinen- und Werkzeug- bzw. Technikeinsatz festzulegen und die Planungen schriftlich zu dokumentieren. Dies erfolgt in der Regel kooperativ in Zusammenarbeit mit mehreren Schüler*innen[186]. Wird arbeitsteilig vorgegangen, gilt es auch, die Aufgabenverteilung festzulegen. Hier weisen FREY & FREY-EILING darauf hin, dass nicht die auf einem Gebiet geschicktesten Schüler*innen jene Aufgaben übernehmen sollen, die sie ohnehin gut können, sondern dass diese bestimmte Aufgaben übernehmen sollen, welche ihrem Kompetenzentwicklungsbedarf entsprechen[187]. In der Planungsphase im Modellversuch ELKo erstellten beispielsweise die Schüler*innen des 2. Ausbildungsjahres im Ausbildungsberuf Parkettleger*in auf Grundlage der DIN 18365 zu Bodenbelagsarbeiten unterschiedliche Verlegepläne für Linoleumböden mit Intarsien[188]. Von den Schüler*innengruppen werden hier z. B. mithilfe von externen Experten (hier: die Vertreter einer Linoleumfirma) unterschiedliche Planungsvarianten ausgearbeitet sowie Kriterien zur Bewertung der Planungsvarianten und Kontrolle der Arbeitsergebnisse festgelegt[189]. Die Beurteilungskriterien im Modellversuch ELKo waren u. a. die Verschnittminimierung und Einhaltung der Verlegeregeln nach der DIN 18365.

Entscheidung über mögliche Planungsvarianten: Nachdem unterschiedliche Planungsvarianten vorliegen bzw. ein Arbeitsplan erstellt wurde, wird u. a. von den Schüler*innen darüber entschieden, welche Variante tatsächlich realisiert wird. Im Modellversuch ELKo wurde hierfür eine Baubesprechung einberufen, bei der Vertreter*innen des Vereins „Alter Hafen e. V." als Bauherren fungierten, ebenso waren Ausbilder*innen der ÜAS[190] und natürlich die Klassenlehrer*innen anwesend. Diese Entscheidung über eine Planungsvariante kann somit auch gemeinsam mit realen Kund*innen erfolgen, unter Einbezug von Partner*innen aus der dualen Erstausbildung wie z. B. (über-)betriebliche Ausbilder*innen[191]. Kriterien für die Beurteilung des Arbeitsplans bzw. der Aufgabenlösung können z. B. technischer, funktionaler, ökonomischer, ökologischer, ästhetischer oder sozialer Natur sein. Im Modellversuch ELKo war das Ziel der Baubesprechung die Auswahl des Entwurfs und die Festlegung des Fußbodenaufbaus. Daran anschließend konnten dann weitere Planungen erfolgen (wie z. B. die genaue Ermittlung von Maßen, die Erstellung weiterführender Zeichnungen, Planungen zum Materialbedarf, der Art der Unterkonstruktion, dem Arbeitsablaufplan und der Kostenkalkulation). Die Lehrkraft gibt hier in dieser Phase gezielte Impulse, um Fehl-

---

[186] Ott, 2011, S. 217.
[187] Frey und Frey-Eiling, 2015, S. 176.
[188] Remmert, Zimmermann und Kock, 2003, S. 103.
[189] Riedl, 2011, S. 245.
[190] Überbetriebliche Ausbildungsstätte.
[191] Remmert, Zimmermann und Kock, 2003, S. 98 f.

entwicklungen zu vermeiden, regt zum professionellen Fachgespräch über die Planung an und gibt (falls notwendig) noch Zusatzinformationen. Sie muss jedoch die eigenständigen Vorstellungen, Argumentationen und Vorgehensweisen der Schüler*innen akzeptieren, ohne ihnen vorgefertigte Lösungswege aufzuzwingen[192].

Durchführung der Projektplanung: In dieser Phase wird die gewählte Planungsvariante umgesetzt: Das Werkstück wird gefertigt, das Erklärvideo gedreht, das Solarmobil gebaut, der Roboter programmiert, der Fachartikel oder die technische Dokumentation erstellt, der Ofen gemauert oder (wie im Projekt ELKo) der Linoleumboden verlegt. Die Durchführung soll weitestgehend selbstständig und in Arbeitsteilung durch die Schüler*innen erfolgen[193]. Abweichungen vom Arbeitsplan sind mit guter Begründung zulässig, sollten jedoch dokumentiert, anschließend diskutiert und im Plenum reflektiert werden.

Kontrolle der Ausführung: In dieser Phase geht es darum, ob die Planung fachlich korrekt dem Plan gemäß ausgeführt wurde. Diese Kontrollen sollen die Schüler*innen möglichst selbstständig durchführen. Ist das Werkstück / das Bauwerk maßhaltig im Rahmen der vorgegebenen Toleranzen? Funktioniert die Programmierung fehlerfrei? Erfüllt das Produkt oder die Dienstleistung die zuvor festgelegten Auswertungskriterien oder DIN-Normen? Die Kontrolle sollen die Schüler*innen zunächst eigenständig durchführen sowie ihre Kenntnislücken und Verbesserungsbereiche identifizieren, um dann daraus Maßnahmen für die weitere Kompetenzentwicklung abzuleiten. Zwischenkontrollen während der Durchführung sind ggf. ebenfalls notwendig, um Fehlentwicklungen vorzubeugen. Lehrkräfte unterstützen bei Bedarf diesen Prozess z. B. im Rahmen von Fachgesprächen und Lerncoachings. Hier ist es wichtig, die Gespräche, welche zur Beratung dienen, für die Auszubildenden transparent von denen zu trennen, die zur Leistungsbewertung herangezogen werden. Darüber hinaus soll im ersten Schritt die Kontrolle durch die Schüler*innen selbst vorgenommen werden und erst danach soll das Feedback durch die Lehrkraft erfolgen[194]. Hierzu werden z. B. im Rahmen der Leittextmethode kriterienorientierte Kontrollbögen eingesetzt, welche die Schüler*innen als Checklisten verwenden können, um die Ausführung und Ausprägung relevanter Aspekte zu kontrollieren.

Bewertung des Gesamtprozesses und Abschluss des Projekts: In der Bewertungsphase des Projekts geht es um die Bewertung des gesamten Prozesses. Waren die Planungs- und Durchführungsprozesse reibungslos? Gab es Probleme? Wie könnte das Vorgehen in späteren Projekten optimiert werden? Welches Sach-, Prozess- und Reflexionswissen wurde durch die Schüler*innen erworben? Welche Lehren können für die Zukunft gezogen werden?[195]. Wichtig ist hierbei auch die Dokumentation der Arbeits-

---

192 Riedl, 2011, S. 245.
193 Ott, 2011, S. 217.
194 Riedl, 2011, S. 246.
195 Frey und Frey-Eiling, 2015, S. 176.

und Lernergebnisse – möglichst selbstgesteuert – durch die Schüler*innen. Dies kann z. B. mithilfe der Kontrollbögen, Checklisten, aber auch mithilfe von Portfolioarbeit unter Einbezug digitaler Medien und Learning Management Systeme (z. B. Mahara, Moodle) erfolgen. Zum Abschluss des Projekts bietet sich ein Fachgespräch an. Hier geht es darum, die eigenständige Reflexionsfähigkeit der Schüler*innen im Hinblick auf Fehler, deren Ursachen und Beseitigung, Handlungsoptionen für die Zukunft sowie den eigenen Kompetenzentwicklungsprozess zu stärken. Die Selbstwahrnehmung der Schüler*innen wird mit der Einschätzung der Lehrkraft abgeglichen. Relevante Erkenntnisse für den Transfer des Gelernten auf zukünftige Lernsituationen werden diskutiert[196]. Darüber hinaus ist es auch üblich, das Projektergebnis einer breiteren Öffentlichkeit vorzustellen und zu präsentieren. Dies erhöht zusätzlich den Realitätsbezug und ist häufig mit einem Prestigegewinn der Projektdurchführenden verbunden[197].

Didaktische Reflexion, Einordnung und Strukturierung der Projektmethode
Die Projektmethode harmoniert curricular in hohem Maße mit den lernfeldorientierten Lehrplänen, da auch die Forderung nach einer Umsetzung von handlungs- und kompetenzorientierten, situierten und selbstgesteuerten Lernprozessen der Schüler*innen in der beruflichen Bildung adressiert wird. Diese Passung wird noch verstärkt durch die Weiterentwicklung der KMK-Handreichung von 2011 zur Erarbeitung der Rahmenlehrpläne für den berufsbezogenen Unterricht der Berufsschule, in der die Phasen der vollständigen Handlung im Sinne der Leittextmethode für die Strukturierung der Lernfeldbeschreibungen herangezogen werden[198]. EMMERMANN & FASTENRATH betonen aus unterrichtspraktischer Perspektive die Bedeutung von problemhaltigen Ausgangssituationen, welche im Rahmen eines Einstiegsszenarios eingebettet werden, sowie die Bedeutung der Erstellung eines zentralen Handlungsprodukts im Unterricht, welches die Lösung der im Einstiegsszenario aufgeworfenen Problemstellung beinhaltet[199]. Aus lernpsychologischer Sicht konstatieren REINMANN & MANDL die Bedeutung der Problemorientierung in gemäßigt konstruktivistischen Unterrichtsmethoden. Problemorientierten Methoden wird auf Basis wissenschaftlicher und empirischer Befunde das Potenzial zugesprochen, „vor allem den Erwerb von anwendbarem Wissen und entsprechenden Fertigkeiten zu unterstützen, ohne den Erwerb von Fachwissen zu beeinträchtigen"[200]. Dabei soll das Problem u. a. eingebettet sein in A) eine authentische Problemstellung (z. B. realer Kundenauftrag). Während des Lernprozesses sollen B) multiple Perspektiven eingenommen werden (z. B. Kunde, Facharbeiter, Umwelt). Es soll C) im sozialen Kontext gelernt werden (z. B. Lernen in Schüler*innengruppen unter Einbezug externer Experten) und D) die instruktionale Unterstützung muss durch die Lehrkraft sichergestellt werden, damit leistungsstarke und leistungsschwächere Schüler*innen gleichermaßen erfolgreich sein können. „Lernen ohne jegliche instruktionale Unterstützung ist in der Regel ineffektiv und führt leicht zur

---

196 Riedl, 2011, S. 246.
197 Traub, 2012, S. 65.
198 Kultusministerkonferenz, 2011.
199 Emmermann und Fastenrath, 2016, S. 45 f.
200 Reinmann und Mandl, 2006, S. 639.

Überforderung. Lehrende können sich deshalb nicht darauf beschränken, nur Lehrangebote zu machen, sie müssen den Lernenden auch anleiten und insbesondere bei Problemen gezielt unterstützen. Die Lernumgebung ist so zu gestalten, dass neben vielfältigen Möglichkeiten eigenständigen Lernens in komplexen Situationen auch das zur Bearbeitung von Problemen erforderliche Wissen bereitgestellt und erworben wird"[201]. Diese Maxime gilt auch für den Projektunterricht. Er darf nicht nur darauf abzielen, den Schüler*innen adäquates Arbeitsprozesswissen zu vermitteln. Stattdessen muss das notwendige Sachwissen und Reflexionswissen zur Ausübung einer selbstständigen und mündigen Facharbeitertätigkeit ebenso in angemessenem Maße entwickelt werden. Die Projektmethode bietet hier eine gute Passung und gehört in der gewerblich-technischen Berufsbildung zum Standardmethodenrepertoire. TRAUB[202] verweist zudem auf die Bedeutung der Metakognition und der Umsetzung von Lernstrategien bei der Projektarbeit zur Unterstützung des selbstgesteuerten Lernens der Schüler*innen. Die Studien deuten jedoch darauf hin, dass Projekte häufig eher lehrer*innengelenkt im Unterricht umgesetzt werden und Lehrkräfte wenig über theoretische Modelle zur Umsetzung von Projektunterricht informiert sind[203].

In empirischen Metaanalysen – wie z. B. der Hattie-Studie – werden die Effekte des Projektunterrichts auf die Lernleistung nicht dezidiert betrachtet[204]. Lediglich methodische Teilaspekte wie das Problemlösen (d = 0,61), die Instruktion (d = 0,59) und das kooperative Lernen (d = 0,41) werden hinsichtlich ihrer Effekte auf die Lernleistung betrachtet. Durch Reflexion der Ergebnisse solcher Metastudien fällt auf, dass die Effekte je nach Vergleichsgruppe und Kontext (z. B. Unterrichtsfach) unterschiedlich hoch ausfallen. So sind z. B. die Effekte des Problemlösens im Mathematikunterricht besonders hoch und fallen im anwendungsbezogenen naturwissenschaftlichen Unterricht schon wieder deutlich geringer aus. Darüber hinaus ist eine Analyse der Originalstudien in der Regel erforderlich, um tatsächlich nachvollziehen zu können, unter welchen Kontextbedingungen und Erhebungsdesigns die Ergebnisse zustande kamen. Da die Projektmethode aus sehr unterschiedlichen Phasen besteht und mehrere Sozialformen, Medien, Aktionsformen und Handlungsmuster miteinander in einem Gesamtkonzept vereint, müssen analog zum oben genannten Zitat von GOLD die einzelnen Phasen des Projektunterrichts qualitativ hochwertig umgesetzt werden. Sie müssen so umgesetzt werden, dass die kognitive Aktivierung der Schüler*innen adäquat gegeben ist und dass sie bei Bedarf Rückmeldung zu den Lernfortschritten sowie ggf. Unterstützung bei der Entwicklung von Lösungsstrategien erhalten[205]. FREY verweist ebenfalls auf die Limitationen der Methode. Aus seiner Sicht ist der Erfolg der Projektmethode daran gebunden, dass die notwendige Zeit zur Umsetzung gegeben sein muss, dass entsprechende Freiheitsgrade der Schüler*innen bei der Umsetzung der einzelnen Phasen bestehen, dass die Lernleistung langfristig erhoben wird und nicht nur die Reproduktion von

---

[201] Reinmann und Mandl, 2006, S. 641.
[202] Traub, 2012, S. 229 ff.
[203] Traub, 2012, S. 233 f.
[204] Hattie, 2009, S. 242 ff.
[205] Gold, 2015, S. 148 f.

Wissen gemessen wird, sondern andere Faktoren (wie z. B. die Erhöhung der Schüler*innenselbstständigkeit)[206].

2.3.2.3 Kooperatives und kollaboratives Lernen als Konkretisierungsaspekte auf Mesomethodenebene

Auf Mesomethodenebene werden didaktische Entscheidungen – wie die Wahl der Sozialform, der Unterrichtsartikulation, der Handlungsmuster und Aktionsformen sowie die mediale Ausgestaltung der Lernumgebung – im Sinne der Ausgestaltung der Makromethoden konkretisiert. In diesem Kontext sind u. a. Überlegungen zum kooperativen bzw. kollaborativen Lernen zu verorten. Kooperatives Lernen hat in der beruflichen Bildung einen großen Stellenwert, da in der beruflichen Facharbeit – vor allem auch im Handwerk – Teamarbeit und flache Hierarchien die Basis für eine moderne Arbeitsorganisation darstellen und es plausibel erscheint, dass der Kompetenzerwerb der Auszubildenden in überfachlichen Aspekten zur effektiven und effizienten Zusammenarbeit unterstützt werden kann[207].

WECKER & FISCHER definieren das kooperative Lernen als Arbeit in Kleingruppen, in der sich alle Gruppenmitglieder beteiligen, aktiv sind und eine klare Aufgaben-/Zielstellung verfolgen, die sie nur erreichen können, wenn alle Gruppenmitglieder ihre Aufgabe erfüllen (= kooperative Zielstruktur). Darüber hinaus werden sie nicht direkt von der Lehrkraft während des Lern- und Arbeitsprozesses kontrolliert.[208] Die Lernenden unterstützen sich beim Aufbau, bei der Reflexion und bei der Rekonstruktion ihrer Wissensstrukturen gegenseitig[209]. Analog dazu versteht LIPOWSKY unter kooperativem Lernen einen koordinierten, geplanten Prozess, der den Lernenden ko-konstruktive Aktivitäten abverlangt, welche auf eine gemeinsame Problemlösung oder ein gemeinsames Verständnis eines Sachverhalts abzielen. „Mit Ko-Konstruktion ist gemeint, dass Lernende durch den gegenseitigen Austausch neues Wissen aufbauen, ein neues Verständnis oder neue Aufgaben- oder Problemlösungen entwickeln, die vorher in dieser Form bei keinem der Lernenden verfügbar waren"[210].

Kooperatives Lernen lässt sich folglich in der Gesamtbetrachtung u. a. auch als soziale Interaktion in der Sozialform[211] der Partner*innenarbeit (2 Personen) und auch der (Klein-)Gruppenarbeit (ca. 2–6 Personen) im Lehr-Lern-Prozess realisieren[212]. Der zentrale Unterschied zwischen dem kooperativen Lernen und dem kollaborativen Lernen ist dabei, dass beim kollaborativen Lernen die „einzelnen Gruppenmitglieder nicht unabhängig voneinander an Teilaufgaben [arbeiten]deren Ergebnisse am Ende zusammengeführt werden. Stattdessen ist [das] Denken bzw. Problemlösen zwischen den Gruppenmitgliedern verteilt, [so]dass ihre kognitiven Aktivitäten bei der Lösung

---

[206] Frey, 2010, S. 177.
[207] Riedl und Schelten, 2013, S. 137; Mersch und Pahl, 2013, S. 261.
[208] Wecker und Fischer, 2014, S. 277.
[209] Borsch, 2019, S. 22.
[210] Lipowsky, 2015, S. 85.
[211] Beziehungs- und Interaktionsstruktur im Lehr-Lern-Prozess.
[212] Borsch, 2019, S. 22.

eines Problems ineinandergreifen und aufeinander aufbauen"[213]. Folglich lassen sich die einzelnen Lern- und Arbeitsergebnisse beim kollaborativen Lernen nicht mehr eindeutig einzelnen Personen zuordnen, sondern sie wurden gemeinschaftlich erarbeitet und entwickelt.

Vor diesem theoretischen Hintergrund können zudem noch spezielle Aktionsformen bzw. Handlungsmuster, die insbesondere kooperatives Lernen intendieren, spezifiziert werden. Sie priorisieren die Sozialformen der Gruppen- und/oder Partner*innenarbeit und beinhalten zudem „eine definierte Rollenverteilung, einen klar erkennbaren Anfang, einen bestimmten Spannungsbogen und einen produktbezogenen definierten Abschluss"[214]. BONZ und HUWENDIEK definieren in diesem Zusammenhang den Gruppenunterricht als komplexe, längerfristig angelegte Methode[215], die sich aus mehreren Phasen zusammensetzt: Als zentrale Lern- und Arbeitsphase finden vor und nach der Gruppenarbeit die eröffnenden und abschließenden gemeinsamen Unterrichtsphasen in der Sozialform des Unterrichtsgesprächs statt[216]. Diese Vorgehensweise wird zwar häufig von Lehrkräften praktiziert[217], dabei werden auch ausdifferenziertere Methoden des Gruppenunterrichts – wie z. B. eine Gruppenrallye, Gruppenrecherche, konstruktive Kontroversen, ein Placemat oder Gruppenpuzzle – unterschieden[218]. Eine aktuell weit verbreitete und beliebte Methode ist das Gruppenpuzzle.

In der „Einführungsphase" des Gruppenpuzzles gibt die Lehrkraft einen Überblick über die Lernsituation (z. B. eine Außensitzgruppe, bestehend aus Beton, Holz und Metall, soll saniert werden[219]) eines bestimmten Lernfeldes (hier LF 5: Schutz- und Spezialbeschichtungen ausführen im Ausbildungsberuf Maler*in und Lackierer*in[220]). Mit dieser Lernsituation verbunden ist z. B. das Themengebiet „Korrosion und Korrosionsschutz", welches sich in vier Schwerpunkte unterteilen lässt. Diese Schwerpunkte werden in der „Aneignungsphase" in Einzelarbeit von den Teilnehmer*innen in „Stammgruppen" bearbeitet. In jeder Stammgruppe ist jeder Themenschwerpunkt 1 × vertreten (A–D). Danach setzen sich diejenigen, die das gleiche Thema bearbeitet haben (z. B. 5 × Thema A), in „Expertengruppen" zusammen, diskutieren das erarbeitete Sach-, Prozess- und Reflexionswissen im Themenschwerpunkt und bereiten sich darauf vor, das erarbeitete Wissen weiterzugeben. In der „Vermittlungsphase" gehen die Teilnehmenden in ihre Stammgruppen zurück und „unterrichten" ihre Mitschüler*innen über das neu Gelernte. Abschließend empfiehlt sich eine Phase der „Integration und Evaluation", in der z. B. im Plenum sichergestellt wird, dass durch die Schüler*innen das Wissen möglichst vollständig angeeignet und reflektiert wurde und im weiteren handlungssystematischen Lernprozess sinnvoll zur Anwendung kommt[221]. Als problematisch zeigt sich, dass die Lernenden in ihrem Expertenthema einen höheren Wissenszuwachs auf-

---

[213] Wecker und Fischer, 2014, S. 277f.
[214] Meyer, 2016, S. 76.
[215] Huwendiek, 2015, S. 98f.
[216] Bonz, 2009, S. 96.
[217] Wecker und Fischer, 2014, S. 294.
[218] Borsch, 2019, S. 63–108.
[219] Dempf, 2013, S. 137.
[220] Lernfeld 5 im Ausbildungsberuf „Maler*in und Lackierer*in".
[221] Wecker und Fischer, 2014, S. 289f.

weisen, als das für die anderen Themenschwerpunkte der Fall ist[222]. Ähnliche offene Fragen lassen sich jedoch auch bei anderen arbeitsteiligen Varianten von Gruppenarbeit feststellen[223].

Diesen offenen Fragen stehen die eingangs skizzierten Potentiale des kooperativen/ kollaborativen Lernens gegenüber. Für die erfolgreiche Umsetzung lassen sich u. a. folgende Prämissen ableiten:

Aufgabenstellung: Bei der Konzeption des kooperativen Lernens im Rahmen der Sozialform der Gruppenarbeit stellt sich die Frage, welche Art von Aufgaben zielführend sind und wie sichergestellt werden soll, dass sich die einzelnen Beteiligten engagiert und motiviert einbringen[224]. Bei arbeitsteiligen Aufgaben[225] ergibt sich zum Beispiel, dass sich das Gesamtprodukt aus den Einzelleistungen aller Gruppenmitglieder zusammensetzt (echte Gruppenaufgabe) und ggf. unterschiedliche Wege der Problemlösung möglich sind. So kann eine positive Interdependenz und Identifikation für die gemeinsamen Ziele bei den Lernenden realisiert werden[226]. Dies kann nur erreicht werden, wenn die Aufgabenstellung Kooperation erfordert, indem z. B. den Gruppenmitgliedern bestimmte Rollen, Ressourcen und Teilaufgaben zugewiesen werden und indem es klar ist, dass das Gesamtziel nur dann erreicht werden kann, wenn jeder einzelne sein eigenes Teilziel ebenfalls erreicht hat. Kooperatives Lernen hat sich ebenfalls insbesondere als lernförderlich erwiesen, wenn die Aufgabenstellung ausreichend komplex und problemhaltig ist[227]. Die Gruppenmitglieder müssen erkennen, dass sie nur gemeinsam das Lernziel bzw. die Umsetzung des Arbeitsauftrags erreichen können; sie müssen daher ihre individuelle Verantwortung übernehmen. Aufgabenstellungen, die eine eindeutig richtige Lösung aufweisen, weniger komplex sind und keine echte Zusammenarbeit erfordern, sollten besser in Einzel- oder ggf. in Partner*innenarbeit gelöst werden[228].

Darüber hinaus entsteht das Gefühl der **individuellen Verantwortlichkeit und unterstützenden Interaktion**, „wenn die einzelnen Leistungsanteile eines jeden Gruppenmitglieds registriert werden und wenn diese Leistungsanteile sowohl an das Mitglied selbst als auch an die Gruppe zurückgemeldet werden."[229] Dadurch wird der Anonymität vorgebeugt und die Motivation der einzelnen Gruppenmitglieder aufrechterhalten. Dem „Trittbrettfahrer-Effekt" (sprich: ein Teil der Gruppenmitglieder beteiligt sich nicht aktiv) oder dem „Sucker-Effekt" (sprich: durch eine mangelnde Beteiligung der anderen erfolgt eine Demotivation der ursprünglich engagierten Schüler*innen) kann so begegnet werden[230]. Feedback während der Gruppenarbeit kann dabei auch von den

---

222 Lipowski, 2015, S. 87.
223 Mersch und Pahl, 2013, S. 264.
224 Wecker und Fischer, 2014, S. 284; Lipowski, 2015, S. 85.
225 Mersch und Pahl, 2013, S. 264.
226 Riedl, 2011, S. 294.
227 Lipowski, 2015, S. 86.
228 Wecker und Fischer, 2014, S. 287.
229 Borsch, 2019, S. 29.
230 Wecker und Fischer, 2014, S. 285.

Lernenden selbst erfolgen und der Wettbewerb mit anderen Gruppen kann hier auch als identitätsstiftendes Moment genutzt werden.

Gruppenzusammensetzung: Grundsätzlich zeigen empirische Studien, dass vor allem schwächere Schüler*innen in heterogenen Gruppen aufgrund der Interaktion mit leistungsstarken zu einer verbesserten Lernleistung gelangen können[231]. Leistungsstarke Schüler*innen weisen dabei keine signifikante Reduktion ihrer Lernleistung auf, sie können sich gut auf unterschiedliche Rahmenbedingungen des Lehrens und Lernens einstellen. Eine homogene Gruppenbildung für leistungsschwache Schüler*innen gilt es jedoch beim kooperativen Lernen zu vermeiden, da diese von den leistungsstärkeren aktiviert werden sowie von deren kognitiven Fähigkeiten und dem hochwertigeren Fachdiskurs profitieren. Die Befunde dazu passen zur soziokulturellen Perspektive nach VYGOTSKIJ. Er „geht davon aus, dass die kognitive Entwicklung ein Prozess ist, der vor allem durch die Aushandlungs- und Interaktionsprozesse mit (kompetenteren) Personen befördert und unterstützt wird. Lernende eignen sich durch die Interaktion mit kompetenteren Personen Konzepte, Denkweisen und Strategien an, indem sie diese schrittweise internalisieren. Lernende profitieren vor allem dann von dieser Interaktion, wenn Anleitung und Unterstützung in der ‚Zone der nächsten Entwicklung' angesiedelt sind, also etwas über den aktuellen Entwicklungsstand des Lernenden hinausreichen"[232]. Beim kooperativen Lernen ist es jedoch notwendig, die individuelle Bezugsnorm zur Leistungsbewertung heranzuziehen, damit auch schwächere Lernende bei entsprechender Anstrengung erfolgreich arbeiten und entsprechend belohnt werden können, wodurch ihre Motivation erhalten bleibt. Für eine Aktivierung aller Gruppenmitglieder ist u. a. der Aspekt der Gruppengröße relevant, um eine Verantwortungsdiffusion zu vermeiden bzw. auch sicherzustellen, dass alle gleichermaßen Verantwortung für die Qualität von Prozess und Ergebnis übernehmen. Gruppengrößen von 3–5 Personen sind ideal, wobei in der Hattie-Studie insbesondere die Wirksamkeit der Kleingruppenarbeit auf die Lernleistung und die Motivation der Lernenden herausgestellt wurde (d = 0,5*)[233] – und auch WECKER & FISCHER weisen auf eine höhere Beteiligung in Gruppen mit drei Personen hin[234].

Um kooperatives Lernen in Gruppen im technischen Unterricht erfolgreich umzusetzen, bedarf es entsprechender Kompetenzen der Lernenden und der Reflexion über gruppendynamische Prozesse. So durchlaufen Gruppen/Teams laut TUCKMANN die folgenden Phasen: A) Forming (= gegenseitiges Kennenlernen, Aufgabenerfassung und Erfassung der Rahmenbedingungen), B) Storming (= die einzelnen Personen müssen zunächst ihre Rolle, ihren Status, ihre persönlichen Interessen in der Gruppe u. a. auch durch Konflikte aushandeln), C) Norming (= die Regeln der Zusammenarbeit werden definiert, eine Gruppenidentität entsteht), D) Performing (= auf Basis der zuvor ausgehandelten Gruppenkonstellation und -regeln kann nun (hoffentlich) leistungsfähig und

---

231 Wecker und Fischer, 2014, S. 287.
232 Lipowsky, 2015, S. 87.
233 Hattie, Beywl und Zierer, 2016, S. 113.
234 Wecker und Fischer, 2014, S. 287.

kreativ gearbeitet werden)²³⁵. Sind diese Phasen bekannt, können Konflikte gelassener bearbeitet werden, da es klar ist, dass diese Prozesse zum Gruppenfindungsprozess gehören und nicht persönlich genommen werden müssen. Zielführend für das Lernen und Arbeiten in Gruppen ist es, eine „Atmosphäre unterstützender Interaktion" zu realisieren, die offene Diskurse sowie eine respektvolle Kommunikation, den sprachlichen Austausch, produktives Arbeiten, eine (Meta-)Reflexion der Gruppenprozesse²³⁶ und das „gezielte Verknüpfen neuer Informationen mit dem bereits vorhandenen Wissen der Gruppenmitglieder"²³⁷ beinhaltet. Hierzu sind dementsprechende sozial-kommunikative Kompetenzen der Schüler*innen erforderlich (wie sie in Band I dieser Reihe schon ausführlich dargelegt wurden), die sich auf die Aspekte Wahrnehmung, Selbstmanagement, Aktivität, Kommunikation, Konfliktbewältigung, Beziehungsmanagement, Team- und Führungskompetenzen beziehen²³⁸. Die Rolle der Lehrkraft ist während des kooperativen Lernens auf begleitende Hilfestellungen ausgelegt. Sie gibt Impulse als Berater*in, Lerncoach und Feedbackgeber*in zur Unterstützung der Lern- und Arbeitsprozesse²³⁹.

Didaktische Reflexion, Einordnung und Strukturierung des kooperativen Lernens

Für eine angemessene Reflexion des kooperativen Lernens ist im Vorfeld die entsprechende Zielperspektive zu klären. Mit der Umsetzung des kooperativen Lernens soll eine Weiterentwicklung sozial-kommunikativer Kompetenzen und eine Erhöhung der Lernmotivation erreicht werden²⁴⁰. Hinzu kommt, dass kooperatives Lernen aufgrund der kognitiv-konstruktivistischen Hypothese das Erreichen kognitiver Lernziele begünstigen kann, sodass „kooperatives Lernen insbesondere dann zu einer Weiterentwicklung kognitiver Schemata und Strukturen beiträgt, wenn es zu einem vertieften Austausch von Meinungen, Ideen und Konzepten zwischen den Lernenden kommt, wenn widersprüchliche Meinungen aufeinandertreffen und kognitive Konflikte entstehen, die zu einem inhaltlich intensiven Diskurs führen"²⁴¹. Unterschiedliche empirische Studien und Metaanalysen belegen die Wirksamkeit verschiedener Varianten des kooperativen Lernens (reziprokes Lernen d = 0,74*, Peer-Tutoring d = 0,55* etc.). Zusammenfassende Analysen empirischer Studien z. B. von HATTIE²⁴² oder KYNDT ET AL.²⁴³ belegen durchschnittliche Effektstärken von d > 0,4* des kooperativen Lernens. Die Wirksamkeit übertrifft dabei durchschnittliche Entwicklungs- und Schulbesuchseffekte, wobei für naturwissenschaftliche Fächer noch deutlich höhere Effektstärken festgestellt wurden – u. a. auch im Vergleich zum individuellen Lernen (d = 0,59*).²⁴⁴

235 Riedl, 2011, S. 294; Kirchler, 2011, S. 537.
236 Völlinger, Supanc und Brunstein, 2018, S. 161.
237 Borsch, 2019, S. 30.
238 Tenberg, Bach und Pittich, 2018, S. 111.
239 Riedl, 2011, S. 137.
240 Borsch, 2019, S. 107.
241 Lipowski, 2015, S. 87.
242 Hattie, Beywl und Zierer, 2016.
243 Kyndt, 2013.
244 Völlinger, Supanc und Brunstein, 2018, S. 162; Borsch, 2019, S. 120.

Die Metaanalysen belegen jedoch auch, dass die Ergebnisse stark variieren und durch Faktoren wie u. a. das Alter der Lerngruppe, das Unterrichtsfach, den kulturellen Hintergrund und die Qualität der Umsetzung einzelner Aspekte des kooperativen Lernens (kognitive Aktivierung, instruktionale Hilfestellung und Klassenführung) bedingt werden.[245] Im Hinblick auf motivationale Effekte des kooperativen Lernens bzw. im Hinblick auf die Entwicklung von sozial-kommunikativen Kompetenzen ist die empirische Datenlage schmaler, sodass weiterführende Studien zielführend erscheinen. Von der Annahme, dass Schüler*innen in kooperativen Lernsettings zwangsläufig motivierter sind als im Instruktionsunterricht oder in Einzelarbeit, ist nicht auszugehen. Die Motivation der Schüler*innen wird hier bedingt durch Faktoren, die aus unterschiedlichen Motivationstheorien bekannt sind, wie z. B. soziale Eingebundenheit, Attraktivität und Erreichbarkeit der Aufgabe, Kompetenzerleben und extrinsische Belohnungen[246].

---

[245] Borsch, 2019, S. 124.
[246] Wecker und Fischer, 2014, S. 283–286.

3 Unterrichtsevaluation

Kompetenz (Kapitel 3)		
Die Leser*innen sind in der Lage, die Ziele, Ansätze und Zugänge der Unterrichtsevaluation zu erläutern und deren Bedeutsamkeit für die Weiterentwicklung von Unterricht zu erörtern.		
Die Leser*innen ...	**Professionswissen**	**Reflexionswissen**
... erläutern Ziele, Ansätze und Zugänge der Unterrichtsevaluation vor dem Hintergrund schulischer Qualitätsentwicklung.	Qualitätsbegriff Unterrichtsqualität Evaluation beruflichen Unterrichts • Ziele • Ansätze • Zugänge	Theorie der Evaluation, der Qualität, Unterrichtsqualität Evaluation und Schulentwicklung Möglichkeiten und Grenzen der Unterrichtsevaluation

Im Kontext des vorliegenden technikdidaktischen Prozessmodells nimmt die Evaluation nach der Unterrichtsplanung, der Unterrichtskonzeption und der Unterrichtsdurchführung die abschließende Position und Funktion innerhalb einer Gesamtlehrsequenz ein (Abbildung 20).

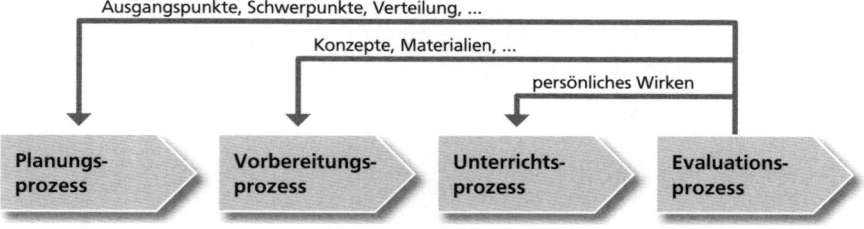

Abbildung 20: Übergang des sequenziellen didaktischen Handelns in zirkuläres Handeln

Da sich die Evaluation auf alle vorausgehenden Teilschritte im didaktischen Prozess bezieht, nimmt sie zwar im Rahmen dieser Darstellung eine Endposition ein, bildet jedoch nicht den Schluss einer didaktischen Sequenz, sondern vielmehr den Beginn des Übergangs in (geschlossene) didaktische Handlungskreise korrigierter oder modifizierter Unterrichtsplanungen, Unterrichtskonzeptionen und Unterrichtsdurchführungen. Didaktisches Handeln ist entsprechend als ein Kreisprozess aus Unterrichtsgestaltung (Planung und Vorbereitung), Unterrichtsrealität (Unterricht) und (ggf.) Unterrichtsveränderung[1] aufzufassen. Für die produktive Ausgestaltung diesbezüglicher Veränderungszyklen hat sich der Ansatz der Evaluation bewährt.

3.1 Begriff und Bedeutung[2]

Lange bevor der Begriff der „Evaluation" im schulischen Sprachgebrauch Verbreitung fand, entstanden schon Ansätze, die didaktisches Handeln nicht linear bzw. unidirektional, sondern zirkulär bzw. reflexiv auffassten. Ein prominentes Beispiel dafür ist HEIMANNs Faktorenanalyse. Seit langem wird in Wissenschaft und Praxis versucht, die Lehrer*innentätigkeit um reflexive Elemente zu bereichern. Die Evaluation findet zunehmend Eingang in die Alltagspraxis der Lehrer*innen, ist teilweise aber auch ein „Reizbegriff", der mit Kontrolle und Sanktion in Verbindung gebracht wird. Diese Ablehnung ist nicht völlig unbegründet, da Evaluation – neben dieser internen Funktion – auch als externe Kontrolle eingesetzt wurde. Dies ist dann der Fall, wenn deren Ergebnisse Individuen zugänglich gemacht werden, welche nicht direkt am didaktischen Handeln beteiligt sind[3]. Dann wird nicht primär das Schließen didaktischer Handlungskreise intendiert, sondern eine externe Bewertung. Diese Nutzung der Evaluation ist für die Praxis nur bedingt relevant. Vor allem die Instrumentalisierung der Evaluation für bildungsökonomische Ansätze (z. B. Ansätze des Qualitätsmanagements; kurz: QM) bleibt für Lehrer*innen wenig nachvollziehbar, da sie hier – mit Recht – Restriktionen anstelle von Förderung und Unterstützung sehen. Im Folgenden soll daher ausschließlich die interne Evaluation als integratives (Teil eines Ganzen), reflexives (rückmeldendes) und rekursives (auf sich bezogenes) Element eines vollständigen didaktischen Handelns erörtert werden.

Begriff
Der Begriff „Evaluation" geht auf das lateinische Wort „valere" (bei Kräften sein, wert sein) zurück. Im Deutschen wird unter Evaluation häufig Schätzung, Wertbestimmung, Bewertung, Beurteilung etc. verstanden[4]. Auf die Schule bzw. den Unterricht spezifiziert versteht man aktuell unter „Evaluation":

---

[1] „Vollständige Handlung" gem. der Handlungsregulationstheorie nach Hacker und Volpert (u. a. Volpert, 1980).
[2] Im Folgenden teilweise wörtlich übernommen aus Tenberg, 2006.
[3] Z. B. Forscher oder auch Inspektoren.
[4] Auswertung von Erfahrungen und Bewertung von Verfahrensweisen in der Forschung, Analyse und Bewertung eines Sachverhalts, Einschätzung der Wirkungsweise, Wirksamkeit und Wirkungszusammenhänge.

- Eine Rechenschaftslegung zur Dokumentation der Qualität pädagogischer Arbeit nach außen;
- Die Bewertung der Wirksamkeit von Bildung unter der Maßgabe der in dem jeweiligen Bildungssystem (bzw. in der jeweiligen Bildungskultur) vorherrschenden Wert- und Normvorstellungen;
- Die Vergewisserung und Rückmeldung über die Wirksamkeit der schulischen Praxis und Wechselwirkungen zwischen pädagogischen Zielen, methodisch-didaktischen Konzepten sowie erzielten Ergebnissen.

Für den vorliegenden Ansatz trifft die letztgenannte Auffassung am besten zu, da in dieser die Verbesserung und Weiterentwicklung gegenüber der Überprüfung und Rechenschaft priorisiert wird. Die vorliegende Einschränkung auf den Aspekt der Wirksamkeit erscheint hier jedoch zu eng. Würde sich die didaktische Reflexion ausschließlich auf diesen Aspekt beschränken, ginge sie kaum über die – im Zusammenhang mit der Unterrichtskonzeption dargestellten – Kontroll- und Reflexionselemente hinaus. Daher soll das Prädikat „Wirksamkeit" durch jenes der „Qualität" ersetzt werden. Unter Evaluation wird nachfolgend generell eine Vergewisserung bzw. Rückmeldung über die Qualität eines beruflichen Unterrichts verstanden. Dabei wird beruflicher Unterricht in der gesamten Komplexität des vorliegenden Modells aufgefasst und im Sinne eines kontinuierlichen Verbesserungsprozesses (KVP) nicht statisch als wachsender Bestand, sondern (dynamisch) als ein sich permanent entwickelndes Konstrukt verstanden.

Unterrichtsqualität
Die Frage nach „dem guten Unterricht" ist keine neue. Der Begriff „Unterrichtsqualität" (UQ) wird seit ca. zwei Jahrzehnten intensiv, vor allem im Zusammenhang mit Konzepten „innerer Schulentwicklung" bzw. dem schulischen Qualitätsmanagement diskutiert. Stellt man Lehrer*innen die Frage nach „gutem Unterricht", fallen eine Reihe von pädagogischen bzw. didaktischen Schlagwörtern aus den verschiedensten Bezugssystemen und -ebenen[5]. Dabei stellt sich zumeist einerseits ein diesbezüglich relativ breiter Konsens unter den befragten Lehrer*innen ein, andererseits sind diese selten willens und auch in der Lage, diese Aspekte zu strukturieren, systematisieren bzw. taxieren[6]. Dieses Defizit deutet nicht nur ein Fehlen (bzw. ein Vernachlässigen) diesbezüglicher Vorgaben aus der Wissenschaft an, sondern auch eine fehlende Praxis einer damit zusammenhängenden alltäglichen Auseinandersetzung[7]. GARVIN[8] stellt aktuell fünf grundlegende Auffassungen von Qualität fest: Ein normatives Qualitätsverständnis[9], ein produktbezogenes Qualitätsverständnis[10], ein kundenbezogenes Qualitätsver-

---

[5] Guter Unterricht ist differenziert, aktivierend, wirksam, erziehend, wissenschaftlich, modern, aktuell, nachhaltig, praxisorientiert, motivierend.
[6] Als Belege für diese Feststellung sind die inzwischen verbreiteten „Schulleitbilder" anzuführen, in welchen diese Aspekte ebenso vielfältig wie unstrukturiert dargestellt werden.
[7] Brügelmann, 1999.
[8] Garvin, 1984.
[9] Das Gute, Schöne, Richtige etc.
[10] Z. B. „20 Jahre alter Wein ist besser als 10 Jahre alter Wein".

ständnis[11], ein herstellungsbezogenes Qualitätsverständnis[12] und ein monetär orientiertes Qualitätsverständnis[13]. Dabei kann sich Qualität partikulär oder summarisch bemessen, je nachdem, ob Erfordernisse ein- oder mehrdimensional festgelegt werden. Die Festlegung von Erfordernissen, welche einer Qualitätsvorstellung zugrunde liegen, kann in diesem Sinne durch die Gesellschaft, Fachexperten, Kunden, den Markt etc. erfolgen.

Überträgt man diesen Ansatz auf den Unterricht, wird die Komplexität und Multidimensionalität von Unterrichtsqualität deutlich. Verschiedene Individuen bzw. Gruppierungen definieren die unterschiedlichsten Erfordernisse, welche zumeist undifferenziert, aber additiv gehandhabt werden. Lehrer*innen sehen ihr „Produkt Unterricht" dann im Schnittfeld vielfältigster Qualitätsanforderungen: (1) Normative Unterrichtsqualitätsansprüche entstehen aus gesellschaftlichen Ansprüchen, rechtlichen und staatlichen Vorgaben[14], (2) produktbezogene Unterrichtsqualitätsansprüche bestimmt die Lehrkraft selbst[15], (3) kundenbezogene Unterrichtsqualitätsansprüche entstehen durch Orientierung des Unterrichts an den Adressaten und deren Vertreter*innen[16], (4) herstellungsbezogene Unterrichtsqualitätsansprüche entstehen durch eine Orientierung an Didaktiken bzw. deren Bezugswissenschaften[17], (5) monetär orientierte Unterrichtsqualitätsansprüche entstehen im Sinne einer Gegenrechnung der umgesetzten Ressourcen[18]. Eine hohe Unterrichtsqualität ist gemäß dieser Kategorisierung dann erreicht, wenn hochgradig „lehrplangemäß" unterrichtet wird, die Lehrkraft den eigenen Unterricht als „gut" einschätzt, Schüler*innen, Betriebe und Eltern mit dem Unterricht zufrieden sind, ein hochwertiges didaktisches Konzept umgesetzt wird und die verfügbaren Ressourcen effizient eingesetzt wurden (im Sinne des ökonomischen Prinzips).

Eine summative Qualität von Unterricht bestünde somit in einer möglichst vollständigen Deckung aller Teilaspekte. Dies stellt sich als hoher Anspruch dar, da jeder Teilaspekt einerseits eine andere Perspektive repräsentiert und andererseits nicht im Sinne einer Ganzheit erfassbar oder abbildbar erscheint. Auch bestehen keine quantifizierbaren Beziehungen zwischen den Teilaspekten; niemand kann festlegen, in welchem Verhältnis ein Qualitätsaspekt gegenüber einem anderen verrechnet werden müsste. Zudem sind auch Spannungsfelder zu erwarten, da sich hier sehr unterschiedliche Qualitätsansprüche gegenüberstehen, die sich auch gegenseitig ausschließen können. Evaluation erfordert somit immer begründete Ausschnittbildungen bzw. Fokussierungen (einhergehend mit deren Eingrenzung und Relativierung).

---

11 Fähigkeit einer Leistung, die Bedürfnisse des Kunden zu erfüllen.
12 Erfüllung von Vorgaben bzw. Anforderungen.
13 Günstige Kosten-/Nutzen-Proportion.
14 Öffentliche Meinung, Werte, Dienstvorschriften, Lehrpläne etc.
15 „Eigener Anspruch" bei der Anwendung von Berufs- oder Praxiswissen.
16 Schüler*innen, Eltern, Betriebe.
17 Einhalten bestimmter Konzepte, Modelle, Prinzipien etc.
18 Nutzung bestimmter Ressourcen bzw. Kompensation fehlender Ressourcen.

Exkurs in die Schulrealität
Obwohl die Evaluation – nicht nur im Schulbereich – aktuell in aller Munde ist, verläuft deren Verbreitung in der Praxis eher moderat. Als Gründe für die Zurückhaltung an den Schulen werden berufsethische Argumente (pädagogischer Freiraum) oder berufssoziologische Argumente (Autonomie-Paritäts-Muster[19]) ebenso geäußert wie andere pragmatische Argumente („zu aufwendig, keine Zeit, das bringt nichts"). Hinter diesen Argumenten ist eine Reihe (1) rationaler, aber auch (2) emotionaler Ursachen auszumachen:

Zu (1): Tatsächlich ist die Evaluation in der Lehrer*innenbildung noch kein etabliertes Thema, sodass aktuell Praktiker*innen zumeist nur dann über diesbezügliche Kompetenzen verfügen, wenn sie sie eigenständig erworben haben. Dieses Defizit erstreckt sich selbstverständlich auch in übergeordnete Bereiche wie Schulleitung und -aufsicht. Zudem erscheinen die bestehenden schulischen Rahmenbedingungen nicht unbedingt förderlich für die Evaluation. Unterricht wird immer noch zu großen Teilen auf Basis individueller Materialien durchgeführt, es bestehen kaum geteilte Arbeitsräume oder -zeiten. Damit stellt sich eine Arbeitssituation ein, welche mit der Arbeitssituation in wirtschaftlichen Betrieben kaum vergleichbar ist. Lehrer*innen arbeiten und kommunizieren individualistisch in sehr unterschiedlichen Räumen und Bezugsfeldern zumeist in schwach strukturierten Prozessen.

Zu (2): Evaluation ist für Lehrer*innen häufig angstbehaftet. Durch die generell hohen, ineinander verwobenen kognitiven, kommunikativen und psychosozialen Anforderungen des Berufs identifizieren sich Lehrer*innen stark mit dem „eigenen Unterricht". Sie betrachten diesen daher nicht als ein „neutrales Produkt", sondern sehen ihn zu einem gewissen Grad auch als Ausdruck ihrer Persönlichkeit. Wird ein Unterricht infrage gestellt, fühlen sich Lehrer*innen in der Regel persönlich betroffen. Obwohl sie durch den Beamtenstatus kaum angreifbar sind, befürchten Lehrer*innen schlechte Beurteilungen, Bemängelungen und damit zusammenhängende Kritik sowie Nachteile. Dies hängt vermutlich auch mit der bekannten Kluft zwischen didaktischen Möglichkeiten (bzw. Anforderungen) und der schulischen Realität zusammen. Alltagsunterricht kann nur selten jenen Anforderungen gerecht werden, mit welchen die Lehrer*innen in ihrer Ausbildung konfrontiert wurden. Entsprechend ängstlich wird auf Unterrichtsbeobachtungen der Schulleitung oder -aufsicht reagiert. Aber auch der Besuch von Kolleg*innen, Referendar*innen oder Praktikant*innen ist nicht immer willkommen. Das könnte darauf hindeuten, dass der Unterricht in vielen Fällen auch den eigenen Ansprüchen der Lehrer*innen nicht gerecht wird, ohne dass diese aber eine genaue Vorstellung dieses Defizits entwickeln und sich damit dann – in Ermangelung von Konsequenzen bzw. ohne Hoffnung auf Abhilfe – einfach arrangieren.

Fehlende oder defizitäre Kompetenzen für die Evaluation, ungünstige äußere und innere Rahmenbedingungen, Ängste (gegenüber anderen, aber auch sich selbst) stehen somit aktuell in der Schulpraxis relativ diffusen „Evaluationserträgen" gegenüber und bedeuten zudem Mehraufwand.[20] Dieser Aufwand kann nur für jene Lehrpersonen ge-

---

19 Lortie, 1972.
20 Näheres dazu in Altrichter, Posch und Hanzer, 1999.

rechtfertigt sein, denen es gelingt, durch Evaluation ihr didaktisches Wirken in einen kontinuierlichen Verbesserungsprozess zu überführen. Dies bedingt nicht zwingend eine Erhöhung des Aufwands, sondern möglicherweise dessen Optimierung.

3.2 Evaluationsmethoden[21]

Aktuell orientiert sich die Unterrichtsevaluation aus methodischer Perspektive an der empirischen Sozialforschung. Dies hängt mit den relativ identischen Bezugsfeldern, Personengruppen, Fragestellungen und Projektionsfeldern zusammen. Häufig wird Unterrichtsforschung mit Evaluation gleichgesetzt. Daher finden auch für die Evaluation von Unterricht „gängige" Methoden empirischer Sozialforschung Verwendung. Entscheidend dafür, welche Methode eingesetzt wird, ist dabei aber nicht eine vorausgehende bzw. nachfolgende Theoriebildung im Zusammenhang mit einem komplexen Forschungsdesign, sondern vielmehr das Erhebungsinteresse und die diesbezüglich möglichen praxisbezogenen Erhebungszugänge[22].

Generell unterscheidet die empirische Sozialforschung zwischen „Methoden der (1) Beobachtung", „Methoden der (2) Befragung" und (3) „Materialanalysen".

Damit drücken sich drei grundlegende Perspektiven aus: Bei einer Beobachtung wird ein äußeres Bild einer sozialen Situation rezipiert, dokumentiert und analysiert. Bei einer Befragung erfolgt eine sog. „Introspektion", bei der die Sichtweisen von Individuen erschlossen werden. Bei einer Materialanalyse erfolgt eine Rekonstruktion einer Lehr-Lern-Situation, indem man sich mit deren Medien, Materialien und materiellen Ergebnissen befasst.

Zu (1): Mit einer Beobachtung äußerer Erscheinungen ist häufig das Messen und Zählen quantifizierbarer Daten intendiert. Diese würde jedoch dem epistemologischen Grundverständnis dieser Didaktik widersprechen. Vielmehr ist hier ein „verstehendes Beobachten" gemeint, also eine sinnerschließende Auseinandersetzung eines Individuums mit einem Geschehen. Dabei ist eine möglichst authentische Konfrontation mit dem Unterrichtsgeschehen erforderlich sowie ein diesbezügliches Tiefenverständnis. Im Idealfall würde somit der Unterrichtende selbst als Beobachter*in fungieren. Da dies jedoch nicht zeitgleich möglich ist, muss entweder eine andere Person beobachten oder ein Beobachtungsmedium eingesetzt werden, welches eine spätere Eigenreflexion der Lehrkraft ermöglicht.

Daraus resultiert eine Unterscheidung in unmittelbare und mittelbare Beobachtung. Mittelbare Beobachtung erfolgt über audiovisuelle Medien, was eine relativ objektive Abbildung des Geschehens ermöglicht, jedoch leider auch eine Ausschnittbildung mit sich bringt[23]. Die unmittelbare Beobachtung erfolgt durch die Anwesenheit

---

21 Im Folgenden teilweise wörtlich übernommen aus Tenberg, 2006.
22 Soll z. B. die Schülersicht bzgl. des Unterrichts erhoben werden, repräsentieren die Schüler*innen den einzigen dafür verfügbaren Zugang.
23 Wollte man das Gesamtgeschehen eines Unterrichts komplett videotechnisch dokumentieren, müsste jede Schüler*innen-Schüler*innen- und jede Lehrer*innen-Lehrer*innen-Interaktion zeitlich synchronisiert und ineinander verschränkt mit Bild und Ton aufgenommen werden. Der dabei erforderliche techni-

einer Beobachtungsperson im Unterricht. Diese kann sich auch mehr oder weniger am Unterricht beteiligen[24], was Vorteile hinsichtlich des Zugangs mit sich bringt, jedoch Nachteile hinsichtlich der Datenerhebung sowie der Authentizität und Objektivität. Unmittelbare Beobachtung führt zu mehr oder weniger strukturierten bzw. operationalisierten Protokollen. Die kriteriengestützte Gestaltung von Vorlagen für Unterrichtsprotokolle entspricht der Transformation der Qualitätsvorstellungen von Unterricht in die Evaluation.

In der Praxis haben sich Kombinationen aus mittelbarer und unmittelbarer Beobachtung bewährt. Die audiovisuelle Aufzeichnung entbindet von einer allzu engen Protokollierung und ermöglicht dem Beobachter eine Konzentration auf spezifische Phänomene. Andererseits erleichtert sie eine anschließende Auswertung sowie Besprechung des Unterrichts und erhöht die Aussagekraft gegenüber der Lehrkraft, die sich und die Klasse aus einer neuen Perspektive sehen kann.

Zu (2): Im Gegensatz zu (1) bezieht sich ein Zugang über eine Befragung nicht ausschließlich auf die Unterrichtssituation. Zwar sind ausschließlich die Schüler*innen diejenigen, welche mit dem Unterricht direkt in Kontakt kommen, jedoch stehen hinter ihnen noch andere Individuen, welche mit den Folgen des Unterrichts durchaus konfrontiert werden. Dies ist in erster Linie das betriebliche Ausbildungspersonal. Will man etwas über den eigenen Unterricht und dessen Wirkungen in Erfahrung bringen, sollte man daher nicht nur die Schüler*innen darüber befragen, sondern auch auf die Betriebe zugehen. Je nach Personengruppe deuten sich dabei unterschiedliche Fokussierungen an. Bei den Schüler*innen stoßen eher situative Aspekte des Unterrichts auf Interesse, aus Sicht der Betriebe erscheinen vor allem Wirkungsaspekte interessant.

Aus methodischer Sicht kann zunächst zwischen „schriftlichen" und „mündlichen" Befragungen unterschieden werden. Dabei teilen sich die schriftlichen Verfahren in gebundene und offene Fragestellungen, die mündlichen in Gespräche und Interviews. Gebundene Fragen liefern aufgrund ihrer Operationalisierung schnell und einfach quantifizierbare Ergebnisse, bilden jedoch nur einen bestimmten Ausschnitt der sozialen Realität ab. Offene Fragen hingegen besitzen einen breiteren und tieferen Erschließungsgehalt, erfordern jedoch ein aufwendigeres Verfahren und müssen qualitativ aufbereitet werden. Ähnlich sieht es im Zusammenhang mit mündlichen Befragungen aus. Der Übergang vom Gespräch ins Interview ist fließend und deutet in erster Linie den Strukturierungsgrad an. Je offener ein Gespräch ist, desto mehr kann erschlossen werden, desto vager werden aber auch die möglichen Schlüsse. Je enger ein Interview strukturiert ist, desto weniger Aspekte kann es erschließen, desto konkreter aber werden darin getroffene Aussagen ausfallen.

In der Praxis sind auch hier Kombinationen üblich. So bieten sich z. B. regelmäßige, gebundene Schüler*innen- und Betriebsbefragungen an, um generelle Einschätzungen und Trends zu erfassen. In anschließenden Lehrer*innen-Schüler*innen-Gesprächen können diese Einschätzungen kommuniziert, konkretisiert und evtl. korrigiert werden.

---

sche Aufwand würde dem Unterricht eine „Studioatmosphäre" verleihen, welche alle Beteiligten erheblich beeinflussen könnte.

24 Je nach Grad bzw. Intensität der Beteiligung spricht man dann auch von „teilnehmender Beobachtung".

In Problemklassen bieten sich dagegen Einzelinterviews mit einem Schwerpunkt in der sozialen Interaktion an. Regelmäßige Gespräche mit den Betrieben sollten nicht als Interviews gehalten werden, können aber durchaus durch vorgefertigte Leitfäden unterstützt und dokumentiert werden.

So wie vorausgehend die Beobachtungsprotokolle bzw. Auswertungsbögen die didaktischen Qualitätsvorstellungen in die Evaluation übertragen, erfolgt dies in den Befragungen über deren Instrumentarien. Unabhängig davon, ob mit harten Skalen, offenen Items oder mittels Interview- oder Gesprächsleitfäden gearbeitet wird, repräsentieren diese letztlich die gesetzten Kriterien. Die Erstellung derartiger Instrumente entspricht daher einer Transformation der Qualitätskriterien in Fragestellungen.

Zu (3): Ähnlich wie die Ethnologie aus der Erforschung von Gegenständen und Bauten zurückliegender Kulturen Aufschlüsse über diese zieht, betrachtet die aktuelle empirische Sozialforschung Vorgaben und Ergebnisse des sozialen Handelns, um darauf Rückschlüsse ziehen zu können. Im Zusammenhang mit dem Unterricht bedeutet dies, dass die Analyse der Materialien und Ergebnisse aus den Lernhandlungen der Schüler*innen Informationen über den Unterricht offenlegen kann. Dies bezieht sich auf alle Konzeptunterlagen, Materialien, Medien, Schüler*innenaufzeichnungen und -mitschriften, Aufgabenbearbeitungen und -lösungen bzw. auf hergestellte Gegenstände oder Produkte. Eine weitere Möglichkeit bietet die Auswertung sog. „Logfiles". So erlauben Computersysteme die Aufzeichnung aller Aktionen bei der Bedienung von Computerprogrammen. Die dabei entstehenden Logfiles lassen eine Rekonstruktion der Schüler*innenbedienung zu und ermöglichen damit eine genaue Analyse der Arbeits-, Lösungs- und Lernwege.

Wie sich bereits abzeichnet, kann Evaluation über sehr unterschiedliche Zugänge in unterschiedlichen Varianten, Qualitäten und Schwerpunktsetzungen erfolgen. Wie die einzelnen Verfahren ausgewählt und kombiniert werden, klärt sich in der Praxis und ist Ausdruck des individuellen Qualitätsbewusstseins von Lehrer*innen. Daher erscheint es auch in diesem Rahmen kaum sinnvoll, Vorbild- oder Beispielmaterial für Instrumente anzubieten. Die Evaluation von Unterricht setzt die Kompetenz voraus, Instrumentarien herstellen, akquirieren, analysieren und beurteilen zu können. Dies erfordert spezifische Theorie- und Praxiskenntnisse.

3.3 Varianten von Evaluation[25]

Aus methodischer Sicht erscheint die Evaluation relativ identisch mit einer wissenschaftlichen Untersuchung – aus intentionaler Sicht, also aus der Nutzungs- bzw. Bewertungsperspektive, stellt sich dies anders dar. Im Gegensatz zu einem möglichst neutralen, sachlichen Erkenntnisgewinn steht hier das Interesse an gezielten Rückmeldungen. Wie bereits vorausgehend dargestellt wurde, betrifft dies diejenigen Personen, welche den Unterricht geplant, konzipiert und durchgeführt haben („Interne"), aber auch solche, die an der Güte des Unterrichts interessiert sind („Externe"). Wissenschaftliche

---

25 Im Folgenden teilweise wörtlich übernommen aus Tenberg, 2011.

Untersuchungen werden im Normalfall von der Erhebung der Daten bis zu deren Interpretation durchgängig von einer distanzierten Person durchgeführt. In Evaluationsansätzen können Erhebung und Bewertung von unterschiedlichen Personengruppen (intern oder extern) vorgenommen werden. Man unterscheidet aus Erhebungsperspektive daher generell zwischen (1a) „Selbstevaluation" und (1b) „Fremdevaluation", aus Bewertungsperspektive zwischen (2a) „interner" und (2b) „externer" Evaluation.

Zu (1a): Selbstevaluation entspricht einer direkten Selbstreflexion. Eine Lehrkraft erhebt ihren eigenen Unterricht, führt beispielsweise eine Schüler*innenbefragung durch oder analysiert Videoaufzeichnungen ihres Unterrichts. Je mehr Kolleg*innen in die Unterrichtsgestaltung involviert sind, desto umfangreicher werden die Möglichkeiten einer Selbstevaluation. So können z. B. Konzeptmaterialien gegenseitig kontrolliert werden oder wechselseitig kollegiale Hospitationen erfolgen. Wichtig ist dabei, dass alle Beteiligten am Gesamtkonzept mitwirken – anderenfalls wäre dies schon „Fremdevaluation". Selbstevaluation geht von Identifikation aus und damit von hoher Subjektivität, Reflexivität sowie von persönlicher Betroffenheit.

Zu (1b): Fremdevaluation bedingt eine persönliche Distanz, welche nur dann vorliegen kann, wenn man sich weder mit einem Unterricht noch mit dessen Entwicklern identifiziert. Daher entspricht eine teaminterne Evaluation immer einer Selbstevaluation, auch wenn sie mehrere Personen einbezieht. Fremdevaluation ermöglicht einen wesentlich sachlicheren, neutraleren Zugang und bedingt die Integration von Expert*innen[26].

Selbst- und Fremdevaluation hängen eng zusammen. Selbstevaluation kann zu sehr intensiven, punktuellen Aufschlüssen über Aspekte, welche für die betroffenen Lehrer*innen sehr bedeutungsvoll sind, führen. Fremdevaluation hingegen kann zu anderen bzw. weiteren Aufschlüssen über einen Unterricht führen, welche evtl. von dessen Gestaltern überhaupt nicht identifiziert worden wären. Werden im ersten Fall die bestehenden didaktischen Kompetenzen präzisiert bzw. modifiziert, können sie im zweiten Fall infrage gestellt, relativiert oder auch bereichert werden. Selbst- und Fremdsicht ergänzen sich im Idealfall und ermöglichen eine maximale Rückmeldung an alle Beteiligten. Voraussetzung dabei ist eine konsensuale Vorstellung von Unterrichtsqualität[27]. Auch hier eröffnet sich in der Auseinandersetzung über einen Konsens zwischen Internen und Externen ein didaktischer Entwicklungsraum; in der Kommunikation über die eigenen und fremden Vorstellungen von Unterrichtsqualität präzisieren Lehrer*innen ihre „eigene Didaktik" und erfahren jene der anderen.

Zu (2a): „Interne Evaluation" erfolgt dann, wenn diejenigen, welche einen Unterricht realisiert haben, mit dessen Ergebnissen und Wirkungen konfrontiert werden und diese bewerten. Interne Evaluation ist die selbstverständliche Weiterführung einer Selbstevaluation, da kaum vorstellbar ist, dass Lehrer*innen ihren Unterricht ausschließlich erheben, um ihn dann von anderen bewerten zu lassen. Interne Evaluation kann aber auch als Fremdevaluation erfolgen. Dies ist dann der Fall, wenn die Erhe-

---

26 Andere Lehrkräfte, Fortbildungslehrkräfte, Fachexperten, Praktiker, Wissenschaftler etc.
27 Je geringer der Konsens, desto weniger kann der Eine mit den Aussagen des Anderen etwas anfangen; je größer der Konsens, desto produktiver die Kommunikation.

bung von Externen durchgeführt wird. Interne Evaluation ermöglicht in beiden Fällen den Aufbau eines wirksamen KVP[28] im Zusammenhang mit Unterricht. Ohne derartige Informationen orientieren die Lehrer*innen ihre Unterrichtsvorbereitung und -nachbereitung an der aktuell wahrgenommenen (Jahrgangs-, Klassen-, Schüler*innen-) Situation. Einzige „Außenkriterien" sind dabei die „üblichen" Kontrollelemente, also mündliche Prüfungen und Klassenarbeiten. Das direkte didaktische Handeln bemessen sie an situativen, individualistischen Aspekten und folgen dabei überwiegend ihren subjektiven Theorien. Verbesserungen stellen sich dabei nur episodisch bzw. anekdotisch ein, unterliegen nur latenten, inneren Ansprüchen und orientieren sich kaum an Außenkriterien.

Interne Evaluation informiert diejenigen, welche den Unterricht realisieren, auch über ihre persönlichen Kompetenzen und den damit zusammenhängenden Stand der eigenen beruflichen Entwicklung. Ohne derartige Informationen stellt sich die berufliche Entwicklung von Lehrkräften defizitär dar. Weder die Unterrichtsvorbereitung noch das direkte didaktische Handeln unterliegen der äußeren Beobachtung bzw. Vergleichen. Lehrer*innen erfahren daher nur selten Expertenrückmeldungen und ebenso selten erleben sie ihresgleichen bei der Arbeit. Berufliche Fortbildung wird zumeist den persönlichen Interessen bzw. einem äußeren Angebot gemäß wahrgenommen, selten aufgrund festgestellter beruflicher Defizite.

Zu (2b): „Externe Evaluation" überträgt die Bewertung von Unterricht an Personen oder Gruppen, welche diesen zwar nicht realisiert, aber an dessen Ergebnissen Interesse haben. Dies bezieht sich insbesondere auf die Schulleitung und -aufsicht. Im Gegensatz zur „Reflexionsfunktion" der internen Evaluation ist der externen Evaluation eine „Deskriptionsfunktion" zuzuweisen. Die Ergebnisse der Bewertung werden nicht direkt in den Unterricht zurückgeführt, sondern nach außen getragen. Ob bzw. inwiefern dies möglich, nötig oder produktiv ist, wird immer wieder kontrovers diskutiert. Einerseits wird behauptet, dass der Unterricht nur von denjenigen bewertet werden kann, die diesen realisiert haben, andererseits finden schon immer Unterrichtsbesuche und Lehrproben statt. Auch dort, wo versucht wird, ganze Schulen in Qualitätssysteme zu integrieren, stellt sich der Bereich Unterricht als ein schwer zugängliches Problemfeld dar. Fest steht, dass die ehemaligen „pädagogischen Freiräume" gesellschaftlich immer weniger akzeptiert werden und sich auch Lehrer*innen über kurz oder lang an berufsbildenden Schulen transparenten Entwicklungskonzepten nicht mehr verschließen können.

Interne und externe Evaluation stellen zunächst ein Kontrastpaar dar: Während interne Evaluation eine Optimierung des Gesamtprozesses intendiert, erfolgt externe Evaluation, um etwas über den momentanen Stand von Unterricht mitzuteilen. Interne Evaluation geht in einen internen Kreisprozess ein, externe Evaluation erfolgt dialogisch nach außen. Trotzdem besteht auch ein enger Zusammenhang zwischen den beiden Formen: Externe Evaluation verlagert die Auseinandersetzung über einen Unterricht auf ein breites Feld von Individuen, welche von dessen Qualität bzw. Ergebnissen betroffen sind. Dadurch entsteht eine direkte Verbindung zwischen „Dienstleistern"

---

28 Kontinuierlicher Verbesserungsprozess.

und „Kund*innen". Diese Verbindung ist wichtig, da es die „Kund*innen" emanzipiert, deren Wahrnehmung und Beurteilung offenlegt und damit greifbar macht. Lehrer*innen müssen sich einerseits dieser Öffentlichkeit stellen, andererseits können sie sich mit dieser Faktizität und mit den dahinterstehenden Individuen rational auseinandersetzen. Das bringt reaktive, aber auch antizipative Folgen mit sich. Wer gut bewertet wird, erhält eine Bestätigung, wer weniger gut bewertet wird, erlebt dies als Kritik. Die bisherige Innensicht erhält eine gewichtige Ergänzung bzw. ein Korrektiv. Je nachdem, wie gegenläufig sich die Ergebnisse von interner und externer Evaluation darstellen, gilt es, die zusätzlichen Informationen in die internen Verbesserungszyklen einzubeziehen und darüber hinaus die interne Evaluation (inhaltlich oder methodisch) anzupassen. Im Extremfall kann sogar eine Korrektur der didaktischen Ausgangspunkte die Folge sein.

Interne und externe Evaluation an öffentlichen Schulen sollten gut aufeinander abgestimmt sein bzw. miteinander korrespondieren. Die Schlüsselrolle hat dabei das jeweilige Konzept der Unterrichtsqualität. Nur wenn dieses den Vorstellungen der Lehrer*innen entspricht, werden sie sich mit einer darauf basierenden Evaluation identifizieren können. Somit bildet dieses individuelle „didaktische Leitbild" den Ausgangspunkt schulischer Evaluation. Da sich eine individuelle Bestimmung von Unterrichtsqualität aber zu einem nicht unerheblichen Teil auch an Außenkriterien orientieren muss (Aspekt (1): Normative Unterrichtsqualitätsansprüche) und nach außen hin kommunizierbar sein sollte, kann auf externe Evaluation nicht völlig verzichtet werden.

Einem Konflikt zwischen interner und externer Evaluation lässt sich dabei schon früh in der Feststellung und Kommunikation individueller Unterrichtsqualitätsvorstellungen entgegenwirken. Einerseits sollten diese den Lehrer*innen nicht aufgezwungen werden, andererseits sollten diese auch nicht willkürlich oder minimalistisch bzw. ungreifbar oder beliebig sein. So sollte eine erfolgreiche externe Evaluation an einer Schule mit der Auseinandersetzung mit den individuellen Qualitätsstatuten ihrer Lehrer*innenschaft beginnen. Konform zu diesem „kooperativen" Vorgang der Qualitätsbestimmung sollte die gesamte weitere Handhabung der Evaluation vorgenommen werden. Das heißt, dass auch deren Durchführung, Auswertung und Umsetzung nicht als isolierte interne oder externe Konzepte optimal erscheinen, sondern voraussichtlich dann ihre besten Wirkungen entwickeln, wenn sie kooperativ erfolgen. Im Idealfall entwickelt sich ein Dialog zwischen „Internen" und „Externen", welcher zu einer Explikation und Ausdifferenzierung dessen führt, was didaktisch gewünscht wird, aber auch zu einer Offenlegung und Anerkennung dessen, was didaktisch möglich ist.

Tabelle 20: Evaluationsmatrix mit den Dimensionen Erhebung/Bewertung

Erhebung/Bewertung	Selbst-	Fremd-
Intern	Spiegel	Beratung
Extern	Rechenschaft	Kontrolle

Aus diesen beiden Dimensionen der unterrichtsbezogenen Evaluation ergibt sich eine Matrix mit vier möglichen Ausprägungen (Tabelle 20). Dabei werden die primären Funktionen der jeweiligen Ausprägung deutlich:
a) Eine interne Selbstevaluation konfrontiert Lehrer*innen direkt mit ihrem eigenen Unterricht und bezieht keine anderen Personen mit ein. Daher entspricht sie einem vorgehaltenen Spiegel bei gleichzeitiger Vermeidung äußerer Partizipation;
b) Eine interne Fremdevaluation erfolgt dann, wenn Lehrkräfte andere Personen für die Evaluation ihres Unterrichts hinzuziehen und sich mit deren Eindrücken auseinandersetzen. Diese Beratung kann andere bzw. neue Perspektiven auf den eigenen Unterricht eröffnen und helfen, die eigenen Eindrücke zu konkretisieren und relativieren;
c) Eine externe Selbstevaluation entspricht einer Rechenschaftslegung. Der Unterricht wird von den Lehrer*innen selbst erhoben und die Ergebnisse werden nach außen weitergegeben;
d) Erfolgt auch die Erhebung durch außenstehende Personen, spricht man von einer externen Fremdevaluation. Liegen die Gründe für diese Vorgehensweise nicht in einem wissenschaftlichen Zusammenhang, ist hier von bewertenden bzw. kontrollierenden Intentionen auszugehen.

Wie schon im Zusammenhang mit den Einzeldimensionen stellt die Definition der Unterrichtsqualität auch für diese vier Ausprägungen einen zentralen Bezugspunkt dar. Das heißt, dass b), c) und d) in jedem Fall eine diesbezügliche Auseinandersetzung zwischen den beteiligten Parteien voraussetzen und bedingen. Ausgangspunkt ist aber in jedem Fall a). Ohne interne Selbstevaluation und die damit einsetzende Auseinandersetzung mit den eigenen Qualitätsvorstellungen erscheinen alle weiteren Evaluationsansätze wenig sinnvoll. Sowohl eine Beratung als auch Rechenschaft und Kontrolle führen nur dann zu einer nachhaltigen Verbesserung des Unterrichts, wenn die betroffenen Lehrer*innen deren Konsequenzen in ihre eigenständigen Schleifen aus Unterrichtsplanung, -konzeption und -durchführung einbetten.

Aus den vorausgehenden Betrachtungen leiten sich folgende übergreifende Konsequenzen ab:
1) Ausgangs-, Dreh- und Angelpunkt der Evaluation ist die Bestimmung von Unterrichtsqualität. Sie ist nicht nur als Endergebnis eines didaktischen Diskurses bedeutend, sondern hat auch eine bedeutende Initiativfunktion;
2) Die Basis jeder Form von Evaluation ist eine interne Selbstevaluation. Sie ist Ausgangspunkt und Schnittstelle für alle anderen Ansätze und bestimmt deren Wirksamkeit;
3) Externe Evaluation und Fremdevaluation sind additive Ansätze, welche die interne Selbstevaluation bereichern, ohne die sie aber wenig sinnvoll erscheinen. Ihre Wirksamkeit hängt erheblich von der Konvergenz der zugrunde liegenden Vorstellungen von Unterrichtsqualität ab;

4) Interne Selbstevaluation kann von einzelnen Lehrkräften nur rudimentär durchgeführt werden. Daher empfiehlt sich für eine sinnvolle Evaluation die Bildung kollegialer Teams.

3.4 Durchführung, Auswertung und Rückführung[29]

Die eigentliche Durchführung der Evaluation, deren Auswertung und Rückführung in die Unterrichtsgestaltung bezieht sich auf die vorausgehend erörterten Zusammenhänge und konkretisiert diese[30].

Durchführung der Evaluation
Wie bereits eingangs angedeutet, empfinden viele Lehrer*innen Evaluationsmaßnahmen als eine wenig weiterführende, zusätzliche Belastung. Nicht zuletzt versuchen sie dabei, sich externen Einblicken zu entziehen, da sie den eigenen Unterricht oft als Teil ihrer Privatsphäre betrachten. Da jedoch davon auszugehen ist, dass Evaluation aktuell nur dann fruchtbar werden kann, wenn sich die Beteiligten damit identifizieren, sollten derartige Ängste vermieden bzw. weitgehend reduziert werden. Mit der Akzeptanz für Zugänge und Methoden steigt erwartungsgemäß die Bereitschaft von Lehrer*innen, sich mit den Ergebnissen und deren Hintergründen auseinanderzusetzen und diese proaktiv umzusetzen.

Je nachdem, wie stark (oder schwach) die emotionale Betroffenheit einer Lehrkraft ausgeprägt ist, werden erste eigene Evaluationsversuche sehr eingegrenzt stattfinden, externe Individuen im Unterricht vermieden, keine Schüler*innenmeinungen miteinbezogen und auch keine Informationen nach außen kommuniziert[31]. In vielen Fällen entwickelt sich dann ein Interesse an Hintergründen, anderen Meinungen und weiteren Informationen, sodass Lehrer*innen über einen gewissen Zeitraum ihr Evaluationsspektrum intuitiv erweitern.

Im Zusammenhang mit der vorliegenden Didaktik erscheint insbesondere die „kollegiale Evaluation" interessant. Da die Gestaltung anspruchsvoller Lernumgebungen besser im Team erfolgt, entsteht von Anfang an eine Kleingruppe von Lehrer*innen, welche einen gemeinsamen Unterricht entwickeln. Im Idealfall teilen sich diese auch die Unterrichtskonzeption, -durchführung und -evaluation. Ist dies – mehr oder weniger – der Fall, entwickelt sich nicht nur ein geteilter Raum der didaktischen Expertise, sondern auch ein engerer persönlicher Bezug. Derartige kollegiale Teamarbeit ermöglicht neben einer angstreduzierten Evaluationsdurchführung auch eine hohe Effizienz und Effektivität in deren Weiterführung, da sich exakt diejenigen Individuen mit einem Unterricht konfrontieren, welche diesen entwickelt und gestaltet haben. Die Durchführung der Evaluation ist somit auch ein kollektiver Gewöhnungsprozess, der in einem

---
29 Im Folgenden teilweise wörtlich übernommen aus Tenberg, 2011.
30 Speziell für die Evaluationspraxis liegt eine Vielzahl von Konzepten und Methoden vor. Dort werden neben strukturellen und operativen Vorgaben auch eine Vielzahl von Instrumenten und Auswertungsverfahren zur Verfügung gestellt. Beispiele dafür finden sich in: Kempfert und Rolff, 2002.
31 Z. B. durch eine videogestützte Selbstreflexion.

kollegialen Team erfolgt. Nicht zuletzt hat sich im Zusammenhang mit der Evaluation gezeigt, dass deren Kernstück, nämlich die Selbstevaluation, nur rudimentär von einer einzelnen Lehrkraft durchgeführt werden kann. Daher erscheint die „kollegiale Evaluation" nicht nur als diesbezüglich interessante Variante, sondern als unumgängliche Implikation der vorliegenden Didaktik.

Auswertung und Rückführung der Evaluation
Evaluation besitzt im vorliegenden didaktischen Modell nicht nur unterschiedliche Ausgangspunkte und Methoden, sondern auch drei verschiedene Projektionsfelder. Sie bezieht sich nicht nur auf das direkte Unterrichtsgeschehen, sondern auch auf die diesem vorausgehenden Prozesse der Unterrichtsplanung und -konzeption. Damit schließt sich der Gesamtprozess nicht an einen, sondern an drei Verknüpfungspunkte. Evaluation erscheint dann am wirkungsvollsten, wenn ihre Ergebnisse klar auf die entsprechenden Entstehungszusammenhänge zurückgeführt werden. Das heißt, dass z. B. Probleme mit Lernsituationen der Planungsebene rückgemeldet werden müssen, Probleme mit Unterrichtsmaterialien der Konzeptebene und Interaktionsprobleme der Durchführungsebene.

Diese Differenzierung ist theoretisch plausibel, praktisch jedoch nicht eindeutig umsetzbar. Wird beispielsweise festgestellt, dass Schüler*innen Schwierigkeiten mit einem bestimmten Leittext haben, kann dies daran liegen, dass dessen Zielsetzung und Gegenstand nicht konform zur aktuellen beruflichen Praxis sind (Planungsebene), dass inhaltliche oder gestalterische Defizite in der Unterlage liegen (Konzeptebene) oder dass die vorausgehende Instruktion nicht hinlänglich auf die Aufgabe vorbereitet (Durchführungsebene).

Daher erfordert die Auswertung von Evaluationsergebnissen und deren Rückführung in den Gesamtprozess ein komplexes und differenziertes Vorgehen. Bei diesem Vorgehen ist generell davon auszugehen, dass ein festgestelltes Problem bzw. Defizit immer mit allen drei Bezugsfeldern zusammenhängen kann. Das heißt, man versucht, die Ursächlichkeit auf multikausale Zusammenhänge zurückzuführen und dann für jeden Einzelzusammenhang Schlüsse zu ziehen. Im Fall des vorausgehenden Beispiels wird dann möglicherweise festgestellt, dass die Aufgabe praxiskonform ist und auch entsprechend vorbereitet wurde. Der tatsächliche Verbesserungsbereich liegt auf Konzeptebene und hängt mit einem ungenau formulierten Text zusammen.

Zusammenfassung
Der vorliegende Gesamtansatz sieht die Evaluation als bedeutsames Element für ein reflexives und damit auf Weiterentwicklung ausgerichtetes didaktisches Handeln vor. Jede einzelne Komponente der Planung, Konzeption und Durchführung kann nur auf Basis der Evaluation auf ein angemessenes Niveau gebracht werden und im zeitlichen Verlauf vor Starrheit oder Rückständigkeit bewahrt werden. Moderne berufliche Lernumgebungen bieten so viele Bezugsfelder und Ansatzpunkte für die Evaluation, sodass die Lehrpersonen hier eher ein Auswahl- und Fokussierungsproblem haben denn ein

Problem, Evaluationsrelevantes zu identifizieren. Nachfolgend ist nochmals kurz ein Ansatz für die Handhabung der Evaluation in einem pädagogischen Team skizziert:
1) Festlegung der beteiligten und involvierten Personen;
2) Gemeinsame Bestimmung des Evaluationsaspekts und den damit zusammenhängenden Gütemerkmalen (Evaluationskategorien);
3) Bestimmung des Evaluationsfelds und der diesbezüglichen Zugänge und Methoden;
4) Erstellung eines Evaluationsplans mit Intervallen für primäre und sekundäre Zugänge;
5) Akquise bzw. Anpassung oder Gestaltung von Evaluationsinstrumenten;
6) Auswertung der Ergebnisse und Klärung ursächlicher Zusammenhänge auf allen drei Ebenen (Unterrichtsplanung, Unterrichtskonzeption und Unterrichtsdurchführung);
7) Feststellung von Verbesserungsbereichen auf den betroffenen Ebenen, Klärung der Verbesserungsansätze und Konkretisierung in einem zeitlich konkreten Umsetzungsplan;
8) Umsetzung des Verbesserungsplans mit einer Zwischenüberprüfung der Fortschritte und einer abschließenden erneuten Evaluation.

Nur bei der Umsetzung eines derartigen Ablaufplans kann davon ausgegangen werden, dass die Evaluation zu angemessenen Fortschritten führt. Wenn z. B. die Ursachen nicht genau geklärt werden, können Verbesserungsansätze nicht sinnvoll gestaltet werden; wenn die Umsetzung der Verbesserungsmaßnahmen nicht konkret und zeitlich eingegrenzt beschlossen wird, ist die Wahrscheinlichkeit groß, dass diese auch unspezifisch bleibt und nie zu einem Ende kommt. Daher sollten von Anfang an auch die begrenzten Umsetzungsressourcen mit in die Evaluationsaktivitäten eingeplant werden. Angesichts der meist knapp bemessenen Zeit sollte man sich auf möglichst interessante und relevante Kernaspekte beruflich-technischer Lernumgebungen konzentrieren. Lehrpersonen, die all dies beachten, berichten auch, dass sie bei der Auseinandersetzung mit sehr spezifischen Kernthemen immer auch ein ganzes Bündel weiterer didaktisch-methodisch hoch relevanter Themen miteinbeziehen müssen, z. B. bei der Verbesserung der Schüler*innenaufzeichnungen der Lern- und Leistungsmotivation, Gruppenarbeit, Instruktion usw. Das, was so als Kollateraleffekt erscheint, ist jedoch aus wissenschaftlicher Perspektive ein zentraler Gewinn der Evaluation: Die evaluierenden Lehrpersonen setzen sich ausgehend von einem Praxisproblem mit dessen Ursächlichkeiten auseinander und erschließen daraufhin die dafür als relevant eingeschätzten Informationen, um gezielt Lösungen für ihre Praxis herbeizuführen. Dann ist der Kreis einer „vollständigen" didaktischen Praxis geschlossen und der Unterricht entwickelt sich fortlaufend mit dessen Gestaltenden.

4 Literatur

Achtenhagen, F., John, E. G., Lüdecke, S., Preiß, P., Seemann, H., Sembill, D., & Tramm, T. (1988). Handlungsorientierte Unterrichtsforschung in ökonomischen Kernfächern – am Beispiel des Einsatzes einer arbeitsanalogen Lernaufgabe und eines Planspiels: Action oriented educational research in the fields of economics education. *Unterrichtswissenschaft: Zeitschrift für Lernforschung, 16* (4), S. 23–37.

Altrichter, H., Posch, P., & Hanzer, H. (Hg.). (1999). *Wege zur Schulqualität: Studien über den Aufbau von qualitätssichernden und qualitätsentwickelnden Systemen in berufsbildenden Schulen*. Innsbruck: Studienverlag.

Aschersleben, K. (1987). *Moderner Frontalunterricht: Neubegründung einer umstrittenen Unterrichtsmethode*. (3., unveränd. Aufl.). Frankfurt am Main: Lang.

Atkinson, J. W. (1957). Motivational determinations of risk-taking behaviour. *Psychological Review, 64* (6), S. 359–372.

Bach, A. (2018). Medien in gewerblich-technischen Lehr-Lernprozessen. In B. Zinn, R. Tenberg & D. Pittich (Hg.), *Technikdidaktik* (1. Aufl., S. 157–175). Stuttgart: Franz Steiner Verlag.

Bader, R. (2004a). Handlungsfelder – Lernfelder – Lernsituationen. Eine Anleitung zur Erarbeitung von Rahmenlehrplänen sowie didaktischer Jahresplanungen für die Berufsschule. In R. Bader & M. Müller (Hg.), *Unterrichtsgestaltung nach dem Lernfeldkonzept* (S. 11–36). Bielefeld: Bertelsmann.

Bader, R. (2004b). Handlungsorientierung als didaktisch-methodisches Konzept der Berufsbildung. In R. Bader & M. Müller (Hg.), *Unterrichtsgestaltung nach dem Lernfeldkonzept* (S. 61–68). Bielefeld: Bertelsmann.

Baumert, J. (2002). Deutschland im internationalen Bildungsvergleich: Vortrag von Prof. Dr. Jürgen Baumert anlässlich des dritten Werkstattgespräches der Initiative „McKinsey bildet", im Museum für ostasiatische Kunst, Köln. Retrieved 17.04.2019, from http://gaebler.info/pisa/baumert.pdf

Bendorf, M. (2008). *Lernkompetenz im Wirtschaftslehreunterricht: Förderung von Metakognition und Lernstrategien am Wirtschaftsgymnasium: Zugl.: Göttingen, Univ., Habil.-Schr., 2007*. Paderborn: Eusl.

Beyen, W. (2003). Kritische Anmerkungen zu didaktischen Forderungen des „Lernfeldkonzepts" aus aktueller lernpsychologischer, insbesondere konstruktivistischer Sicht. In A. Bredow, R. Dobischat & J. Rottmann (Hg.), *Berufs- und Wirtschaftspädagogik von A–Z* (S. 213–226). Baltmannsweiler: Schneider Verlag Hohengehren.

Bloom, B. S. (1956). *Taxonomy of educational objectives: The classification of educational goals*. New York, New York; London: McKay Longman.

Bonz, B. (2006). *Methodik. Lern-Arrangements in der Berufsbildung*. Baltmannsweiler: Schneider Verlag Hohengehren.

Bonz, B. (Hg.). (2009). *Didaktik und Methodik der Berufsbildung*. Baltmannsweiler: Schneider Verlag Hohengehren.

Borsch, F. (2019). *Kooperatives Lernen: Theorie – Anwendung – Wirksamkeit*. (3., akualisierte Aufl.). Stuttgart: Verlag W. Kohlhammer.

Brügelmann, H. (Hg.). (1999). *Was leisten unsere Schulen?: Zur Qualität und Evaluation von Unterricht.* Seelze-Velber: Kallmeyer.

Buchalik, U. (2009). *Fachgespräche: Lehrer-Schüler-Kommunikation in komplexen Lehr-Lern-Umgebungen.* Frankfurt am Main: P. Lang.

Buschfeld, D. (2003). Draußen vom Lernfeld komm' ich her …? Ein Plädoyer für einen alltäglichen Umgang mit Lernsituationen. In: bwpat (4), https://www.bwpat.de/ausgabe4/buschfeld_bwpat4.pdf

Clement, U. (2003). Fächersystematik oder Situationsorientierung als curriculare Prinzipien für die berufliche Bildung. In: bwpat (4), S. 1–10. Online verfügbar unter http://www.bwpat.de/ausgabe4/clement_bwpat4.pdf.

Collins, A., Brown, J. S., & Newman, S. (1989). Cognitive apprenticeship. Teaching the craft of reading, writing and mathematics. In L. B. Resnick (Hg.), *Knowing, learning, and instruction* (S. 453–494). Hillsdale, NJ: Erlbaum.

De Bono, E. (1987). *CoRT-Thinking. Student Textbook 1–6.* New York: Pergamon Press.

Deci, E. L. & Ryan, R. M. (1985). *Intrinsic motivation and self-determination in human behavior.* New York, NY [u. a.]: Plenum Press.

Deci, E. L. & Ryan, R. M. (2000). The „what" and „why" of goal pursuits: Human needs and the self-determination of behavior. *Psychological Inquiry, 11* (4), S. 227–268.

Dempf, M. (2013). *Maler und Lackierer: Lernfelder 1–12.* (1. Aufl.). Braunschweig: Westermann.

Dengler, M. (2016). *Empirische Analyse lernfeldbasierter Unterrichtskonzeptionen in der Metalltechnik.* (Dissertationsschrift). Frankfurt am Main: Peter Lang Verlag.

Dilger, B. (2011). Die Probleme mit den Problemen: Oder Missverständnisse bei der Konstruktion von Lernsituationen. In: bwp@ Berufs- und Wirtschaftspädagogik – online, Ausgabe 20, 1–21. Online: http://www.bwpat.de/ausgabe20/dilger_bwpat20.pdf

Dubs, R. (2001). Curriculare Vorgaben und Lehr-Lernprozesse. In B. Bonz (Hg.), Didaktik der beruflichen *Bildung* (S. 50–70). Baltmannsweiler: Schneider Verlag Hohengehren.

Dubs, R. (2001a). Welche ökonomische Bildung wollen wir? In Sowi-online e. V. (Hg.) – Zeitschrift für Sozialwissenschaften und ihre Didaktik; Onlinejournal. Bielefeld

Dubs, R. (2009). *Lehrerverhalten: Ein Beitrag zur Interaktion von Lehrenden und Lernenden im Unterricht.* (2. Aufl.). Zürich: SKV.

Eder, A. (2016). Entscheidungen, methodische. In J.-P. Pahl (Hg.), *Lexikon Berufsbildung* (3. erweiterte und aktualisierte Aufl., S. 347–348). Bielefeld: wbv.

Emmermann, R. & Fastenrath, S. (2014). *Didaktische Jahresplanung.* (1. Aufl.). Haan-Gruiten: Verlag Europa-Lehrmittel Nourney Vollmer GmbH & Co. KG.

Emmermann, R. & Fastenrath, S. (2016). *Kompetenzorientierter Unterricht.* (1. Aufl.). Haan-Gruiten: Verlag Europa-Lehrmittel Nourney Vollmer GmbH & Co. KG.

Erpenbeck, J. & Rosenstiel, L. (Hg.). (2007). *Handbuch Kompetenzmessung: Erkennen, verstehen und bewerten von Kompetenzen in der betrieblichen, pädagogischen und psychologischen Praxis* (2. Aufl.). Stuttgart: Schäffer-Poeschel.

Erpenbeck, J. & Sauter, W. (2007). *Kompetenzentwicklung im Netz: New Blended Learning mit Web 2.0.* Köln: Luchterhand.

Euler, D. (2003a). Theoretische Zugänge zur Wirtschaftsdidaktik. In A. Bredow, R. Dobischat & J. Rottmann (Hg.), *Berufs- und Wirtschaftspädagogik von A–Z* (S. 119–134). Baltmannsweiler: Schneider Verlag Hohengehren.

Euler, D. (Hg.). (2003b). *Handbuch der Lernortkooperation.* Bielefeld: Bertelsmann.

Euler, D. (Hg.). (2004). *Handbuch der Lernortkooperation: Theoretische Fundierung.* Bielefeld: Bertelsmann.

Euler, D. & Hahn, A. (2014). *Wirtschaftsdidaktik.* (3., aktualisierte Aufl.). Bern: Haupt Verlag.

Fittkau, B., Müller-Wolf, H.-M. & Schulz Von Thun, F. (2007). *Kommunizieren lernen (und umlernen): Trainingskonzeptionen und Erfahrungen.* (8. Aufl.). Aachen-Hahn: Hahner Verlagsgesellschaft.

Flavell, J. H. (1976). Metacognitive aspects of problem solving. In L. B. Resnick (Hg.), *The nature of intelligence* (S. 82–121). Hillsdale, NJ: Erlbaum.

Frey, K. (1990). *Die Projektmethode.* (2. Aufl.). Weinheim: Beltz.

Frey, K. (2010). *Die Projektmethode: „Der Weg zum bildenden Tun".* s. l.: Beltz.

Frey, K. & Frey-Eiling, A. (2015). Die Projektmethode. In J. Wiechmann & S. Wildhirt (Hg.), *Zwölf Unterrichtsmethoden* (6., vollständig überarbeitete Aufl., S. 175–182). Weinheim; Basel: Beltz.

Garvin, D. A. (1984). What does Product Quality really mean? *Sloan Management Review, 26* (1), S. 25–43.
Glöckel, H. (2003). *Vom Unterricht: Lehrbuch der allgemeinen Didaktik.* (4., durchges. und erg. Aufl.). Bad Heilbrunn/Obb.: Klinkhardt.
Gold, A. (2015). *Guter Unterricht: Was wir wirklich darüber wissen.* Göttingen; Bristol, CT: Vandenhoeck & Ruprecht.
Gordon, T. (2012). *Lehrer-Schüler-Konferenz.* Stuttgart: Heyne.
Grieder, S. K. (2006). Emotionen von Berufsschülern bei selbstreguliertem Lernen – Eine Interventionsstudie. (Dissertationsschrift), Universität Basel, Basel.
Gudjons, H. (2001). *Pädagogisches Grundwissen Überblick – Kompendium – Studienbuch.* (7., völlig neu bearb. und aktualisierte Aufl.). Bad Heilbrunn/Obb.: Klinkhardt.
Haag, L. & Dann, H. D. (2001). Lehrerhandeln und Lehrerwissen als Bedingung erfolgreichen Gruppenunterrichts. *Zeitschrift für pädagogische Psychologie, 15* (1), S. 5–15.
Hacker, W. (1973). *Allgemeine Arbeits- und Ingenieurpsychologie: Psychische Struktur und Regulation von Arbeitstätigkeiten.* Berlin: Deutscher Verlag der Wissenschaften.
Hacker, W. (1986). *Arbeitspsychologie: Psychische Regulation von Arbeitstätigkeiten: Winfried Hacker.* Bern [u. a.]: Huber.
Hahne, K. & Schäfer, U. (2011). *Das Projekt als Lehr-Lern-Form in der Berufsbildung in Deutschland: Eine Bibliographie für die Jahre 1956 bis 2010.* Frankfurt am Main: GFPF; DIPF.
Harter, C., Schellberg, D., Möltner, A. & Kadmon, M. Frontalunterricht oder interaktive Gruppenarbeit? Ein Vergleich des Lernerfolgs und der studentischen Evaluation für das Fach Biochemie. GMSZ Med Ausbild. 2009; 26(2): Doc23. DOI: 10.3205/zma000615
Hartinger, A., Kleickmann, T. & Hawelka, B. (2006). Der Einfluss von Lehrervorstellungen zum Lernen und Lehren auf die Gestaltung des Unterrichts und auf motivationale Schülervariablen. *Zeitschrift für Erziehungswissenschaft, 9* (1), S. 110–126.
Hasselhorn, M. (1992). Metakognition und Lernen. In G. Nold (Hg.), *Lernbedingungen und Lernstrategien* (S. 35–63). Tübingen: Gunter Narr.
Hasselhorn, M. & Gold, A. (2017). *Pädagogische Psychologie: Erfolgreiches Lernen und Lehren.* Stuttgart: Kohlhammer.
Hattie, J. (2009). *Visible learning a synthesis of over 800 meta-analyses relating to achievement* (S. IX, 378)
Hattie, J., Beywl, W. & Zierer, K. (2016). Lernen sichtbar machen für Lehrpersonen (überarbeitete deutschsprachige Ausgabe, 2. korrigierte Aufl. ed., S. XVII, 296 Seiten). Baltmannsweiler: Schneider Verlag Hohengehren.
Heimerer, L., Schelten, A. & Schießl, O. (Hg.). (1996). *Abschlußbericht zum Modellversuch „Fächerübergreifender Unterricht in der Berufsschule" (FügrU).* München: Staatsinstitut für Schulpädagogik und Bildungsforschung.
Helmke, A. (2014). *Unterrichtsqualität und Lehrerprofessionalität: Diagnose, Evaluation und Verbesserung des Unterrichts.* (5. Aufl.). Seelze-Velber: Klett; Kallmeyer; Friedrich.
Hillmayr, D., Ziernwald, L., Reinhold, F. & Reiss, K. (2018). Einsatz digitaler Medien im mathematisch-naturwissenschaftlichen Unterricht der Sekundarstufe: Eine Metastudie zur Lernwirksamkeit. München: Unpublished.
Horz, H. (2015). Medien. In E. Wild & J. Möller (Hg.), *Pädagogische Psychologie* (S. 121–149). Berlin; Heidelberg: Springer.
Huber, A. A. (2005). Förderung fachlicher und überfachlicher Kompetenzen durch wechselseitiges Lehren und Lernen. In A. A. Huber (Hg.), *Vom Wissen zum Handeln* (S. 201–216). Tübingen: Huber.
Huber, F. (1972). *Allgemeine Unterrichtslehre.* (11., durchges. Aufl.). Bad Heilbrunn/Obb.: Klinkhardt.
Huisinga, R. (1999). Das Lernfeldkonzept der KMK – ein bildungspolitischer Reformvorschlag? In R. Huisinga, I. Lisop & H. D. Speier (Hg.), *Lernfeldorientierung* (S. 49–83). Frankfurt am Main: Verlag der Gesellschaft zur Förderung Arbeitsorientierter Forschung und Bildung.
Hüther, J. & Schorb, B. (Hg.). (2010). *Grundbegriffe Medienpädagogik* (5., gegenüber der 4., unveränd. Aufl.). München: kopaed.
Huwendiek, V. (2015). *Leitfaden Schulpraxis: Pädagogik und Psychologie für den Lehrberuf.* (V. Huwendiek Ed.). Berlin: Cornelsen Schulverlage.
Jackson, P. W. (1968). *Life in classrooms.* New York: Holt, Rinehart and Winston.
Jank, W. & Meyer, H. (2014). *Didaktische Modelle.* (11. Aufl.). Berlin: Cornelsen.

Kaiser, A. & Kaiser, R. (1987). *Studienbuch Pädagogik: Grund- und Prüfungswissen; mit 30 Struktur- und Schaubildern, Tableaus und Tabellen.* (3. Aufl.). Frankfurt am Main: Athenäum Verlag.

Kaiser, A. & Kaiser, R. (1999). *Metakognition: Denken und Problemlösen optimieren.* Neuwied: Luchterhand.

Kempfert, G. & Rolff, H.-G. (2002). *Pädagogische Qualitätsentwicklung: Ein Arbeitsbuch für Schule und Unterricht.* (3., unveränd. Aufl.). Weinheim: Beltz.

Kirchler, E. (Hg.). (2011). *Arbeits- und Organisationspsychologie* (3. Aufl.). Wien: UTB.

Klauer, K. J. (2007). *Lehren und Lernen: Einführung in die Instruktionspsychologie.* (1. Aufl.). Weinheim: Beltz.

Knöll, B., Gschwendtner, T. & Nickolaus, R. (2008). Motivation in der elektrotechnischen Grundbildung. In D. Münk, P. Gonon, K. Breuer & T. Deißinger (Hg.), *Modernisierung der Berufsbildung* (S. 131–140). Opladen: Budrich.

Konrad, K. (2009). Selbstgesteuertes Lernen – Profile und Lernwirksamkeit. *Unterrichtswissenschaft: Zeitschrift für Lernforschung, 37* (1), S. 55–76.

Kuhn, D. (2007). Is Direct Instruction an Answer to the Right Question? *Educational Psychologist, 42* (2), S. 109–113.

Kultusministerkonferenz. (1999). Rahmenlehrplan für die Berufsausbildung in der Bauwirtschaft. Retrieved 23.07.2019, from https://www.kmk.org/themen/berufliche-schulen/duale-berufsausbildung/downloadbereich-rahmenlehrplaene.html?type=150&tx_fedownloads_pi1%5Bdownload%5D=12763&tx_fedownloads_pi1%5Baction%5D=forceDownload&tx_fedownloads_pi1%5Bcontroller%5D=Downloads&cHash=206f935e4baa4d1afecc26dad34ef0b4

Kultusministerkonferenz. (2004). Rahmenlehrplan für den berufsfeldbezogenen Lernbereich im Berufsgrundbildungsjahr Berufsfeld Metalltechnik. Retrieved 12.04.2019, from https://www.kmk.org/themen/berufliche-schulen/duale-berufsausbildung/downloadbereich-rahmenlehrplaene.html?type=150&tx_fedownloads_pi1%5Bdownload%5D=12632&tx_fedownloads_pi1%5Baction%5D=forceDownload&tx_fedownloads_pi1%5Bcontroller%5D=Downloads&cHash=4cb42fb5cb0ecd522a6f3546f4ad320d

Kultusministerkonferenz. (2011). Handreichung für die Erarbeitung der Rahmenlehrpläne der Kultusministerkonferenz für den berufsbezogenen Unterricht in der Berufsschule und ihre Abstimmung mit Ausbildungsordnungen des Bundes für anerkannte Ausbildungsberufe. Bonn.

Kultusministerkonferenz. (2017). Handreichung für die Erarbeitung von Rahmenlehrplänen der Kultusministerkonferenz für den berufsbezogenen Unterricht in der Berufsschule und ihre Abstimmung mit Ausbildungsordnungen des Bundes für anerkannte Ausbildungsberufe. Aktualisierte Auflage 2017. Retrieved 15.10.2017, from http://www.kmk.org/fileadmin/Dateien/veroeffentlichungen_beschluesse/2011/2011_09_23_GEP-Handreichung.pdf

Kultusministerkonferenz. (2018). Handreichung für die Erarbeitung von Rahmenlehrplänen der Kultusministerkonferenz für den berufsbezogenen Unterricht in der Berufsschule und ihre Abstimmung mit Ausbildungsordnungen des Bundes für anerkannte Ausbildungsberufe. Aktualisierte Auflage 2018. Retrieved 23.07.2019, from https://www.kmk.org/fileadmin/Dateien/veroeffentlichungen_beschluesse/2011/2011_09_23-GEP-Handreichung.pdf

Kultusministerkonferenz. (2018a). RAHMENLEHRPLAN für den Ausbildungsberuf Industriemechaniker/Industriemechanikerin.(Beschluss der Kultusministerkonferenz vom 25.03.2004 i. d. F. vom 23.02.2018)

Künsting, J. (2007). *Effekte von Zielqualität und Zielspezifität auf selbstreguliert-entdeckendes Lernen durch Experimentieren.* (Dissertationsschrift), Universität Duisburg-Essen Campus Essen, Essen.

Kyndt, E. et al. (2013) A meta-analysis of the effects of face-to-face cooperative learning. Do recent studies falsify or verify earlier findings? *Educational Research Review* (10), S. 133–149.

Lach, F. (2016). Erschließung des didaktisch-methodischen Potenzials eines digitalen multifunktionalen Lernmediums. *Journal of technical Education (JOTED), 4* (2), S. 285–304.

Leisen, J. (2010). Lernprozesse mithilfe von Lernaufgaben strukturieren: Informationen und Beispiele zu Lernaufgaben im kompetenzorientierten Unterricht. *Naturwissenschaften im Unterricht – Physik* (21(117/118)), S. 9–13.

Leisen, J. (2011). Kompetenzorientiert unterrichten. Fragen und Antworten zu kompetenzorientiertem Unterricht und einem entsprechenden Lehr-Lern-Modell. *Naturwissenschaften im Unterricht – Physik* (22(123/124)), S. 4–10.

Leutner, D., Opfermann, M. & Schmeck, A. (2014). Lernen mit Medien. In T. Seidel & A. Krapp (Hg.), *Pädagogische Psychologie* (6., vollständig bearb. Aufl., S. 297–321). Weinheim: Beltz.
Lipowski, F. (2015). Unterricht. In E. Wild & J. Möller (Hg.), *Pädagogische Psychologie* (2. Aufl. 2015. Vollst. überarb. u. aktualisierte Aufl., S. 69–105). Berlin, Heidelberg; s. l.: Springer.
Lortie, D. (1972). Teamteaching. Versuch der Beschreibung einer zukünftigen Schule. In H.-W. Dechert (Hg.), *Team Teaching in der Schule* (S. 37–76). München: Piper.
Mager, R. F. (1973). *Lernziele und Unterricht*. Weinheim: Beltz.
Maturana, H. R. & Varela, F. J. (1987). *Der Baum der Erkenntnis: Die biologischen Wurzeln des menschlichen Erkennens*. München: Scherz.
Mersch, F. F. & Pahl, J.-P. (2013). *Meso- und mikromethodische Grundlegungen und Konzeptionen*. Baltmannsweiler: Schneider Verlag Hohengehren.
Mertens, D. (1974). *Schlüsselqualifikationen: Überlegungen zu ihrer Identifizierung und Vermittlung im Erst- und Weiterbildungssystem*. Hamburg.
Meyer, H. (1987). *Unterrichtsmethoden*. Frankfurt am Main: Scriptor.
Meyer, H. (2016). *Was ist guter Unterricht?* (12. Aufl.). Berlin: Cornelsen.
Minnameier, G. (2003). Komplexe Kognition. Selbstorganisation und Evolution – Zur Grundlegung einer modernen berufspädagogischen Lehr-Lerntheorie. In H. Reinisch, K. Beck, M. Eckert & T. Tramm (Hg.), *Didaktik beruflichen Lehrens und Lernens*. Opladen: Leske & Budrich.
Müller, W. (2002). Lehrplantheorie und Lehrplanentwicklung. In H. J. Apel & W. Sacher (Hg.), *Studienbuch Schulpädagogik* (S. 86–130). Bad Heilbrunn: Klinkhardt.
Nickolaus, R., Knöll, B. & Gschwendtner, T. (2006). Methodische Präferenzen und ihre Effekte auf die Kompetenz- und Motivationsentwicklung – Ergebnisse aus Studien in anforderungsdifferenten elektrotechnischen Ausbildungsberufen in der Grundbildung. *Zeitschrift für Berufs- und Wirtschaftspädagogik, 102* (4), S. 552–577.
Nickolaus, R., Riedl, A. & Schelten, A. (2005). Ergebnisse und Desiderata zur Lehr-Lernforschung in der gewerblich-technischen Berufsausbildung. *Zeitschrift für Berufs- und Wirtschaftspädagogik, 101* (4), S. 507–532.
Ott, B. (2011). *Grundlagen des beruflichen Lernens und Lehrens: Ganzheitliches Lernen in der beruflichen Bildung*. (4. Aufl.). Berlin: Cornelsen.
Pahl, J.-P. (2013). *Makromethoden – rahmengebende Ausbildungs- und Unterrichtsverfahren*. (F. F. Mersch Ed. 4., aktualisierte und erw. Aufl.). Baltmannsweiler: Schneider Verlag Hohengehren.
Pittich, D. (2013). *Diagnostik fachlich-methodischer Kompetenzen*. Stuttgart: Fraunhofer IRB Verlag.
Posch, P., Larcher, D. & Altrichter, H. (1996). Curriculum/Lehrplan. In H. Hierdeis & T. Hug (Hg.), *CD-ROM der Pädagogik*. Baltmannsweiler: Schneider Verlag Hohengehren.
Reich, K. (2008). Projektarbeit. *Methodenpool*. Retrieved 16.04.2019, from http://methodenpool.uni-koeln.de/download/projektmethode.pdf
Reinisch, H. (2003). Von didaktischen Matrizen, Strukturgittern und Lernfeldern – Anmerkungen zum didaktisch-curricularen Diskurs in der Berufs- und Wirtschaftspädagogik. In A. Bredow, R. Dobischat & J. Rottmann (Hg.), *Berufs- und Wirtschaftspädagogik von A–Z* (S. 135–152). Baltmannsweiler: Schneider Verlag Hohengehren.
Reinmann, G. & Mandl, H. (2006). Unterrichten und Lernumgebungen gestalten. In A. Krapp & B. Weidenmann (Hg.), *Pädagogische Psychologie* (5., vollst. überarb. Aufl., S. 613–658). Weinheim: Beltz.
Remmert, K., Zimmermann, P. & Kock, J. (2003). Kundenaufträge als Modell für eine adäquate Umsetzung der neuen Ordnungsmittel und als Chance für eine Kooperation der Lernorte in der beruflichen Bildung am Beispiel des Parkettlegerhandwerks. In D. Euler (Hg.), *Handbuch der Lernortkooperation* (S. 96–107). Bielefeld: Bertelsmann.
Renkl, A. (1994). *Träges Wissen: Die „unerklärliche" Kluft zwischen Wissen und Handeln*.
Renkl, A. (1996). Träges Wissen: Wenn Erlerntes nicht genutzt wird. *Psychologische Rundschau, 47*, S. 78–92.
Rheinberg, F. (2012). *Motivation*. (8., aktualisierte Aufl.). Stuttgart: Kohlhammer.
Riedl, A. (2004). *Didaktik der beruflichen Bildung*. Stuttgart: Franz Steiner Verlag.
Riedl, A. (2011). *Didaktik der beruflichen Bildung*. (2., komplett überarbeitete und erheblich erweiterte Aufl.). Stuttgart: Franz Steiner Verlag.
Riedl, A. & Schelten, A. (2000). Handlungsorientiertes Lernen in technischen Lernfeldern. In R. Bader & P. F. E. Sloane (Hg.), *Lernen in Lernfeldern. Theoretische Analysen und Gestaltungsansätze zum*

Lernfeldkonzept. Beiträge aus den Modellversuchsverbünden NELE & SELUBA (S. 155–164). Markt Schwaben: Eusl.

Riedl, A. & Schelten, A. (2013). *Grundbegriffe der Pädagogik und Didaktik beruflicher Bildung.* Stuttgart: Franz Steiner Verlag.

Robinsohn, S. B. (1981). *Bildungsreform als Revision des Curriculum und ein Strukturkonzept für Curriculumentwicklung.* (Unveränd. Nachdr. der 5. Aufl.). Neuwied: Luchterhand.

Röder, L. (2017). *Kollegiale Teamarbeit an berufsbildenden Schulen in Hessen: Empirische Befunde zu Implementierung und Qualität.* (1. Aufl.). Frankfurt am Main: Peter Lang GmbH Internationaler Verlag der Wissenschaften.

Rosendahl, J., Fehring, G. & Straka, G. (2008). Lernkompetenz bei Bankkaufleuten in der beruflichen Erstausbildung. *ZBW: Zeitschrift für Berufs- und Wirtschaftspädagogik, 104* (2), S. 201–211.

Schelten, A. (2004). *Einführung in die Berufspädagogik.* (3. Aufl.). Stuttgart: Franz Steiner Verlag.

Schelten, A. (2010). *Einführung in die Berufspädagogik.* (4., überarb. und aktualisierte Aufl.). Stuttgart: Franz Steiner Verlag.

Schneider, W. (1985). Developmental trends in the metamemory – memory behavior relationship: An integrative review. In D. L. Forrest-Pressley, G. E. MacKinnon & T. G. Waller (Hg.), *Metacognition, cognition, and human performance* (S. 111–153). Orlando: Academic Press.

Schütte, F. & Mansfeld, T. (2013). Digitale Lehr-Lernmittel in der Metall- und Elektrotechnik. Fachdidaktische Relevanz, unterrichtsmethodische Reichweite. *Zeitschrift für Berufs- und Wirtschaftspädagogik* (109), S. 304–316.

Seifried, J. (2004). Schüleraktivitäten beim selbstorganisierten Lernen und deren Auswirkungen auf den Lernerfolg. *Zeitschrift für Erziehungswissenschaft, 7* (4), S. 571–586.

Seifried, J. & Sembill, D. (2007). Teachers' beliefs in the field of bookkeeping and their influence on teaching practises: Posterpräsentation. European Association for Research on Learning and Instruction (EARLI), 12th European Conference. Budapest.

Seligman, M. E. P. & Johnston, J. C. (1973). A cognitive theory of avoidance learning. In F. J. McGuigan & D. B. Lumsden (Hg.), *Contemporary approaches to conditioning and learning* (S. 69–110). Washington: Winston Wiley.

Sembill, D., Wuttke, E., Seifried, J., Egloffstein, M. & Rausch, A. (2007). Selbstorganisiertes Lernen in der beruflichen Bildung – Abgrenzungen, Befunde und Konsequenzen. *Berufs- und Wirtschaftspädagogik online* (Vol. 13).

Sloane, P. F. E. (2001). Lernfelder als curriculare Vorgabe. In B. Bonz (Hg.), *Didaktik der beruflichen Bildung* (S. 187–203). Baltmannsweiler: Schneider Verlag Hohengehren.

Sloane, P. F. E. (2003). Schulnahe Curriculumentwicklung. In: *bwp@, Nr. 4*, http://www.bwpat.de/ausgabe4/sloane_bwpat4.pdf

Sloane, P. F. E. (2009). Didaktische Analyse und Planung im Lernfeldkonzept. In B. Bonz (Hg.), *Didaktik und Methodik der Berufsbildung* (S. 195–216). Baltmannsweiler: Schneider Verlag Hohengehren.

Stemmann, J., Lang, Martin. (2016). Personen-, System- und Situationsmerkmale als Einflussfaktoren auf den problemlösenden Umgang mit technischen Alltagsgeräten. *Journal of technical Education (JOTED), 4* (2), S. 128–150.

Straka, G. A. (2001). Lehr-Lern-theoretische Grundlagen der beruflichen Bildung. In B. Bonz (Hg.), *Didaktik der beruflichen Bildung* (S. 6–30). Baltmannsweiler: Schneider Verlag Hohengehren.

Straka, G. A. & Macke, G. (2008). Handlungskompetenz – und wo bleibt die Sachstruktur? *Zeitschrift für Berufs- und Wirtschaftspädagogik, 104* (4), S. 590–600.

Tenberg, R. (1997). *Schülerurteile und Verlaufsuntersuchung über einen handlungsorientierten Metalltechnikunterricht: Zugl.: München, Techn. Univ., Diss., 1996.* Frankfurt am Main: Lang.

Tenberg, R. (2006). *Didaktik lernfeldstrukturierten Unterrichts: Theorie und Praxis beruflichen Lernens und Lehrens.* Bad Heilbrunn: Klinkhardt.

Tenberg, R. (2011). *Vermittlung fachlicher und überfachlicher Kompetenzen in technischen Berufen: Theorie und Praxis der Technikdidaktik.* Stuttgart: Franz Steiner Verlag.

Tenberg, R., Bach, A. & Pittich, D. (2018). *Didaktik technischer Berufe.* Stuttgart: Franz Steiner Verlag.

Terhart, E. (2005). *Lehr-Lern-Methoden: Eine Einführung in Probleme der methodischen Organisation von Lehren und Lernen.* (4., erg. Aufl.). München: Juventa.

Tramm, T. (2003). Prozess, System und Systematik als Schlüsselkategorie lernfeldorientierter Curriculumsentwicklung. In: *bwp@, Nr. 4*, http://www.bwpat.de/ausgabe4/tramm_bwpat4.pdf

Traub, S. (2012). *Projektarbeit – ein Unterrichtskonzept selbstgesteuerten Lernens?: Eine vergleichende empirische Studie.* Bad Heilbrunn: Klinkhardt.
Tulodziecki, G., Herzig, B. & Grafe, S. (2010). *Medienbildung in Schule und Unterricht: Grundlagen und Beispiele.* (1. Aufl.). Bad Heilbrunn: Klinkhardt.
Vögele, M. (2003). *Computerunterstütztes Lernen in der beruflichen Bildung: Analyse von individuellen Lernwegen beim Einsatz einer Unterrichtssoftware und Darstellung eines Unterrichts in den Ausbildungsberufen der Informations- und Telekommunikationstechnik.* (Zugl.: München, TU., Dissertationschrift, 2003). Frankfurt am Main: Lang.
Völlinger, V. A., Supanc, M. & Brunstein, J. C. (2018). Kooperatives Lernen in der Sekundarstufe: Häufigkeit, Qualität und Bedingungen des Einsatzes aus der Perspektive der Lehrkraft. *Zeitschrift für Erziehungswissenschaft, 20* (1), S. 159–176.
Volpert, W. (1980). *Beiträge zur psychologischen Handlungstheorie.* (W. Volpert & E. Ulich Eds.). Bern: Huber.
Volpert, W. (1983). Das VERA-Verfahren zur Ermittlung von Regulationserfordernissen in der Arbeitstätigkeit. In W. Hacker, W. Volpert & M. Cranach (Hg.), *Kognitive und motivationale Aspekte der Handlung* (S. 68–85). Bern: Huber.
Vygotskij, L. S. (1978). *Mind in society: The development of higher psychological processes.* Cambridge, MA: Harvard Univ. Press.
Wecker, C. & Fischer, F. (2014). Lernen in Gruppen. In T. Seidel & A. Krapp (Hg.), *Pädagogische Psychologie* (6., vollständig bearb. Aufl., S. 277–296). Weinheim: Beltz.
Weiner, B. (1992). *Human Motivation: Metaphors, theories, and research.* Newbury Park, CA: Sage.
Wilbers, K. (2014). *Wirtschaftsunterricht gestalten: Eine traditionelle und handlungsorientierte Didaktik für kaufmännische Bildungsgänge.* (2. überarbeitete Aufl.). Berlin: epubli GmbH.
Wild, E., Hofer, M. & Pekrun, R. (2006). Psychologie des Lernens. In A. Krapp & B. Weidenmann (Hg.), *Pädagogische Psychologie* (5., vollst. überarb. Aufl., S. 203–268). Weinheim: Beltz.
Wittmann, S. & Edelmann, W. (2012). *Lernpsychologie.* s. l.: Beltz.
Wittwer, J. & Renkl, A. (2008). Why Instructional Explanations Often Do Not Work: A Framework for Understanding the Effectiveness of Instructional Explanations. *Educational Psychologist, 43* (1), S. 49–64.
Wodzinski, R. (2013). Lernen mit gestuften Hilfen: Gestufte Lernhilfen fördern selbstständiges Lernen und lassen individuelle Lernwege zu. *Physik Journal 12 (2013) Nr. 3, 12* (3), S. 45–49.
Wuttke, E. & Wolf, C. (2007). Entwicklung eines Instrumentes zur Erfassung von Problemlösefähigkeit – Ergebnisse einer Pilotstudie. *Europäische Zeitschrift für Berufsbildung, 41* (2), S. 100–118.
Zinn, B. & Wyrwal, M. (2014). Ein empirisches Erklärungsmodell zum fachspezifischen Wissen von Schülern bei Einmündung in die berufliche Weiterbildung an bautechnischen Fachschulen. *Zeitschrift für Berufs- und Wirtschaftspädagogik (ZBW), 110(4), 529–548.*

Rolf Dubs

Die Führung einer Schule

Leadership und Management

3., vollständig überarbeitete und erweiterte Auflage
2019. 455 Seiten mit 132 s/w-Abbildungen und
35 Tabellen
978-3-515-12005-0 KARTONIERT
978-3-515-12007-4 E-BOOK

Rolf Dubs geht in diesem Standardwerk auf alle Bereiche der Führung einer Schule ein. Es richtet sich an Mitglieder von Schulbehörden und der Schulaufsicht, angehende und aktive Schulleiterinnen und Schulleiter sowie Studierende, die sich für Fragen des Schulmanagements interessieren.

Dubs passt das St. Galler Management-Modell an die Bedürfnisse von Schulen an und bietet auf dieser Grundlage eine vernetzte Darstellung aller Bereiche der Führung von zentral geleiteten und teilautonomen Schulen. In 18 Kapiteln behandelt er diejenigen Aspekte der Führung einer Schule, die für Schulleitungspersonen im Schulalltag bedeutsam sind: Von der Organisation über Mitarbeiterführung und Personalmanagement bis hin zum Qualitätsmanagement. Aktuelle Fragen und ihre Bedeutung innerhalb des Management-Modells werden ebenso behandelt wie die theoretischen Grundlagen und Erkenntnisse aus der Forschung. Abgerundet werden die Kapitel durch Folgerungen für die Praxis und Checklisten.

AUS DEM INHALT
Umwelten, Anspruchsgruppen und Interaktionsthemen | Die gute Schule, die teilautonome Schule und der Berufsauftrag für Lehrpersonen | Ordnungsmomente einer Schule | Managementprozesse: Mitarbeiterführung; Die finanzielle Führung; Die pädagogische Führung; Kommunikation | Unterstützungsprozesse: Prozess der Personalarbeit; Informatik; Der Umgang mit der Öffentlichkeit; Infrastrukturbewirtschaftung | Der Unterricht | Aufgaben und Arbeitstechniken für Schulleiterinnen und Schulleiter | Qualitätsmanagement an Schulen | Schulentwicklung und Innovation | Schwierige Situationen in einer Schule | Führungshandbuch einer Schule | Literaturverzeichnis

Hier bestellen:
service@steiner-verlag.de

Bernd Zinn / Ralf Tenberg /
Daniel Pittich (Hg.)

Technikdidaktik

Eine interdisziplinäre Bestandsaufnahme

334 Seiten mit 27 s/w-Abbildungen und 7 Tabellen
978-3-515-11941-2 KARTONIERT
978-3-515-11942-9 E-BOOK

Die Technikdidaktik hat sich in den zurückliegenden Jahren in allen Bildungsbereichen etabliert. Auf der allgemeinbildenden Ebene ist dies eine Folge des anhaltenden technologisch-digitalen Wandels und dessen sukzessiver Implementierung in den „klassischen" Bildungskanon. Demgegenüber steht ein anhaltendes wissenschaftliches Defizit in den beruflichen Fachdidaktiken. Die Frage, was „Technikdidaktik" zum jetzigen Entwicklungs- und Wahrnehmungsstand eigentlich ist und was sie leisten soll, stellt sich insbesondere für jene, die unmittelbar in diesem interdisziplinären wissenschaftlichen und praktischen Handlungsfeld tätig sind, aber auch für angrenzende Disziplinen.

Die Autorinnen und Autoren dieses Bandes leisten eine interdisziplinäre Bestandsaufnahme. In ihren Beiträgen thematisieren sie die zentralen Bezugspunkte der Technikdidaktik, deren verschiedene disziplinäre Perspektiven sowie einige Spezifika verschiedener Anwendungsfelder. Dies umfasst Ansätze und Befunde technikdidaktischer Forschung, aber auch Felder und Ausprägungen technikdidaktischer Bildungspraxis – nicht zuletzt in internationaler Perspektive.

MIT BEITRÄGEN VON

Friedhelm Schütte, Petra Gehring & Philipp Richter, Uwe Pfenning, Anette Weisbecker & Helmut Zaiser & Jürgen Wilke, Bernd Zinn, Alfred Riedl, Claudius Terkowsky & Silke Frye & Tobias Haertel & Dominik May & Uwe Wilkesmann & Isa Jahnke, Daniel Pittich, Ralf Tenberg, Alexandra Bach, Uwe Faßhauer & Josef Rützel, Reinhold Nickolaus, Ingelore Mammes, Bernd Geißel, Britta Bergmann, Marc J. de Vries, Jürgen Wilke & Karin Hamann & Helmut Zaiser, Joachim Walther & Nicola W. Sochacka

Hier bestellen:
service@steiner-verlag.de

Ralf Tenberg / Alexandra Bach /
Daniel Pittich

Didaktik technischer Berufe

Band 1 – Theorie & Grundlagen

2019. 227 Seiten mit 41 s/w-Abbildungen und
9 Tabellen
978-3-515-12150-7 KARTONIERT
978-3-515-12151-4 E-BOOK

Mit den Lernfeldlehrplänen kam eine neue Herausforderung zur fachdidaktischen Ausbildung der gewerblich-technischen Berufsschullehrpersonen in Deutschland hinzu. Im Zentrum steht dabei ein hoher Anspruch bezüglich der Vermittlung beruflicher Handlungskompetenz im Unterricht. Um dem gerecht zu werden, ist – neben einem komplexen Umsetzungskonzept – eine breite Theoriebasis erforderlich. Nur wer verstanden hat, was berufliche Kompetenzen sind, wie sie erworben werden können und welche Folgen dies für deren Vermittlung hat, kann eigenständig die Lernfeldlehrpläne in einen adäquaten Unterricht transformieren. Neben diesen Kernaspekten erfahren angehende Berufsschullehrerinnen und -lehrer in diesem zweibändigen Lehrbuch mehr über die Professionalisierung im Bereich der Berufskompetenz, über die Herkunft und Aktualität des (dualen) Berufskonzepts sowie über die lern- bzw. entwicklungspsychologischen Hintergründe technischen beruflichen Lernens. Dieser erste Band bildet zugleich das Propädeutikum für den Folgeband, in welchem die konkrete didaktische Praxis strukturiert abgearbeitet wird.

AUS DEM INHALT

Professionalisierung von gewerblich-technischen Lehrkräften | Allgemeine Didaktik und Technikdidaktik | Berufskompetenzen | Erwerb von Berufskompetenzen | Technikdidaktische Rahmung zur Unterstützung des Kompetenzerwerbs | Ausblick auf Band 2

Hier bestellen:
service@steiner-verlag.de